SLAVOJ ŽIŽEK

LOOKING AWRY

An Introduction to Jacques Lacan through Popular Culture

【斯洛文尼亚】 斯拉沃热·齐泽克 著

季广茂 译

斜目而视

透过通俗文化看拉康

ZHEJIANG UNIVERSITY PRESS
浙江大学出版社

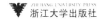

浙江省版权局著作权合同登记图字：11－2009－109

中文版前言

《斜目而视》原书出版已近二十年。尽管其中的许多段落不可避免地引发了批判性回应，但我坚持认为，本书的基本方法依然正确无误（对希区柯克电影的分析在本书中占很大比重，本书的基本方法就是以这些分析为例来证明的）：我们从一开始就要剔除希区柯克电影中的叙事内容，只留希区柯克电影的高强度的形式模型（formal pattern）。如果我们要对希区柯克的电影进行严肃的社会批评性的解读（socio-critical reading），我们也理应仔细辨析早已渗入纯粹形式层面的社会调停（social mediation）。所以，请允许我为本书中的分析增加一个新例证，向大家表明，隐含的社会调停是如何维系形式悖论（formal paradoxes）的。希区柯克研究有一个略显琐碎却又极具启示意义的特性：事实性错误不胜枚举，错误率远远高于电影研究错误（已经很高）的平均水平。这些错误既涉及电影的叙事因素，又涉及电影的形式特征：有些人先是不厌其烦地描述主观镜头、客观镜头以及主客观镜头的剪接，继而提出自己的论点，不过，如果根据录像带或 DVD 一一核实，我们就会吃惊地发现，那些描述错得一塌糊涂。建立在这些错误上的理论分析通常清晰易懂，所以，我们不得不采取这样一种被（错误地）归于黑格尔名下的态度："如果事实与理论不符，理论固然不好，事实也不是什么好东西。"知错而不改，这方面有一个杰出的范例，它涉及《眩晕》中一个最为著名的场景：那是一个充满魔力的时刻，在厄尼餐厅，斯考蒂（Scottie）第一次看到了马德琳（Madeleine）。[1] 确切些说，这里的错误与两个镜头的性质有关。

我们先是从外面看到了厄尼餐厅的入口，然后镜头切到了斯考蒂。他坐在位于餐厅前部的吧台边上，透过一道门框向挤满了桌子和客人的大房间张望。于是，一个没有剪切的长长的摇镜头把我们带到左侧，给我们提供了整个房间的全景，声音则是繁忙餐厅里常有的叽叽喳喳的说话声。我们应该记住，这显然不是斯考蒂的主观透视。突然间，我们（或者说，摄影机）的注意力被引向一个诱人的焦点，一个牢牢锁定我们目光的符咒（*fascinum*），一个明亮耀眼的斑点。我们很快认出，那是一个漂亮女人的裸背。这时，赫尔曼[2]的动情音乐徐徐而起，压倒了背景的嘈杂声。在音乐的伴奏下，摄影机渐渐移向那个符咒。我们先认出了面对着我们的马德琳的丈夫厄尔斯特（Elster）。我们由此推断，那个女人肯定是马德琳。在这个远景之后，镜头切到了正在偷窥马德琳的斯考蒂，然后又切成了斯考蒂的主观镜头，切到了他看到的场景（马德琳用上衣遮住后背，准备离开）。在马德琳和厄尔斯特离开餐桌并从斯考蒂身旁走出餐厅时，我们看到了另一个著名的镜头。斯考蒂看他们走近了，为了不暴露身份，把目光转向了酒吧门框对面的玻璃上，悄悄偷窥背后发生的一切。马德琳在走近他时，不得不短暂地停留一下

---

① 我在这里采用的是让－皮埃尔·奈斯昆奈兹（Jean-Pierre Esquenazi）的《希区柯克与〈眩晕〉的探险》（*Hitchcock et l'aventure de Vertigo*），Paris：CNRS Editions 2001，p. 123-126。

② 伯纳德·赫尔曼（Bernard Herrmann，1911—1975），美国音乐家，以为电影配曲著名。与希区柯克关系密切，曾为《惊魂记》、《西北偏北》、《知情太多的人》和《眩晕》配曲。还曾为《公民凯恩》（*Citizen Kane*）、《恐怖角》（*Cape Fear*）和《出租车司机》（*Taxi Driver*）配曲。——译者注

(那时她丈夫正跟侍者交代什么事情)。这时,我们看到了她神秘莫测的侧影。(侧影总是神秘莫测的,因为我们只能看到面部的一半,面部的另一半可能变形丑陋,令人生厌。或者说,我们其实看到的,只是朱蒂"真实"而普通的面部。我们后来得知,这个女孩正在假扮马德琳。)这个诱人的镜头也不是斯考蒂的主观透视。厄尔斯特与马德琳会合后,一起离开斯考蒂,并走近餐厅出口。只是到这个时候,我们才看到了他的主观镜头(他眼中的马德琳和厄尔斯特)。这个镜头是他坐在吧台边上的那个镜头的反镜头(counter-shot)。

在这里,主观镜头与客观镜头的暧昧不明至关重要。只要马德琳的侧影并不出自斯考蒂的主观透视,那我们只能说,她的侧影镜头被**彻底**主体化了。它表现的不是斯考蒂实际上看到的,而是他想像出来的。也就是说,那是他幻觉性的内在视境(inner vision)。(不妨回想一下,在我们看到马德琳的侧影时,由餐厅墙壁构成的红色背景似乎更加热烈,它几乎就要因为热烈而爆炸,就要变成黄色的烈焰了。仿佛他澎湃的激情已经直接铭刻于背景之上。)也难怪,尽管斯考蒂并没看马德琳的侧影,但从他的行为判断,仿佛他已经被这个侧影所捕获,深深为之吸引。这两个镜头虽然已经主体化,但无法把它们归诸任何主体。我们从这两个镜头中得到的,正是**纯粹的前主体现象**(pure pre-subjective phenomenon)。马德琳的侧影是纯粹的假象,充满了丰富的力比多投入(libidinal investment)。从某种意义上讲,因为过于**主体化**和过于强烈,这样的力比多投入是任何主体都无法承受的。

我们从这种主体性过剩(excess of subjectivity)中两次看到的是同一运动。它不属于电影理论所谓的"缝合"(suture)这一标准手法,即客观镜头(某人在看什么东西)与主观镜头(某人看到的什么东西）进行转换的标准手法。通过这样的“缝合”，过剩被驯服了，被明确置于主观－客观的镜像关系（subject-object mirror relationship）之内，如同客观镜头和主观反镜头（counter-shot）的转换所例证的那样。为了抹除这种“没有主体的主体性镜头”（subjectless-subjective shot）呈现出来的强烈情感，展示某种“没头没脑的激情”（acephalous passion），从唐纳德·斯波托①到罗宾·伍德②以来的多数阐释者，都在详细描述厄尼餐厅的场景时莫名其妙地坚称，这两个过剩镜头表现的均为斯考蒂的主观视野。这样一来，过剩即遭遏制和简化，被置于客观镜头与主观镜头进行标准转换的层面。

我们在这种过剩中遇到的，则是“作为客体的凝视”（gaze as object），它脱离了将它系于某个特定主体的束缚。在日常生活中，我们全都遇到过这样的古怪时刻。那是在我们瞥见了自己的影像，而这种影像**并没有**回视我们的时候。我记得，有一次，我脑袋的一侧长了个奇怪的东西，我想借助于两个镜子看个究竟。突然间，我从侧面看到了自己的面部。这个影像复制了我全部的姿势，但它是以极其怪异的方式复制出来的。

正是在这样的离奇经历中，我们把握到拉康所谓的“作为小客体的凝视”（gaze as *objet petit a*）的精髓。“作为小客体的凝视”只是我们影像的一部分，只是它躲开了镜子般的对称关系。当我们从自己身外审视自己，从某种不可能的角度审视自己，就会造成某种

---

① 唐纳德·斯波托（Donald Spoto，1941—），美国传记作家，天主教神学家，还做过修道士。曾为许多名人树碑立传，传主包括希区柯克、劳伦斯·奥立弗（Laurence Olivier）、田纳西·威廉姆斯（Tennessee Williams）、英格丽·褒曼、伊丽莎白·泰勒、玛丽莲·梦露、奥黛丽·赫本等。——译者注

② 罗宾·伍德（Robin Wood，1931—2009），生于伦敦，活跃于加拿大，电影批评家，对希区柯克、英格玛·伯格曼所论甚精。——译者注

创伤。造成创伤的原因并非我被客体化了，被简化成了供人注视的外在客体；造成创伤的原因在于，**被客体化的正是我的凝视**，它在从外面观察我。这意味着，我的凝视不再属于我，它是从我这里偷走的。小客体的这种古怪特性，会导致意想不到的时间性后果（temporal consequences），它把我们带回到希区柯克那里。让－皮埃尔·迪皮伊①在其有关《眩晕》的令人钦佩的文本中，展示一个时间性的逻辑悖论（temporal logical paradox）：

> 一个客体具有属性 x，直至时间 t；过了时间 t，不仅该客体不再具有属性 x，而且认定在任何时间内该客体曾经具有属性 x，都是不真实的。因此，命题“在 t 这一顷刻，客体 O 具有属性 x”的真值，取决于这个命题是在哪个时刻提出来的。②

我们应该在此注意下列精确的概括：并不是说，命题“客体 O 具有属性 x”的真值取决于这个命题里面提到的时间——**即使里面提到了具体的时间，这个命题的真值也只取决于提出这个命题的时间**。或者，引用迪皮伊文本的标题来说，“在我即将死去之时，我们所有的浓情蜜意都从来不曾存在过”。想一想结婚和离婚那档子

---

① 让－皮埃尔·迪皮伊（Jean-Pierre Dupuy，1941—），巴黎综合理工大学（École Polytechnique）社会政治哲学教授，主要研究社会政治哲学、文化理论、认知科学和社会科学认识论。主要著作包括《自欺与理性之悖论》（*Self-Deception and the Paradoxes of Rationality*）、《心灵的机械化》（*The Mechanization of the Mind*）等。——译者注

② 让－皮埃尔·迪皮伊（Jean-Pierre Dupuy），《在我即将死去之时，我们所有的浓情蜜意都从来不曾存在过》（“Quand je mourrai，rien de notre amour n'aura jamais existé”），未刊稿，来自“《眩晕》与哲学”研讨会，高等师范学校，巴黎，2005 年 10 月 14 日。

事吧：为离婚的权利所做的最具才智的论辩（正是青年时期的马克思做出了这样的论辩），并不提及庸常的世俗之见，说什么“和所有的事情一样，爱情的依附（love attachments）也不是永恒的，也会随时间的改变而改变”，等等；相反，它会承认，婚姻观里面存在着不可溶解性（undissolvability）。结论就是，离婚总有回溯性的余地（retroactive scope）：这不仅意味着婚姻现在已被废止，而且意味着更为激进之事，那便是，婚姻之所以理应废止，是因为**它从来都不是真正的婚姻**。

并不求助于时间旅行而能回到过去，并改变过去，这是如何可能的？这个问题的答案早已由亨利·柏格森①提供：我们当然并不

① 亨利·柏格森（Henri Bergson，1859—1941），法国哲学家，1927年诺贝尔文学奖得主。提出“创化论”，强调创造与进化并行不悖。相信宇宙中存在着“生命冲力”，世间一切皆有活力。反对机械论和决定论。齐泽克曾经在别处提及他。在《道德与宗教的两个来源》（“The Two Sources of Morality and Religion”）中，柏格森描述了他在1914年8月4日（法国和德国在那一天正式宣战）生出的怪异感：“尽管我心凄惨，尽管面临战争，甚至是一场可能获胜的战争，但我依然觉得，这是一场灾难……谁又会这么想，如此可怕的事件真的会轻而易举地发生？”在战争爆发之前，战争既是或然性的，又是不可能的；战争一旦爆发，战争刹那间成为现实的和可能的。“我从来都没有说过，谁能把此时此地的现实拉回到过去之中，逆时间而动。不过，毫无疑问，可以把可能性拉回到过去之中，或者说，无论何时，可能性都会把自己拉回到过去之中。就不可预言的新现实的形成而论，现实的意象是在现实发生之后，在模糊的过去中反射出来的：这个新的现实会发现，它始终都是可能的；但只是到了真正形成的刹那，它才开始成了它过去一直可能成为的样子。所以我才说，只要这一现实形成，并不先于其现实的可能性就会一直先于其现实而存在。”齐泽克认为，这表明，我们总是与作为不可能的实在界擦肩而过：或者把它体验为不可能的和不真实的（无论我们多么清楚，即将来临的灾难是完全可能的，但我们还是不相信它真的会如期而至，因而将其作为不可能性排除出去），或者把它体验为真实的和不再不可能的（一旦灾难降临，它就被“重新常态化”了，被视为事物的常态运作的一部分，视为一直总是已经可能发生的事情）。让-皮埃尔·迪皮伊说得最清楚，使得这些悖论成为可能的，是“知”与“信”的分裂：我们知道灾难是可能的，甚至是很可能的，但我们不相信它真的会发生。——译者注

能真的改变过去的实际存在，但我们可以改变的，是过去的虚拟维度（virtual dimension）。也就是说，一旦出现了真正的新事物，它会回溯性地创造它自身的可能性，设置它的原因和条件。可以把潜在性（potentiality）插入（或拔出）过去的现实。坠入情网就改变了过去：仿佛我总是已经在爱着你，仿佛我们的爱情总是已经在命中注定，即所谓的“实在界的应答”（answer of the real）。我们现在的爱情导致了过去的存在，虽然过去催生了我们的爱情。“合法政权”（legal power）也是如此：在这里，同样也是共时性先于历时性。一旦我偶然坠入情网，爱情就成了我的宿命；同样，一旦形成了合法的秩序，它的偶然性起源就必须遮掩。一旦它出现在这里，它就总是早已出现在这里了。有关它的起源，每个故事都是神话，与斯威夫特在《格列佛游记》中讲述的有关语言起源的故事无异：结果已经被预先假设。

在《眩晕》中，发生的事情与此完全相反：过去被改变了，所以它才丧失了小客体。在《眩晕》中，斯考蒂首先经历的，是他丧失了他爱得要死的情人马德琳。他要在朱蒂身上重塑马德琳，却发现他早已熟知的马德琳正是朱蒂，以前的马德琳是她假扮的。这时，他发现的秘密并不在于，朱蒂是假的（他知道她不是真的马德琳，因为他要在她身上重塑马德琳），而在于，**因为她并不是假的，她就是马德琳，所以马德琳早就是假的**。小客体解体了，真正的丧失是丧失了丧失，我们得到的是“否定的否定”。他的发现改变了过去，剥夺了小客体已经丧失了的客体。

如此说来，今天的伦理-司法保守派（ethico-legal neoconservatives）岂不是有点类似于《眩晕》中的斯考蒂？他们要重建已经丧失的过去，要在如今杂乱而平庸的朱蒂身上重塑高贵而典雅的马德琳，但或早或迟，终有一日，他们会被迫承认，要让马德琳（古老的传统民德）死而复活，是根本不可能的。马德琳早已就是朱蒂，他们在现代悲观的、世俗的、自私的社会中极力清除的腐败堕落，早就存在了。这类似于禅宗佛法（Zen Buddhism）。有些人对禅宗在西化新时代的形象和修行大加批评，认为如此形象和修行使禅宗沦为“松弛之法”，这是对日本真正的禅宗的背叛。这些人在这样做时，抹杀了一个事实：他们现在大加批判的西化禅宗的那些特性，其实早已存在于日本“真正”的禅宗之中：二战刚一结束，日本的禅师就立即行动起来，为商业经理人员开设禅宗课程；二战期间，这些商业经理人员大多支持日本的穷兵黩武。

如果是真正的爱情，斯考蒂会在发现真相后，把朱蒂当成“比马德琳本人还要马德琳”的人，并接纳她（在女修道院长出现前，他真的接纳了朱蒂）。在这里，迪皮伊的观点应该予以纠正。迪皮伊的看法是，斯考蒂应该把马德琳留在过去。没错，但是，在发现了朱蒂就是马德琳之后，他又该怎么做呢？过去的马德琳是假想的诱惑物，装扮成了她本不是的人（朱蒂扮演了马德琳）。现在朱蒂在扮演马德琳时表现出来的，是真正的爱。在《眩晕》中，斯考蒂并不爱马德琳。这样说的证据就是，他要在朱蒂身上重塑马德琳，改变朱蒂的特点，使她与马德琳相像。其结果就像马克思兄弟的一个笑话：“你身上的一切都令我想到了你，你的嘴唇、头发、胳膊、腿……你身上的一切，除了你本人。”人不会像自己，人就是自己。难怪可以把《眩晕》解读为马克思兄弟的拉韦利笑话的一个变体：“你让我想起了伊曼纽尔·拉韦利（Emmanuel Ravelli）。”“可我就是伊曼纽尔·拉韦利呀。”“难怪你长得那么像他。”难怪朱蒂像马德琳，她就是马德琳。这也是下列想法令人反感的一个原因：父母一旦失去了孩子，就去克隆一个。如果父母为此心满意足，他们对孩子的爱就不是真正的爱。爱之为爱，并不在于爱客体的属性，而在于爱客体身上深不可测的未知数（abyssal X），即难以言表之物（the *je ne sais quoi*）。

在《知识与良知》（*Wissen und Gewissen*）中，维克多·弗兰克尔①谈到了一个病例。二战之后，他接收了一位患者。他是集中营的幸存者，战后与妻子重逢。不过，因为在集中营感染了疾病，她不久去世。这位患者感到痛彻肺腑的绝望。弗兰克尔竭尽全力，要把他从消沉中解救出来，但无功而返。直到有一天，他告诉他："假如上帝赋予我力量，我凭借这力量能够创造一位女性，她具有你死去的太太的所有属性，无人能把她们区分开来，你会请我创造这样的女性吗？"患者先是沉默，接着站起来说："不会的。谢谢你，大夫！"然后是握手、离开并开始了新的正常的生活。② 这位患者做到的，正是斯考蒂无法做到的（他要重新创造出同一位女性）：他意识到，虽然人能找到积极属性完全相同的女性，却无法重新创造她身上深不可测的小客体。

有一个短篇科幻小说，讲了这样一个故事：几百年后，时间旅行已经可行。那时有一位艺术批评家，他是如此痴迷于我们这个时代的一位纽约画家的作品，以至于从几百年后回到现在，与他相

① 维克多·弗兰克尔（Viktor Frankl，1905—1997），奥地利神经病医师和精神病医师，大屠杀的幸存者，存在主义心理疗法（logotherapy）的奠基人。著有《人对意义的探寻》（*Man's Search for Meaning*）。该书记录了他在集中营的经历。他认为他的心理疗法可以在所有的生存形式（包括最肮脏的形式）中发现意义，找到继续生存下去的理由。他的理论对人本主义心理学家有颇多启示。——译者注

② 维克多·弗兰克尔（Viktor Frankl），《知识与良知》（*Wissen und Gewissen*），Frankfurt：Suhrkamp，1966。

会。不过，他发现，这位画家是个毫无价值的酒鬼，他甚至偷走了艺术批评家的时间机器，逃进了未来。艺术批评家只好留在现在的世界上，画出那些所有令他痴迷的作品，而正是这些作品使他从几百年后回到了现在。令人吃惊的是，亨利·詹姆斯（Henry James）早已使用过同样的情节。《对过去的感知》（*The Sense of the Past*）是在詹姆斯的故纸堆里发现的手稿。它发表于1917年，那时詹姆斯已经去世。它讲述的故事与《眩晕》讲述的故事有些离奇的类似，并引发了斯蒂芬·史本德①和博尔赫斯（Jorge Luis Borges）的明察秋毫的阐释。［迪皮伊注意到，詹姆斯是威尔斯（H. G. Wells）的朋友，《对过去的感知》是韦尔斯的《时间机器》（*Time Machine*）的翻版。］詹姆斯死后，这部小说改编成了戏剧《伯克利广场》（Berkeley Square）并取得了成功。该戏剧于1933年改编成了电影。在电影中，莱斯利·霍华德（Leslie Howard）扮演年轻的纽约客拉尔夫·彭德尔（Ralph Pendrel）。彭德尔继承了一所房子。房子位于伦敦，建于18世纪。他在房内发现了一幅肖像，画的是一位也叫拉尔夫·彭德尔的远祖。他深深为这幅肖像所迷，于是迈过一道神秘的门槛，发现自己回到了18世纪。在那里，在他见到的各色人等中，有一位画家，他就是令他痴迷的那幅肖像的作者。当然，上面画的就是他本人。博尔赫斯在做出评论时，对这个悖论做了简洁的概括："**原因晚于结果，航行的动机是航行的结果**。"詹姆斯为这次历史之旅增添了爱情的内容：回到18世纪之后，拉尔

① 斯蒂芬·史本德（Stephen Spender，1909—1995），英国诗人、小说家和散文作家。最关心的主题是社会正义和阶级斗争。著有诗集《九个实验》（*Nine Experiments*）、小说《神殿》（*The Temple*）、散文集《上帝败了》（*The God that Failed*）等。——译者注

夫爱上了奈恩（Nan），她是他（18 世纪的）未婚妻莫莉（Molly）的妹妹。奈恩最终意识到，拉尔夫是来自未来的时间旅行者，于是牺牲了自己的幸福，帮他回到了他自己的时代，回到了奥罗拉·科因（Aurora Coyne）的身边。奥罗拉·科因先前拒绝了拉尔夫，但现在接受了他。……这个故事只是以精神错乱的形式，使符号精神机制的循环（circle of symbolic economy）神秘化了。在那里，结果先于原因。也就是说，结果回溯性地创造了原因。

而且，令人惊奇的是，在康德的法哲学中，这道理同样适用于对（合法）政权进行反叛这一行为的法律地位：如果反叛正在进行，命题“反叛者的所作所为是理应受到惩罚的犯罪行为”就是真的；但是，一旦反叛大功告成并建立了新的法律秩序，这个有关过去行为的陈述就不再有效。“有些人被动员起来，努力摆脱所谓暴君的枷锁。对这些人而言，反叛是合法的手段吗？”① 康德对这个问题是这样回答的：

> 人民的权利受到了伤害；暴君一旦被废，无论如何对待暴君，都没有什么非正义可言。这是毫无疑问的。尽管如此，如果臣民要以这种方式寻求自己的权利，那就是大逆不道之罪。如果他们在斗争中失利并因此遭受最严厉的惩处，他们不能抱怨自己受到了非正义的待遇，正如他们一旦成功，暴君不能这样抱怨一样。……如果人民的反抗成功，先前所言依然适用于下列事实：首领一旦退位，重新成为黎民，他不能为了恢复统治而发起反抗，但也无须担心，自己要为先前对国家的管制承担责任。

① 来自互联网，见：http：//www.mtholyoke.edu/acad/intrel/kant/kant1.htm

伯纳德·威廉斯①提出过“道德运气”（moral luck）之说。康德在这里提供给我们的，不正是康德版的“道德运气”或“法律运气”（legal luck）？作为一种行为，反叛的（法律的而非伦理的）地位是回溯性地决定的：如果反叛成功并确立了新的法律秩序，它就会设置自己的循环论证（*circulus vitiosus*）。也就是说，它会在本体论空白（ontological void）中抹除自己的非法起源，就会制造悖论，即回溯性地设置自己。在上面那段文字的前面（与之相距几个页码），康德更为清晰地表述了这个悖论：

> 如果由恶劣的宪法导致的暴力革命通过非法手段引入了更为合法的宪法，那么，引导人民回到先前的宪法就是不允许的。但是，随着革命的持续，每个公开或秘密涉及革命的人都会因为那些反叛者而受到公正的惩罚。

说得再清楚不过了：行为是一样的行为，但它的法律地位会随着时间的变化而变化。反叛还在进行时，它是理应受到惩罚的犯罪；但在新的法律秩序建立之后，反叛变成了自己的对立物。说得更确切些，作为在结果中回溯性地删除/抹杀自己的隐匿调停者（mediator），它销声匿迹了。这道理同样适用于脱胎于暴力性“自

---

① 伯纳德·威廉斯（Bernard Williams，1929—2003），英国道德哲学家，被《泰晤士报》称为“他那个时代最杰出和最重要的道德哲学家”。毕业于牛津大学，曾在英国空军服役，1967年开始在英美大学出任哲学教授。主要著作包括《自我问题》（*Problems of the Self*，1973）、《道德运气》（*Moral Luck*，1981）、《伦理学与哲学的极限》（*Ethics and the Limits of Philosophy*，1985）和《真理与真实》（*Truth and Truthfulness: An Essay in Genealogy*，2002）。——译者注

然状态”的法律秩序的形成。康德已经充分意识到，根本不存在什么“社会契约”的历史时刻：公民社会的团结与法律是由暴力强加于人民的，暴力行动并不是由任何道德考量（moral considerations）激发起来的：

> 联合性的事业（uniting cause）必定紧随形形色色的具体意愿（particular volitions），以从具体意志中引发共同意志（common will）。职是之故，建立这个整体绝非这个整体中的任何一人力所能及。因此，在实际履行这个理念时，我们只能指望以武力（force）来确立司法环境。在司法环境的强制下，公法（public law）会随后产生。我们几乎不抱希望，能从他那里找到充分的道德意图，诱导他履行公共意志（general will），在把一群野蛮人拢到一起组成了国家后，再去建立合法的宪法。

康德在此与之极力奋战的，正是政治行为的悖论性质。回忆一下，在马克思主义理论史上，考茨基（Karl Kautsky）是如何为多党民主制进行辩解的。考茨基把社会主义的胜利设想为社会民主党在议会中取得的胜利。他甚至暗示，从资本主义向社会主义过渡所要采取的适当的政治形式，就是由进步的资产阶级政党与社会主义政党结成的议会联盟。有些人热衷于无穷无尽地寻找革命成功的“保证”。对这些人，列宁进行了极为刻薄的嘲讽。这种“保证”主要采取两种形式：一种是“社会必然性”之物化，一种是标准（“民主”）的合法性。根据第一种形式，我们不应该冒险，过早地发动革命；我们应该等待正确时刻的到来，就历史发展的规律而言，只有等来了那个时刻，形势才会“成熟”。根据第二种形式，

“多数人并没有站到我们一边，所以革命不会是真正的民主革命”。正如列宁反复指出的那样，仿佛革命的行动者在冒险夺取政权之前，应该获得大对体（the big Other）中的某些角色的许可，比如，组织一场全民公决，以便判断，多数人是否支持革命。和拉康一样，列宁认为，这里的关键在于，革命总是自己授权给自己的（*ne s'autorise que d'elle-même*）。我们应该采取没有被大对体遮蔽的革命行动。害怕“过早”地夺取政权，寻求什么“保证”，都是害怕革命行动身上的深渊（abyss）。这种恐惧表现在一则轶事之中。就在十月革命爆发之前，列宁与托洛茨基有一场对话。列宁问：“如果我们失败了，我们的境况会是怎样的?”托洛茨基答道：“如果我们成功了，会发生什么?”即使这则轶事并不真实，它还是耐人寻味的。

甚至某些拉康派人士也在赞美民主，把它称为“大对体匮乏的制度化”（institutionalization of the lack in the Other）。民主制度的实施是有其前提的，这前提便是：没有任何一位政治行动者在取得政权之前得以合法化，政权的位置永远空着，它对竞争保持开放。不过，通过将匮乏制度化，民主压制、规范了匮乏。如此一来，大对体再次成了使我们的行为得以民主合法化（democratic legitimization）的幌子：在民主制度中，我们的行为被视为执行多数人意志的合法行为，因而被“遮挡”起来。与这种逻辑形成鲜明对比的是，解放性力量（emancipatory forces）要做的，不是被动地“反映”多数人的意见，而是创造一个全新的多数。正如托洛茨基所言，革命主体在采取行动时，“不应着眼于静态地反映出来的多数人，而应着眼于动态地创造出来的多数人”。考茨基担心俄国工人阶级“过早”地夺取政权，这暗示了实证主义的历史观。根据这种历史观，历史是一个“客观”进程，它预先决定了政治干预（political interventions）的坐标系。在这个视域之内，下列行为是难以想像的：激进的政治干预会改变这些“客观”的坐标系，因而在某种程度上会为自己的成功创造全新的坐标系。正确的行为不只是对形势进行战略性干预（strategic intervention），为其条件所束缚，而是回溯性地创造自己的条件。

我们可以看到康德的弱点了：不需要唤起“彻底之恶”（radical Evil），以掩饰某种阴暗的原初罪恶；但必须激发所有那些暧昧的幻象，以及模糊行为本身。悖论是显而易见的：康德把重点置于伦理行为之上，同时认为伦理行为是自治性的，是非病态性的，是无法归之于其条件的，因此他无法在它的现身之地发现它，把它错误地解读为它的对立物，解读为不可思议的“恶魔之恶”（diabolical Evil）。康德是帕斯卡（Blaise Pascal）和约瑟夫·德·梅斯特尔（Joseph de Maistre）以来的众多保守（不仅保守）的政治思想家中的一员。他们详细阐述了政权的非法起源，详细阐述了政权得以立足的“奠基性罪恶”（founding crime）。为了模糊这种起源，我们应该为普通人提供有关起源的“高贵谎言”和“英雄叙事”（heroic narratives）。

令人惊喜的是，对希区柯克之类的大师的作品所做的形式分析，使我们能够破解这样的意识形态秘密。我希望这个译本能在一定程度上帮助中国青年理论家确立同样的方法。我只能梦想着，对贾樟柯电影的缜密解读（我认为贾樟柯是现在世界顶尖级的三四位导演中的一个），能告诉我们更多的秘密。

齐泽克

2010年9月5日

序　言

本雅明①曾经推荐过一种在理论上颇具能产性和颠覆性的做法：把某种文化内的最高精神产品与普通的、平凡的、世俗的精神产品并置一处，同时解读。他这样说，显然有所指——他要同时解读下列两种文化产物：一种是莫扎特②在《魔笛》中描绘的崇高的爱情理想，一种是莫扎特的同代人康德为婚姻所下的定义。康德的定义很令正人君子所不齿。康德认为，婚姻是“两个成年异性签署的彼此使用对方性器官的合约”。本书所要做的工作，与此毫无差异：一边解读雅克·拉康最崇高的理论母题，一边通读当代大众文化的典型个案；或者，通过当代大众文化的典型个案，解读雅克·拉康最崇高的理论母题。所谓“大众文化的典型个案”，不仅包括希区柯克③的电影（关于希区柯克，我们已经达成了普遍的共识：他早已是“严肃艺术家”了），而且包括 vii

---

① 本雅明（Walter Benjamin，1892—1940），德国哲学家、社会学家、文学批评家、翻译家和散文作家。在哲学方面，对审美理论和西方马克思主义颇有贡献。在文学批评方面，对波德莱尔（Charles Baudelaire）的评论最为著名，还创造了“现代主义”（modernism）一词；作为翻译家，他对波德莱尔和普鲁斯特（Marcel Proust）的翻译影响最为深远。他的《机械复制时代的艺术作品》（“The Work of Art in the Age of Mechanical Reproduction”）一文，国人最为熟悉。——译者注

② 莫扎特（Wolfgang Amadeus Mozart，1756—1791），奥地利古典时代多产而影响深远的作曲家，作品超过600部，许多作品都是人类音乐史的巅峰之作。齐泽克谈论最多的是《魔笛》（*Magic Flute*）。——译者注

③ 希区柯克（Alfred Joseph Hitchcock，1899—1980），英国和美国著名电影导演，悬疑和惊悚大师。一生拍摄50余部长片，导演手法极具特色。镜头常摹仿某人的凝视，并强迫观众随之移动，有时甚至有窥阴癖的嫌疑。能令观众最大限度地感到焦虑、恐惧和惊悚。其“麦格芬”技法尤为精神分析所津津乐道，他也成了精神分析的“小白鼠”。希区柯克对齐泽克影响甚巨。齐泽克曾经说过，他年幼时已对希区柯克烂熟于心。可以说，没有希区柯克，就没有齐泽克。——译者注

黑色电影、科幻小说、侦探小说、滥情的媚俗之作（sentimental kitsch），直至斯蒂芬·金①的作品。我们要以其道还治其身，把拉康的名言——“康德同萨德”（Kant avec Sade）——运用于拉康本人。②拉康曾经透过萨德这个性变态的眼睛，审视康德的伦理学。读者会在本书中发现一系列的“拉康同某某”。这“某某”包括希区柯克、弗里茨·朗③、露丝·蓝黛儿④、帕特里西亚·海史密斯⑤、科琳·麦卡洛⑥、斯蒂芬·金，等等。当然，本书偶尔也会提及一

---

① 斯蒂芬·金（Stephen King，1947—），美国恐怖小说、悬疑小说、科幻小学和幻象小说作家。——译者注

② 萨德（Marquis de Sade，1740—1814），侯爵，法国贵族，对色情作品情有独钟，一生丑闻缠身。年轻时放荡不羁，多次虐待雏妓和仆人，多次被控性虐。罗希·凯勒（Rose Keller）曾经控告他对她鞭笞，结果萨德被捕入狱。马赛的一名妓女控告萨德，说他对妓女实施麻醉后，强迫她们进行群交和鸡奸，萨德被缺席判处死刑，但逃脱。出逃时又拐骗了一个修女，再次被捕，后越狱未遂，被关进巴士底狱，长达五年半。在狱中可随意借书、买书和读书，并秘密写作。1789年巴士底狱被攻陷前，萨德向外面示威的人大声喊叫，导致了巴黎公众攻占巴士底狱。巴士底狱被攻破后，萨德转入疯人院。后多次入狱，74岁时死于疯人院。写有《香阁侯爵》、《萨克森王妃布伦瑞克的阿德莱德》和《巴伐利亚的伊莎贝拉秘史》。没有写完的小说《索多玛的120天》或《放纵学校》在1904年被发现，1909年发表。小说主要描写了120天暴乱的性生活，其中包括形态各异的性行为，令人叹为观止。——译者注

③ 弗里茨·朗（Fritz Lang，1890—1976），生于维也纳，德国人，知名电影编剧和导演。拍摄于20世纪20年代的犯罪默片电影，为世界电影树立了新的典范。——译者注

④ 露丝·蓝黛儿（Ruth Rendell，1930—），英国犯罪小说作家，多以惊悚和谋杀为题，对犯罪心理的描写颇为精湛。有时用芭芭拉·瓦因（Barbara Vine）的名字发表作品。——译者注

⑤ 帕特里西亚·海史密斯（Patricia Highsmith，1921—1995），美国惊悚小说家，一生创作了22部长篇小说和不计其数的短篇小说。她小说中最著名的人物是汤姆·雷普利（Tom Ripley），一个讨人喜欢的精神病患者。有20余部作品改编为电影，第一部作品《火车怪客》（*Strangers on a Train*）被多次改编。其中，希区柯克在1951年的改编最为著名。虽然身为通俗作家，但不少评论家认为，她的作品既有艺术性又有思想性，足以与主流的严肃文学媲美。有人甚至把她的心理小说称作是欧洲存在主义传统的延续。——译者注

⑥ 科琳·麦卡洛（Colleen McCullough，1937—），澳大利亚小说家和神经

些诸如莎士比亚或卡夫卡之类的“伟人”，倘若如此，读者不必大惊小怪：他们都是被严格当作媚俗作者（kitsch authors）来解读的，是在与科琳·麦卡洛和斯蒂芬·金完全相同的层面上来解读的。

这样做，意图是双重的。第一，本书旨在介绍拉康的诸种“教条”（dogmatics）。说“教条”，是就这个术语的神学意义而言的。本书会不遗余力地榨取通俗文化，把通俗文化当成拿手的材料，不仅以之解释拉康的理论大厦的概貌，而且以之解释某些细节。先前在接受拉康的理论时，学术界对这些细节大多熟视无睹。这些细节包括在拉康讲座中出现的断裂（breaks），包括他与后结构主义之后的“解构主义”的分道扬镳，等等。只有像这样对拉康“斜目而视”，才能对某些细节进行细察明辨。学术界通常对拉康进行“直目而视”，结果反 viii 而忽略了这些细节。第二，显而易见，拉康的理论被当成了沉溺于白痴般地享受通俗文化的借口。拉康本人过去也常将某些作品中的疯狂举动予以合理的解释。这些作品，从希区柯克的《眩晕》（*Vertigo*）到斯蒂芬·金的《宠物坟场》（*Pet Cemetery*），从科琳·麦卡洛的《下流的迷恋》（*An Indecent Obsession*）到乔治·罗梅罗①的《活死人之夜》（*Night of the Living Dead*），不一而足。

（接上页注）科学家。从事过多种职业，包括教师、图书馆员和记者。曾学外科医学，因患皮炎只得放弃，后转入神经科学。1963—1967 年在英国一家医院工作，1967—1976 年在耶鲁医学院工作。在美期间开始创作。创作上取得的成功，使她放弃了医学，专事写作。她创作的最著名的小说是《荆棘鸟》（*The Thorn Birds*），此外还创作 12 部长篇小说，一部传记。齐泽克着力分析的《下流的迷恋》（*An Indecent Obsession*），创作于 1981 年。——译者注

① 乔治·罗梅罗（George A. Romero，1940—），美国电影导演、编剧、剪辑和演员，以拍摄僵尸类的恐怖片闻名，人称“僵尸教父”。生于纽约，现为加拿大居民。在孩提时代即对电影有浓厚兴趣，并用八毫米摄影机制作短片。大学毕业后，组建电影制作公司，为《活死人之夜》（*Night of the Living Dead*）筹集资金。这部黑白恐怖片大获成功，对后来者影响甚大。——译者注

这两个动作的高度一致性，可以通过对德·昆西①有关“杀人的艺术”的著名命题进行双重释义，来加以例证。这些命题可以用作审视拉康和希区柯克的一般参照系：

> 倘若某人抛弃了拉康，那么，在他眼里，精神分析也会很快变得可疑。从这里，他就迈出了第一步，开始高傲地鄙视希区柯克电影，傲慢地拒绝恐怖小说。有多少人就是因为对拉康发了几句漫不经心、愤世嫉俗的牢骚，就踏上了这条毁灭之路？当初他们这样做，似乎无足轻重，到最后，斯蒂芬·金的小说却成了彻头彻尾的文学垃圾！

> 倘若某人抛弃了斯蒂芬·金，那么，在他眼里，希区柯克也会很快变得可疑。从这里，他就迈出了第一步，开始高傲地鄙视精神分析，傲慢地拒绝拉康。有多少人就是因为对斯蒂芬·金发了几句漫不经心、愤世嫉俗的牢骚，就踏上了这条毁灭之路？当初他们这样做，似乎无足轻重，到最后，却把拉康当成了主张阳物中心主义的反启蒙主义者（phallocentric obscurantist）！

由读者来决定，在上述两个版本中，他或她究竟要选择哪一个。

---

① 托马斯·德·昆西（Thomas De Quincey，1785—1859），英国著名散文作家，“少有的英语文体大师”。最著名的作品是《一个英国瘾君子的自白》（*Confessions of an English Opium-Eater*，1821）。“杀人的艺术”（art of murder）是一种现代观念，根据这种观念，不仅纯粹的审美，而且所有的艺术都与道德无关，都是超道德的。杀人既可能是平庸无聊、枯燥乏味的，也可能是激动人心、赏心悦目的。最早谈论这个话题的是托马斯·德·昆西，他在《论作为一种纯粹艺术的杀人》（“On Murder Considered as One of the Fine Arts”，1827）一文中语含讥讽地说道：“倘若某人整天想着杀人放火，那么很快他就会不假思索地动手抢劫；从不加思索地动手抢劫，到他嗜酒和不过安息日，再到粗俗无礼和凡事拖延，都是近在咫尺的事情。”——译者注

关于本书的主要理论主张，还要再交代几句。拉康主张“回到弗洛伊德”（return to Freud），这通常与他的座右铭——“无意识是像语言那样结构起来的”——密切相关，也就是说，与他的下列努力密切相关：揭去想像性迷恋（imaginary fascination）的面纱，展示支配这种想像性迷恋的符号律令（symbolic law）。不过在拉康举办讲座的最后几年，他的注意力已经从想像界（the imaginary）和符号界（the symbolic）的分裂，转向了实在界（the real）与现实（reality）的对立。在这里，现实是符号性地结构起来的。所以本书第一部分——“真实有多真？现实有多实？”——努力确立拉康所谓的“实在界”之维。要确立拉康所谓的“实在界”之维，**首先**要指出，我们所谓的“现实”，不过是幻象空间（fantasy space）在填补了实在界的“黑洞”之后的剩余（surplus）而已。**其次**，要详细解说实在界的不同模态，包括实在界的回归（the real returns）、实在界的应答（it answers）、实在界如何通过符号形式现身、是否存在着“实在界之知”（knowledge in the real），等等。**最后**，给读者提供两种避免与实在界遭遇的方式。这可以通过犯罪小 ix
说（crime novels）中两类侦探形象予以例证。一类是古典的“借助逻辑和演绎”进行破案的侦探，一类是“该出手时就出手”的辣手侦探（hard-boiled detective）。

尽管论述希区柯克电影的文献汗牛充栋，似乎该说的都已经说尽，但本书第二部分——“关于希区柯克，永远不能说自己已经了如指掌”——冒险提出解读希区柯克的三种方式。**首先**，说明希区柯克电影中存在的“欺诈的辩证”（dialectic of deception），即，电影中那些误入歧途之人，都不曾上当受骗。**其次**，说明著名的希区柯克式推拉镜头（tracking shot），将其视为一个正规手法。这个正规手法的目的，在于造就一个“斑点”。透过这个“斑点”，电影中的物象开始注视观众。这个“斑点”，即“大对体的凝视”（gaze of the Other）。**最后**，提出一个建议，以帮助我们把握希区柯克电影发展的几个主要阶段的前后相继，比如从20世纪30年代的恋母之旅（Oedipal journey），到20世纪60年代由母性超我（maternal superego）支配的“病态自恋”（pathological narcissism）。

本书第三部分——幻象、官僚体制和民主——从拉康晚期的理论中得出某些结论。这些结论涉及意识形态领域和政治领域。**首先**，描绘了诸如“超我之音”（superegoic voice）之类的意识形态征候（ideological sinthome）的概貌，把意识形态征候视为每座意识形态大厦的快感之核，正是它维持着我们的“现实感”。**其次**，提出了一种新方式，用以概括现代主义与后现代主义的断裂，关注的焦点是卡夫卡作品中体现出来的官僚机器的淫荡性。本书**最后**分析每种民主观固有的悖论。这些悖论全都源于下列两者间的不可比性：一是有关平等、义务、权利之类的符号域（symbolic domain），二是幻象空间的“绝对特殊性”，即个人与团体组织各自快感的特定方式。

鸣　谢

本书某些材料的原始版本已经发表。分别是：《希区柯克》（“Hitchcock”），发表于《十月》（*October*）第 38 期（1986 年秋季号）；《斜目而视》（“Looking Awry”），发表于《十月》第 50 期（1989 年秋季号）；《发育不全的快感》（“Undergrowth of Enjoyment”），发表于《新构成》（*New Formations*）第 9 期（1989）；《实在界及其兴衰》（“The Real and Its Vicissitudes”），发表于《弗洛伊德领域通讯》（*Newsletter of the Freudian Field*）第 5 期（1990）。

琼·柯普伊克①自本书构想之初即已在场，她极力鼓励作者撰写此书。她的著作是本书的理论参照系，她还花费大量时间改进本书初稿。毋庸说，没有她的帮助，就没有此书。

---

① 琼·柯普伊克（Joan Copjec），美国布法罗大学（University of Buffalo）英语与比较文学系教授，“精神分析与文化”研究中心主任。美国威斯康星大学麦迪逊校区当代文学硕士，纽约大学电影研究博士。出版过两部著作：其一是《解读我的欲望：拉康与历史学家针锋相对》（*Read My Desire*：*Lacan against the Historicists*，MIT，1994），其二是《假如根本不存在女性：伦理学和崇高化》（*Imagine There's No Woman*；*Ethics and Sublimation*，MIT，2002）。曾做过重要杂志《十月》（*October*）的编辑，还曾主编过众多著作。研究领域主要涉及精神分析、电影、电影理论、女权主义、艺术和建筑。——译者注

目　录

第一部分　真实有多真？现实有多实？

1　从现实到实在界 …………………………………………… (3)
小客体之悖论 …………………………………………… (3)
现实中的黑洞 …………………………………………… (13)

2　实在界及其兴衰 …………………………………………… (34)
实在界是如何回归和应答的 ……………………………… (34)
实在界是如何显现和知晓的 ……………………………… (67)

3　回避欲望之实在界的两种方式 ………………………… (83)
夏洛克·福尔摩斯的方式 ………………………………… (83)
菲利普·马娄的方式 ……………………………………… (105)

第二部分　“关于希区柯克，永远不能说自己已经了如指掌”

4　不曾上当受骗，何以误入歧途 ………………………… (119)
无意识是外在的 …………………………………………… (119)
贵妇失踪记 ………………………………………………… (136)

5 希区柯克式斑点 ……………………………………… (151)
阳物的畸形 ……………………………………… (151)
母性的超我 ……………………………………… (167)

6 色情文艺、怀旧和蒙太奇：凝视的三驾马车 ………… (184)
性倒错短路 ……………………………………… (184)
希区柯克式剪切 …………………………………… (201)

第三部分　幻象、官僚体制和民主

7 意识形态征候 ……………………………………… (215)
作为客体的凝视与声音 ……………………………… (215)
“爱汝征候，如爱己身” ……………………………… (224)

8 后现代性之淫荡客体 ………………………………… (243)
后现代主义裂变 …………………………………… (243)
官僚体制与快感 …………………………………… (253)

9 形式民主及其不满 ………………………………… (265)
幻象伦理刍议 ……………………………………… (265)
民族—原质 ……………………………………… (278)

中外译名对照与索引 ………………………………… (291)
译者后记 ……………………………………………… (301)

第一部分　真实有多真？现实有多实？

1　从现实到实在界

小客体之悖论

对芝诺悖论斜目而视

在尽力对某些理论母题“斜目而视”时，关键并不在于竭尽全 3
力地“图解”高级理论，使它“浅显易懂”，进而也省去我们进行有效思考的力气。关键在于，如此图解，如此对待理论母题，要呈现出某些倘非如此就无法呈现出来的东西。如此做法，已经有一批哲学先驱身体力行，从后期维特根斯坦到黑格尔，都是如此。黑格尔的《精神现象学》的基本策略，不就是要把某个既定的理论立场“展示”为存在主义的主观态度（如禁欲主义的主观态度、“美的灵魂”的主观态度等），从而颠覆这种理论立场，进而揭示这种理论立场隐含的矛盾？不就是向我们表明，主观性的“阐述立场”（position of enunciation）是如何瓦解其“被阐述的内容”，瓦解其实证内容的？

为了证明这种方法的创造性，我们不妨回到第一位真正意义上的哲学家巴门尼德（Parmenides）那里。巴门尼德断言，作为太一（One）的存在（Being），只有一种形态。有趣的是那些著名的悖论。巴门尼德的弟子芝诺（Zeno）试图借助于这些悖论，反向地证明自己的老师所言不虚。他向我们表明：有人假定存在的多样性，假定事物是运动的，但由这些假定推导出来的结论却是荒谬和矛盾的。乍一看（当然这里的“看”只是传统的哲学史家的“看”），这些悖论都是纯粹、空洞和虚假的文字游戏的典型例证，都是故意制造出来的旨在揭示显而易见的荒谬之论的逻辑把戏，与我们最基本的经验背道而驰。但让－克劳德·米尔纳①在其精彩的《芝诺悖论的文学技巧》（“The Literary Technique of Zeno’s Paradoxes”）② 一文中，成功地“展示”了这些悖论：他给我们提供了充分的理由，让我们相信，芝诺用来证明“运动是不可能的”的那四个悖论，最
4 初在文学上都是些老生常谈。其终极形态——正是以这种形态，这些悖论成了我们传统的一部分——来自典型的狂欢表演（carnivalesque-burlesque）。这样的狂欢表演使悲剧、高雅的话题面对粗俗、平庸的话题。这令我们想到后来的拉伯雷（Rabelais）。让我们以芝诺最著名的悖论为例，即以阿基琉斯与乌龟赛跑的悖论为例。当然，它的第一个参照系是《伊利亚特》第 22 章的第 199—200 行。在那里，阿基琉斯一心要追上赫克托耳，结果却是枉然。这样高贵的言谈，竟然与其通俗的对等物——伊索寓言中的龟兔赛跑的故事——混合在一起了。这个广为人知的版本，即“阿基琉斯与乌

① 让－克劳德·米尔纳（Jean-Claude Milner，1941—），法国语言学家、哲学家和散文作家。与罗兰·巴特（Roland Barthes）一起学习语言学，并跟随拉康学习精神分析。曾去美国的麻省理工学院做研究，最早把乔姆斯基（Noam Chomsky）的《句法理论面面观》（“Aspects of Syntactic Theory”）译为法文，引入法国，由此奠定了法国生成语法学派的根基。——译者注

② 让－克劳德·米尔纳（Jean-Claude Milner），《侦探小说》（*Détections fictives*），Paris，Editions du Seuil，1985，pp. 45－71。

龟赛跑的故事”，后来成了两种文学模型的浓缩。米尔纳之论的好玩之处，不仅在于它能证明，芝诺悖论并非纯粹的逻辑推理游戏，而是属于一个经过严密界定的文学类型；米尔纳之论的好玩之处在于，它使这个高雅的模型面对其平庸、滑稽的对等物，进而运用既定的文学，颠覆了这个高雅的模型。对于我们（即拉康派人士）而言，至关重要的是芝诺的文学参照系的内容。让我们回到第一个，也就是最著名的那个悖论那里。我们已经注意到，它最初涉及的是《伊利亚特》中的下列文字：“仿佛如在梦里，追赶者永远无法成功地追上他正在追赶的逃亡者；同样，逃亡者无法彻底摆脱追赶他的人，所以阿基琉斯那大无法成功地抓到赫克托耳，而赫克托耳也无法彻底甩掉阿基琉斯。”我们在此可以领悟主体与客体的关系。我们每个人都曾经体验过这种关系。在梦里，主体比客体跑得更快，也越来越接近客体，却永远无法追赶上客体。这是梦中的悖论：你不断接近客体，却又总是不即不离。拉康指出了这种“可望而不可即”的主要特色。拉康强调说，关键之处并不在于，阿基琉斯无法超过赫克托耳（或乌龟）。很显然，阿基琉斯比赫克托耳跑得快，因而把他甩到身后，是轻而易举的事情。关键在于，他永远无法抓到赫克托耳，因为他总是跑得太快或太慢。这个悖论跟布莱希特（Brecht）的歌剧《三便士歌剧》（*Threepenny Opera*）中的悖论不分伯仲。布莱希特在那里告诉我们，不要过分费力地追求好运，因为你跑呀跑呀，跑着跑着，就跑过了好运，把好运甩到了身后。阿基琉斯与乌龟赛跑时体现出来的力比多精神机制（libidinal economy）一望便知：这个悖论展示了主体与主体欲望的客体－成因（object-cause）的关系，而主体欲望的客体－成因永远都是可望而不可即的。主体欲望的客体－成因总是被错过，我们力所能及的，就是围着它兜圈子。简言之，芝诺这一悖论的拓扑学，实际上是欲望客体的悖论式的拓扑学：无论我们如何竭尽全力，欲望的客体总能成功地逃出我们的手掌。

其他悖论大抵也是如此。我们来看第二个悖论：之所以“飞矢不动”，是因为在任何既定的瞬间，飞矢都在特定的空间占据一个固定不变的位置。在米尔纳看来，这个悖论与《奥德赛》第 14 章第 606—607 行描述的场景不谋而合。在那个场景中，大力士赫拉克勒斯（Heracles）不断射箭。他一射再射，数箭连发，结果却是“飞矢不动”。跟第一个悖论一样，指出下列一点几乎是多余的：这场景类似于一个著名的梦境——“动中之静”（moving immobility）。在这样的梦境里，尽管我们拼命狂奔，结果还是卡在那里，纹丝不动。米尔纳指出，赫拉克勒斯出场的那个场景有一个至关重要的特征，那就是它所处的特定区域——那是一个万劫不复的世界。在那里，奥德修斯（Odysseus）遇到了一系列受苦受难的人物，包括坦塔罗斯（Tantalus）和西西弗斯（Sisyphus）。他们都在重复同一个动作。在这里，坦塔罗斯所受苦难的力比多精神机制值得注意：这些苦难清晰地印证了拉康对需求（need）、要求（demand）和欲望（desire）所做的区分。也就是说，这些苦难印证了下列过程：一件本来只是用来满足我们需求（need）的寻常之物，一旦陷入了“要求之辩证”（dialectic of demand）的陷阱，最终会导致欲望（desire）的形成。当我们向某人“要求”某个物品时，它的“使用价值”（即用来满足我们某些“需求”的价值）会因此成为某种形式的“交换价值”。这时，那个物品也就成了主体之间相互关系的网络的索引。如果有人满足了我们的心愿，他因此也会表明他对我们的态度。我们“要求”某个物品，最终目的并非用它满足我们的

“需求”，而是确认他人对我们的态度。比如，母亲给孩子喂奶，奶便成了她爱孩子的证明。可怜的坦塔罗斯为他的贪婪（即他对“交换价值”的疯狂追求）付出了高昂代价。他得到的每件物品都失去了“使用价值”，都变成了纯粹的、无用的“交换价值”的化身：食物一进他嘴，就立即变成了黄金。①

不过，真正令我们兴趣盎然的却是西西弗斯。他不断推石上山，然后再让它再滚下山来。依米尔纳之见，可以把这个动作当成芝诺第三个悖论的文学模型：我们永远不可能走完一段固定的距离，因为要走完这段距离，我们必须首先走完这段距离的一半；要想走完一半，就必须首先走完一半的一半，如此这般，无穷无尽。一旦我们达到了某个目的，这个目的就会撤回到原来的位置。难道我们不能在这个悖论中发现精神分析所谓的驱力（drive）这个概念的本质吗？或 6
者说得更恰当些，发现拉康对“目标”（aim）和目的（goal）所做的区分？目的（goal）是最终的所得，重在结果；目标（aim）是我们打算获得的东西，重在过程。拉康认为，驱力的真实意图并不在于目的（即完全的满足），而在于它的目标：驱力的最终目标是不断地复制自己，是回到自己的循环之途，是不断地重复其循环之途，是远离自己的目的。真正的快感就来自这种不断重复的循环运动。② 西西弗

---

① 这里的“坦塔罗斯”（Tantalus）可能是“弥达斯”（Midas）之误。据说弥达斯曾经请求狄俄尼索斯恩准他“摸到的一切都变成金子”，结果如愿以偿。可怕的是，他无论摸到什么都变成金子，即使摸到食物和水也是如此。最后饥渴交加，差点一命呜呼。——译者注

②“当你信任某个人，并把一项任务交给他时，**目标**并不在于他能带回来什么东西，而是看他会采取怎样的路线，采取什么方式。如果驱力可以获得满足，同时又无需获得（从生物学的整体功能的角度看）繁殖自身的满足，那是因为，这种驱力是局部驱力（partial drive）。它要达到的目的只是回到那个循环而已。”——拉康，《精神分析的四个基本概念》，London，Hogarth Press，1977，p. 179。

斯的悖论就在这里：一旦达到了目的，他就会发现，他的行为的真实目标就是这个过程本身，即推石上山，再让它滚下山来，循环往复，无穷无尽。根据芝诺最后的一个悖论，我们可以得知，两种对等的力量相向运动，本来只需要花费原来一半的时间，现在却需要花费两倍于原来的时间。我们从何处发现这一悖论的力比多精神机制？我们在何处遇见过同样的悖论性经历——无论何时何地，一旦致力于削弱和消灭某个客体，这个客体的力比多冲击力不减反增？不妨考虑一下，犹太人的形象是如何在纳粹话语中发挥作用的：消灭和排除的犹太人越多，剩下的犹太人的数量越少，活着的犹太人就会越危险，仿佛他们的危险程度与他们被消灭的人数成正比。这又是一个典型例证，揭示了下列两者间的关系：一是主体，一是体现了主体剩余快感（surplus enjoyment）的恐惧客体（horrifying object）。我们越是与之英勇对抗，它就越是变得强大无比。

由此要得出的总体结论是，的确存在这样一个区域，在那里，芝诺悖论是真实有效的。在那里，主体不可能与其欲望的客体 - 成因结成任何关系。在那里，驱力沿着这个区域的四周，无穷无尽地循环运转。然而，这也正是芝诺认为“不可能存在”的区域。芝诺要把它排除出去，因为只有这样，哲学的太一（philosophical One）才能实施自己的统治。也就是说，只有把驱力之实在界（the real of the drive）排除出去，只有把驱力一直绕之循环运转的客体排除出去，哲学才有自身存在的依据。芝诺试图借助于这些悖论向我们证明，运动（movement）和杂多（multitude）在理论上是不可能的，在现实中是不存在的。这也是为什么芝诺悖论能从反面证明巴门尼德（第一位真正意义上的哲学家）太一（One）、固定不变的存在

(Being) 的主张的原因。[1] 或许由此我们可以理解拉康下列说法的意义：拉康说过，小客体“正是哲学反思缺少的东西，虽然有时也要找到它，但这样做，是为了证明它是完全无效的。”[2]

幻象中的目的和目标

换言之，被芝诺驱逐的恰恰是拉康所谓的幻象之维。在拉康的理论中，幻象指主体与小客体的“不可能的”关系，主体与欲望的客体－成因的“不可能的”关系。幻象通常被设想为可以实现主体的欲望的场景。这一基本定义是相当恰当的。但这样说，有一个前提条件，即我们要在字面意义上谈论它。幻象所展示的，并非这样一个场景，在那里，我们的欲望得到了实现，获得了充分的满足。恰恰相反，幻象所实现的，所展示的，只是欲望本身。精神分析的基本要义在于，欲望并非是事先赋予的，而是后来建构起来的。正是幻象这一角色，会为主体的欲望提供坐标，为主体的欲望指定客体，锁定主体在幻象中占据的位置。正是通过幻象，主体才被建构成了欲望的主体，因为通过幻象，我们才学会了如何去欲望。[3] 为了印证这个至关重要的理论观点，让我们以一篇著名的科幻短篇小

---

① 换言之，我们可借助于黑格尔在下列两者间所做的区分，搞定芝诺的最后一个悖论：一是主体“打算说的”，一是主体“实际说的”。附带说一句，这种区分与拉康对“*signification*”和“*signifiance*”的区分完全一致。芝诺“想说的”，即他的意图，就是证明我们与小客体（object small a）的关系的悖论性质是不存在的，进而将其驱而逐之；芝诺“实际做的”——说得更恰当些，他“实际说的”——就是证明这些悖论的存在。正是这些悖论，把这种客体的身份，界定为“不可能的－实在界的”(impossible-real)。

② 拉康，《对哲学系学生的回复》(“Réponses à des étudiants en philosophie”)，见《精神分析手册》(*Cahiers pour l'analyse*) 3, Paris, Graphe, 1967, p. 7。

③ 欲了解他人对幻象这一概念与电影的关系所做的详细说明，参见伊丽莎白·考威（Elizabeth Cowie）《电影中的性差异与呈现》(*Sexual Difference and Representation in the Cinema*), London, Macmillan, 1990。

说为例。这小说便是罗伯特·希克利①的《星球商店》（“Store of the Worlds”）。

7 小说的主人公韦恩先生（Mr. Wayne）前往拜访年迈、神秘的汤普金斯（Tompkins）。汤普金斯住在废弃了的城镇上，拥有一间堆满废物的破烂不堪的小屋子。有传言说，汤普金斯可以凭借一种特殊的草药，把人发送到另一个与人类世界平行的世界。在那里，所有的欲望都能获得满足。当然要付费。付费的方式就是把自己最值钱的东西交给汤普金斯。找到汤普金斯后，韦恩与他进行了深入的交谈。汤普金斯坚持说，从那个世界返回的顾客，大多心满意足，并没有上当受骗的感觉。不过，韦恩还是有些犹豫不决。于是汤普金斯告诉他，不必着急，好好想一想，再做决定不迟。在回家的路上，韦恩一直在想着这个问题。回家后，太太和儿子正在等他，很快他就陷入了幸福家庭的巨大快乐和小小烦恼之中。他几乎每天都发誓，他一定要再去拜访年迈的汤普金斯，向他支付费用，步入另一个世界，满足自己的欲望。但总是有些事情要做。有些家庭琐事让他分神，使他一拖再拖，无法前去拜访汤普金斯。他先是要陪伴太太参加一年一度的聚会，后来儿子在学校又出了问题。到了夏天，假期来了，他曾经答应过儿子，要带他去航海。秋天来了，又有了别的当务之急，必须处理。整整一年的光景，就这样过去了，韦恩没有时间做出决定，尽管在他的内心深处，他时时想

① 罗伯特·希克利（Robert Sheckley，1928—2005），美国科幻小说家。生于纽约的犹太人家庭，读小学时即喜欢科幻小说。二战后入伍，1948 年退伍后入纽约大学读书，1951 年毕业，同年卖出第一部小说《期末考试》（*Final Examination*），继而在许多科幻小说杂志发表作品。20 世纪 50 年代出版了四部作品，20 世纪 60 年代开始创作悬疑小说。一生结婚五次，四次离异。作品充满荒诞和喜剧色彩。——译者注

到，或早或迟，他总要去拜访汤普金斯。时光飞逝，直至他在那个小屋子里醒来。汤普金斯坐在他的身旁，亲切地问他：“你现在感觉如何？是否觉得已经获得了满足?”韦恩感到困窘和困惑，喃喃地答道：“是呀是呀，当然满足了。”于是向他付出了他的全部财产（一把生锈的刀子，一个破旧的铁罐，还有几个别的什么小玩意），很快离开了。他匆匆穿过衰败的荒原，这样才不至于耽误了晚上的土豆配给。天黑之前，他回到了自己位于地下室的蜗居，那时成群结队的老鼠走出鼠洞，开始统治核战争造成的废墟。

这当然属于“劫后余生”式的科幻小说，描述的是核战争（或类似事件）之后的日常生活。这样的核战争（或类似事件）已使我们的文明土崩瓦解。不过，令我们感兴趣的，却是那个陷阱。这篇小说的读者必定跌入这个陷阱，这篇小说的全部效力也建立在这个陷阱之上。同时，欲望的悖论（paradox of desire）也在于此：我们以为“事情本身”在不断地拖延，其实不断拖延这个行为，正是“事情本身”；我们以为自己在寻觅欲望，在犹豫不决，其实寻觅欲望和犹豫不决这个行为，本身就是欲望的实现。也就是说，欲望的实现并不在于它的“完成”和“充分满足”，而在于欲望自身的繁殖，在于欲望的循环运动。韦恩之所以“实现了他的欲望”，恰恰是因为他通过幻觉，使自己进入一种状态，这种状态能够使他无限期地拖延，阻止自己充分满足欲望。也就是说，通过幻觉，他 8
使自己进入不断地繁殖“匮乏”（lack）的状态。而匮乏，却是欲望之为欲望的根本。我们还可以这样理解拉康的“焦虑”（anxiety）概念所包含的特质。焦虑之所以为焦虑，并不是因为缺乏欲望的客体-成因。导致焦虑的，并非客体的匮乏。导致焦虑的，却是这样的危险：我们过于接近那个客体，并会因此失去匮乏本身。焦虑是由欲望的消失带来的。

在这个琐碎的循环运动中，小客体位于何处？达希尔·哈米特[①]的《马耳他之鹰》（*The Maltese Falcon*）中的主人公山姆·史培德（Sam Spade）讲了一个故事。这个故事说的是，有人雇他去查找一个人的行踪。这个人突然放弃了固定的工作，抛弃了家人，彻底销声匿迹了。史培德无法找到他的踪迹。但若干年后，那人在另外一个城市现身了。他起了假名，过着与原来极其相似的生活。突然间，一个横梁从建筑工地上跌落，差一点击中他的头部。用拉康的术语来描述，这个横梁对他而言，就是“世界非一致性”的标志——S（A̸）。尽管他的“新”生活与旧生活那么相似，他还是坚定地相信，开始新生活并非徒劳之举。也就是说，割断与旧生活的联系，开始新的人生，尽管麻烦，还是值得的。从“智慧”的角度看，弃旧迎新是那么麻烦，根本不值一试。因为到最后，我们总是发现自己又回到了原来的位置，尽管我们曾经试图逃离。正因此故，我们必须明白，我们要做的，不是追逐不可能性（the impossible），而是在琐碎的日常生活中寻欢作乐。我们去何处寻找小客体的身影？小客体恰恰是那个剩余，是那个令人难以捉摸、令人信以为真的虚假之物（make-believe）。正是这样的虚假之物，驱使那人改变自己的生活形态。从“现实”的角度看，小客体只是一个空洞的外表（他的新生活与旧生活毫无二致）。但正是因为它的存在，弃旧迎新尽管麻烦重重，还是值得一试的。

---

① 达希尔·哈米特（Dashiell Hammett，1894—1961），美国“硬汉侦探小说”作家，塑造了包括山姆·史培德（Sam Spade）在内的许多硬汉侦探形象，被誉为“最优秀的侦探小说作家”和“硬汉侦探小说流派的领袖”。幼年退学，干过诸多杂工，还在侦探社做过六年侦探，为后来的创作积累了素材。——译者注

现实中的黑洞

如何无中生有？

帕特里西亚·海史密斯（Patricia Highsmith）写过一个短篇小说，题为《黑屋子》（“The Black House”）。这篇小说可以完美地告诉我们，幻象空间是如何发挥作用的。在那里，幻象空间只是一个空洞的外表，一个屏幕，用来供人投射其欲望。它的实证内容（positive contents）的迷人现身，目的只有一个，即填充空白。故事发生在一个美国小镇上。在那里，每到夜幕降临，男人们就会带着怀旧的记忆，带着当地的神话，聚集在当地的酒吧里。这些记忆和神话，一般与他们年轻时的探险有关。而这些探险活动，不知何故，总是与小镇附近山城上那座荒凉、古老的建筑有关。他们诅咒 9
着这个神秘的“黑屋子”。他们达成了种默契，即任何人都不能接近它。进入“黑屋子”会有生命之虞。总是有谣传说，黑屋子里有鬼魂出没，那里还住着一个孤零零的老疯子，任何人闯入，都会被他杀掉，等等。但与此同时，黑屋子还与他们的青春记忆连在一起。他们在那里初尝“叛逆”的青涩果实。特别是，他们在那里有了生命里第一次云雨之欢。男人们一再讲述那个故事，无休无止：若干年前，他们在那里与镇上最漂亮的女孩初次做爱，他们在那里第一次抽烟。故事的主人公是一位年轻的工程师，他刚刚来到这个镇上。听了全部有关“黑屋子”的神话，他宣布，第二天晚上，他要去那间黑屋子一探究竟。对他的宣言，人们表示沉默，但骨子里却是极端的不赞成。翌日夜晚，这位年轻的工程师拜访了那个屋子，心想总会发生点什么可怕的事情，至少也会发生点什么意想不到的事情。怀着这样强烈的预期，他走近那个黑暗、破败的屋子。他登上了吱吱作响的楼梯，检视所有的房间，最终除了几个破烂不堪的踏脚垫，一无所获。他立即转身回到了酒吧，得意洋洋地向聚集在那里的人们宣布，他们的"黑屋子"只是一个破败、污秽的建筑物，没有任何神秘和迷人可言。人们惊骇万状。就在那个工程师转身离去之时，一个人向他发起了野蛮的攻击。工程师不幸被打倒在地，不久即宣告不治。为什么那个新来的工程师的行为，会让那些人如此失魂落魄？我们只要注意到现实与幻象空间提供的"另类场景"（other scene）的差异，就能理解这些人的激愤之情。对于这些人，"黑屋子"是禁区。它之所以是禁区，是因为它是真空地带（empty space）。他们可以把自己的怀旧欲望，以及扭曲的记忆，投向这一真空地带。年轻的入侵者公开宣布，"黑屋子"只是一座破败不堪的建筑物，此举无异于把他们的幻象空间减化成了平淡无奇的现实。他弥平了现实与幻象空间的鸿沟，因而也取缔了那些男人拥有的空间，而只有借助于那个空间，他们才能表述自己的欲望。①

---

① 在这方面，菲尔·鲁滨逊（Phil Robinson）的《梦幻之地》（*Field of Dreams*）中的"玉米地"，就发挥着与此极其类似的作用。在那里，一片被铲平的玉米地变成了棒球运动场。玉米被清理一空，形成了空地，只有这样，幻象人物才能粉墨登场。关于《梦幻之地》，我们无论如何不能错过的，就是它的纯粹的形式方面：我们必须做的，就是清出一片空地，并用篱笆把它围起，然后幻影开始在那里登场。普通的玉米奇妙地变成了神话般的灌木丛。灌木丛促生了幻影，并为它们保守秘密。一言以蔽之，一块普普通通的农田竟然变成了"梦幻之地"。就这一点而言，它类似于萨基（Saki）的著名短篇小说《窗》（"The Window"）。《窗》讲述了这样一个故事：有位房客去了一座乡间农舍，他透过宽大的落地长窗，注视着房子外面的田野。他抵达这里时，接待他的只有一个人，即这家人的女儿。这家人的女儿告诉他，除了她，这家人最近全都死于一场意外事故。话音刚落，房客透过

酒吧里的男人们的凝视是真正的凝视，因为它能够看到欲望客体的迷人轮廓（一般人在那里只能看到平庸的日常客体），能够看

（接上页注）窗子，看到这家人正在穿过田野，慢慢走近。原来他们是打猎归来。他确信，他看到的都是死者的鬼魂，于是吓跑了……（当然，这家人的女儿虽然机敏，却是病态的撒谎者。对她的家人，她很快编了另一套谎言，以便向自己的家人解释，何以那位房客惊慌失措地逃之夭夭。）可见，赋予那个窗子以新的参照系，只需三言两语，足以把那个窗子转化为幻象框架（fantasy frame），把那个不明所以的房客转化为可怕的鬼怪。

《梦幻之地》具有特殊的启示意义，这表现在鬼怪获得的满足上。主人公的父亲的幽灵出现了，电影由此走向高潮。主人公只记得父亲的晚年时光，那时候，父亲的棒球生涯因为失败而告终，他一蹶不振，不久即告呜呼哀哉。现在主人公看到的父亲风华正茂、激情澎湃，对于凶险的未来一无所知。换言之，他发现父亲处于这样一种状态：**已经死了，却不知道自己已经死去**（这重复了有关那个著名的弗洛伊德之梦的定式）。主人公在迎接父亲时说道："快看他呀！他已经拥有了自己的全部人生，但我在他眼里，连一束光线都算不上。"这为幻象场景的基本骨架（elementary skeleton）提供了简明的定义：作为凝视，出现在自己被孕育之前；说得更确切些，出现在自己被孕育之时。拉康的幻象定式（$◇a），就是要说明下列两者间的悖论性连接（paradoxical conjunction）：一是主体，一是作为这个"不可能的凝视"（impossible gaze）的客体。即是说，幻象的"客体"不是幻象的场景，不是幻象的内容（比如父母交欢），而是目睹幻象的场景、内容的"不可能的凝视"。这个不可能的凝视涉及时间悖论（time paradox），即"走进过去"，使主体出现在主体自身尚未形成之前。让我们回想一下大卫·林奇的《蓝丝绒》（*Blue Velvet*）中的那个著名场景。在那里，主人公躲进壁橱，透着门缝，观看伊莎贝拉·罗西里尼（Isabella Rossellini）和丹尼斯·霍伯（Dennis Hopper）的性虐游戏。丹尼斯·霍伯时而扮演伊莎贝拉·罗西里尼的儿子，时而扮演她的父亲。这场游戏就是"主体"，就是幻象的内容。主人公是客体，他把自己减化为一个纯粹的凝视（pure gaze）。幻象的基本悖论恰恰表现在这种暂时的短路上。在那里，主体作为凝视（qua gaze），先于自己出现，并目睹了自己的产生。可以在玛丽·雪莱（Mary Shelley）的《弗兰肯斯坦》（*Frankenstein*）中找到另一个例子。在那里，弗兰肯斯坦博士和自己的新娘正在交欢，却被脑海突然冒出的一个念头打断。他们意识到，一个人造怪物（即他们的"孩子"）正在注视着他们。他们的"孩子"正默默地看着自己被孕育的过程。"幻象在这里得到了表述。幻象孕育了弗兰肯斯坦这个文本：成为凝视，然后反射自己父母的欢娱，反射父母致命的快感……那个孩子在看什么？在看原初的场景（primal scene），在看最古老的场景，即他被孕育的场景。幻象就是这个不可能的凝视。"——让－雅克·莱谢克尔（Jean-Jacques Lecercle），《弗兰肯斯坦：神话与哲学》（*Frankenstein: Mythe et Philosophie*），Paris，Presses Universitaires de France，1988，pp. 98－99。

到虚无（nothingness），即能够看到由“无”（nothing）而生的客体，如同莎士比亚在他最有趣的剧作《理查二世》（*Richard II*）的一个简短场景中所概括的那样。《理查二世》证明，毫无疑问，莎士比亚的确读过拉康的著作，因为这部剧作的基本问题就是国王的歇斯底里化（hystericization）。在歇斯底里化的过程中，国王失去了第二个身躯，即崇高的身躯，而正是这样的身躯，使他由凡夫变成了国王。那时，国王身处“国王”这个符号性的委任－头衔（symbolic mandate-title）之外，面临着主体性的空白（void），因而引发了一系列极其强烈、歇斯底里式的情感失控，从自哀自怜到自我嘲弄，再到滑稽的疯癫，无奇不有。① 不过，我们的兴趣仅限于第二幕第二场中王后与国王的仆人布希（Bushy）间的一段简短对话。那时，国王已经因为战争而远征，王后心中充满不祥之感，充满了忧伤之情，却又不知道何以如此。布希试图安慰她，告诉她，她的悲哀本质上是幻觉性的，是幽灵般的：

布希　每个悲哀的实体都有二十个影子，
它们都像是悲哀，其实并非如此。
因为悲哀的眼睛，涂上了朦胧的泪水，
会把一个完整事物，分割成许多客体。
就像透视什么东西，
正眼望去，一片模糊；
斜目而视，却可以看到形体。

---

① 参见恩斯特·康托洛维茨（Ernst Kantorowicz）的经典研究《国王的两个身体》（*The King's Two Bodies*），Princeton，Princeton University Press，1965。

对与国王的分离，尊敬的王后斜目而视，
结果看到的不是他，而是悲伤的形体。
正眼望去，那不过是些子虚乌有的影子。
仁慈的王后，不要因为离别之外的事情而悲泣，
不要为没有看到的东西而忧郁。
即使看到了什么，也只是透过悲哀的眼睛看到的，
本是想像出来的，却信以为真，为之哭泣。

王后　或许真是如此，但我内在的灵魂，
使我确信，其实并不是这么回事。
无论如何，我不能停止悲伤。
我的悲伤是如此的强烈，
即使我努力控制，什么也不去想，
沉重的空无（nothing）还是使我透不过气。

布希　那不过是一种臆想而已，仁慈的王后。

王后　绝不是什么臆想，
臆想来自已有的悲伤，我却不是这样。
我的悲伤来自空无（nothing），
或者，某物（something）导致了使我悲伤的空无。
这是我得到的反向运动。
但它究竟是什么，不得而知。
那是我无法命名的东西，
我只能说，它是无名的悲痛。

借助于变形（anamorphosis）这一隐喻，布希试图说服王后，她的悲哀并没有什么根据。即是说，悲哀的理由虚假不实。但至关重要之处在于他运用隐喻的方式。他把隐喻分割成很多部分，让它
11 们不断复制自己，这使他陷入矛盾之中。首先（“因为悲哀的眼睛，涂上了朦胧的泪水，会把一个完整事物，分割成许多客体”），他提到下列两者间简单的、常识性对峙：一者是事物在现实中“本来”的面目，一者是事物的“影子”。事物的“影子”是我们眼中的映象，是主观的印象，焦虑和悲哀使之繁殖，使之放大。当我们忧心忡忡之时，微不足道的困难也会变成无法解决的难题，事情在我们眼里变得不可收拾。这里使用的隐喻是光滑玻璃的隐喻。把它割得越细，折射出来的映象就越多。我们看到的不是细碎的实体，而是“二十个影子”。不过在下面几行文字中，事情变得复杂起来。初看上去，莎士比亚似乎只是借助于来自绘画领域的一个隐喻（“就像透视什么东西，正眼望去，一片模糊；斜目而视，却可以看到形体”），以展示下列事实：“悲哀的眼睛……把一个完整事物，分割成许多客体”。但是实际上，他真正传达的却是天翻地覆的地域变化，即从光滑玻璃的隐喻转向了变形（anamorphosis）的隐喻。这里面包含的逻辑是相当不同的：“正眼望去”，即直接望去，绘画的细节显得模糊不清；一旦我们从某个角度“斜目而视”，这些细节就会变得十分清晰，人们可以一目了然。因此，运用这一隐喻描述王后的焦虑文字，在情感上是极其矛盾的：“对与国王的分离，尊敬的王后斜目而视，结果看到的不是他，而是悲伤的形体。正眼望去，那不过是些子虚乌有的影子。”也就是说，如果把王后的凝视与变形的凝视（anamorphotic gaze）进行逐一的对比，我们就不得不说：恰恰是通过“斜目而视”，即从某个角度观看，她看到了事物的清晰而具体的形态；这与“直

接”看去大异其趣，因为“直接”看去，看到的只能是模糊不清的一片（不过，出人意料的是，戏剧后来的发展完全证实了王后不祥的预感）。但是布希并不“想说”这一点，他的意图与此完全相反：通过悄无声息地隐匿真相，他回到了第一个隐喻（即光滑玻璃的隐喻），“意在表达”这样的意思：王后的凝视被悲哀和焦虑所扭曲，仿佛她找到了令她惊惶失措的原因；实际上，依照事实，进行切合实际的观看，就会证明，没有什么东西值得她惊恐不安。

于是我们在此获得了两种现实，两种“实体”。就第一个隐喻而言，我们获得了常识性的现实。这样的现实就是拥有二十个影子的实体，就是导致了二十种映象的事物（是我们的主观观看把它分割成二十种映象的）。简言之，这样的现实就是被我们的主观透视扭曲的实体性“现实”。一般而言，如果直视一个事物，即依照事实，对它进行切合实际的观看，我们就会看到它“本来的面目”；被我们的欲望和焦虑所缠绕的凝视（即“斜目而视”），只能给我们提供扭曲和模糊的意象。不过，就第二个隐喻而言，一切都倒转过来：如果我们直视一个事物，即依照事实，对它进行切合实际的观看，进行毫无利害关系的观看，进行客观的观看，我们只能看到形体模糊的斑点；只有“从某个角度”观看，即进行“有利害关 12
系”的观看，进行被欲望支撑、渗透和“扭曲”的观看，事物才会呈现清晰可辨的形态。这是对小客体（即欲望的客体-成因）的完美描述：从某种意义上讲，小客体即欲望设置出来的客体。欲望的悖论在于，它回溯性地设置自己的成因。即是说，小客体是这样一种客体，只有借助于被欲望“扭曲”的凝视，才能觉察其存在；对于纯粹的“客观”的凝视而言，小客体是不存在的。换言之，根据定义，只能以扭曲的方式觉察小客体的存在，因为它无法超越扭曲，“自在地”存在。这么说，是因为小客体只是这种扭曲的化身和物化，是心烦意乱和心神不宁的这一剩余（this surplus of confusion and perturbation）的化身和物化。小客体是由欲望引入所谓的“客观现实”的。“客观上”，小客体是“空无”（nothing）。尽管如此，从某个角度观看，它还是能够以“某物”（something）的形态呈现出来。王后在回答布希时，对此做了极为精确的概括——她的“悲伤来自空无（nothing）”。小客体即由“空无”导致的“某物”。一旦“某物”（欲望的客体－成因）出现，一旦“某物”为“空无”赋予实证的存在形态，为空白（void）赋予实证的存在形态，欲望就“振翅高飞”了。这“某物”便是变形的客体，便是纯粹的外在表象（semblance）。我们只能通过“斜目而视”，清晰地觉察它的存在。有人说过，“无中不能生有”（nothing comes from nothing）。这是一种妇孺皆知的智慧。颠覆这一智慧的，正是欲望的逻辑。也只有欲望的逻辑，才能颠覆这一智慧。因为根据欲望的逻辑，在欲望的运作过程中，“无中可以生有”（something comes from nothing）。欲望的客体－成因是纯粹的外在表象。尽管这样说是对的，还是无法阻止它引发一系列的后果。也正是这些后果，在支配着我们实实在在的“物质”生活和行为。

幻象空间的“十三楼”

莎士比亚对这些“无中生有”的悖论十分专注，这不是偶然的（《李尔王》的核心问题也在于此）。之所以如此，是因为，在莎士比亚生活的年代里，前资本主义的社会关系迅速解体，资本主义的因素开始萌芽。也就是说，在那样的年代里，他每天都可以看到，“空无”以及纯粹的外在表象（如“一钱不值”的纸币，它本身只是“真金白银”的“承诺”)，是如何开动物质生产这个巨大机械的。这种生产改变了地球的面貌。[1] 于是，莎士比亚对金钱的悖论性力量极其敏感。金钱能够使所有的事物走向自己的对立面：它能为瘸子提供下肢，能把畸形汉变成美男子，等等。马克思再三引用这些来自《雅典的泰门》(*Timon of Athens*) 的名言警句。拉康在创造“剩余快感”(plus-de-jouir) 这一概念时，适时地借用了马克思的剩余价值的概念。他认为，剩余快感也具有金钱般的悖论性力量：它能把事物［快乐客体 (pleasure objects)］推向其对立面，把人们通常认为的最愉快的“正常”性经验转变得恶心不堪，把人们通常认为的丑陋行为（蹂躏自己的心爱之人，忍受不堪忍受的羞辱，等等）变得极具诱惑力。 13

当然，这样的乾坤大逆转会造成对事物“天然”状态的怀旧式渴望。一旦呈现出“天然”状态，事物就只能显现其本来面目，我们也可以直接觉察其存在，同时，我们的凝视也没有被变形的斑点 (anamorphotic spot) 所扭曲。不过，这倒不是说，这样的乾坤大逆转导致了“病态的分裂”(pathological fissure)。只有把两种“实体”隔离开来，只有把只通过客观的观看即可清晰显现的事物与只有通过“斜目而视”才能觉察其存在的“快感实体”(substance of enjoyment) 区分开来，我们才能避免精神错乱 (psychosis)。这就是符号秩序 (symbolic order) 在凝视方面具有的功效。语言的出现，打开了现实的黑洞，而且这一黑洞转移了我们的凝视的坐标轴。

为了例证这一点，我们再以通俗文化的产物为例。它便是罗伯

---

① 参见布赖恩·罗特曼 (Brian Rotman)，《零的符指化》(*Signifying Zero*)，London，Macmillan，1986。

特·海因莱茵①的科幻小说《乔纳森·霍格的倒霉职业》（*The Unpleasant Profession of Jonathan Hoag*）。故事发生在当时的纽约。有个名叫乔纳森·霍格的人，雇了一位名叫特迪·兰德尔（Teddy Randall）的私家侦探，让他调查清楚，在乔纳森·霍格进入工作场所后究竟发生了些什么。他的工作场所位于尖端公司大厦（并不存在的）十三楼。霍格对自己在工作时间内的所作所为，一无所知。第二天，兰德尔跟着霍格去上班。但在12楼与14楼之间，霍格突然消失得无影无踪，而兰德尔又无法找到十三楼。当天晚上，霍格的二重身出现在兰德尔卧室的镜子中，他要兰德尔穿过镜子跟他走，一起接受"委员会"的传讯。在镜子的另一边，他领着兰德尔来到一个大型会议室。在那里，由十二位委员组成的委员会的主席通知他说，他现在正处于尖端大厦的十三楼，以后随时会被传唤到这里接受夜间讯问。在随后的讯问中，兰德尔获悉，这个神话委员会的成员相信，有一只巨鸟（Great Bird）养育了一群小鸟（她的后代），并与这群小鸟一起，统治着这个宇宙。故事的结局是这样的：霍格最终获悉了自己的真实身份，并邀请兰德尔和他太太辛西娅（Cynthia）去乡下野餐，在那里，他向他们讲述整个故事。他告诉他们说，他是艺术批评家。当然是那种非常特殊的艺术批评家。我们的宇宙只是众多现存宇宙中的一个。掌管全部宇宙的主人们是神

---

① 罗伯特·海因莱茵（Robert Heinlein，1907—1988），美国科幻作家，最受欢迎、最有影响、颇多争议的美国通俗作家之一。他有效提升了科幻小说的品质，其作品也最早进入主流文学杂志。他在20世纪40年代即为美国一流文艺刊物《星期六晚邮报》（*The Saturday Evening Post*）撰稿，并大受读者好评。他强调个人的自由与自立，强调个人对社会的责任感，关注宗教对文化的冲击。他考察肉体之爱与灵魂之爱的关系，研究形形色色的非正统的家庭结构，思考太空旅行对人类文化实践的影响。他一生创作了10多部短篇科幻小说集、30多部长篇科幻小说，多次获奖。——译者注

秘的存在物，我们对他们一无所知。他们把不同的世界和不同的宇宙当成艺术品创造出来。我们这个宇宙是由这些艺术家中的一个创造出来的。为了掌控其产品的艺术完美性，这些艺术家随时会把他 14
们中的一员伪装成他们所创造的宇宙中的居民（霍格就是被伪装成一个普通人的），把他送进他们所创造的宇宙中，充当某种类型的宇宙艺术批评家。（在霍格这种情形下，出现了短路；他忘记了自己的身份，不得不寻求兰德尔的帮助）。传唤兰德尔的神秘的委员会的成员只是邪恶、低级的神祇的代表，他们企图破坏真正的“诸神”——宇宙艺术家——的丰功伟绩。于是，霍格告诉兰德尔和辛西娅，他在我们这个宇宙中发现了一两处微不足道的瑕疵，在稍后的几个小时里，他会对此进行修补。只要他们保证在开车回纽约的途中不打开车窗（在任何情形下都不打开车窗），他们就什么也注意不到。说完霍格离开了。仍然兴奋不已的兰德尔和辛西娅开车返程。他们遵循着霍格的指令，一切正常，没有任何闪失。但不久他们目睹了一起车祸，一个孩子被汽车碾过。起初他们保持镇静，继续开车前行。但在看到巡警之后，他们的责任感占据了上风。他们停下车来，向巡警报告了那起交通事故。兰德尔让辛西娅稍微打开一点车窗：

她照做了，随后猛地倒吸一口气，差一点叫出声来。他没有尖叫，但他想尖叫。

在打开了的车窗外面，没有阳光，没有警察，没有孩子——什么都没有。只有灰色、无形的薄雾，缓慢地流淌着，仿佛宇宙混沌初始的样子。看不到前方的城市，不是因为雾气太重，而是因为它空空如也。听不到任何声音，也没有任何运动的迹象。

雾气开始接近车窗，开始飘进窗内。兰德尔大叫，“摇起

> 窗户！”她想这样做，但双手虚弱无力；兰德尔伸手摇上车窗，再用力挤回座位。
>
> 明媚的阳光恢复了；透过玻璃，他们看到了巡警，看到了喧嚣的嬉戏，看到了人行道，以及远方的城市。辛西娅把一只手搭在他的胳膊上，“开车，特迪！”
>
> “等一下，”他紧张地说，并转向他身旁的窗户。他小心翼翼地摇下车窗，只开了一条缝，还不到一英寸。
>
> 但已经够大了，无形、灰色的气流还在外面徘徊；透过玻璃看到的是，城市交通和阳光明媚的大街依然如故；但透过打开的窗子，什么也看不到。

“灰色、无形的薄雾，缓慢地流淌着，仿佛宇宙混沌初始的样子”，如果这不是拉康所谓的实在界，不是前符号性实体（presymbolic substance）的令人厌恶的生活力的搏动，又会是什么呢？不过对我们而言，至关重要的问题是，实在界是从何处冒出来的？答案是，在把“外部”与“内部”隔离开来的分界线上，实在界闯入了。在上述个案中，分界线是由车窗代表的。我们在此应该提及一种基本的现象学经验——有关“不和谐”（discord）的现象学经验，即内部与外部的不协调。坐过车的人都有这样的体验。从外部看，汽车很小；爬进车内，我们有时会被幽闭恐惧症所震慑，但一旦我们进入车内，它突然变大了，我们也感到舒适。为舒适付出的代价是，“内部”与“外部”的任何连续性都丧失了。

对于坐在车内的人来说，外在现实似乎有些遥远，它处于由玻璃代表的障碍或屏障的另一边。我们把外在现实，把车外的世界，理解为“另一种现实”，另一种现实模式（mode of reality）。车外的现实与车内的现实并不具有连续性。说外在现实与内在现实不具有连续性，证据就在于，当我们突然摇下车窗，允许外在现实直接冲击我们时，一种心神不宁的感觉会扑面而来。我们的心神不宁，来自那种突然的经历：车窗充当着某种保护性的屏障，使我们与外在现实保持着安全距离，但这距离是这样的近在咫尺。尽管如此，一旦我们安全地进入车内，躲在封闭的车窗内，外部的客体瞬间变成了另外一种模式。它们基本上是“不真实”的，仿佛被悬置起来了，被置于括号之内了。简言之，它们显现为某种电影现实，被投影到了车窗这个屏幕上。正是这种现象学体验（对隔离内部与外部的屏障的体验），正是这种感受（即外部现实说到底是“虚构的”），导致了海因莱茵小说最后一幕的恐怖效果。在那里，仿佛有那么一会儿，外部现实的“投影”戛然而止；仿佛有那么一会儿，我们面对着的，是无形的灰雾，是空空如也的屏幕，是“什么都不曾发生的地方，只是一个地方”，如果我们获准引用马拉美的话（在这种语境下，引用马拉美，有滥用神物的嫌疑）。

内部与外部的不和谐，以及由此导致的不合比例，也是卡夫卡笔下的建筑物的一个基本特色。一系列的大楼，包括《审判》（*The Trial*）中的那栋公寓（法庭就在里面审理案件），包括《美国》（*America*）中的叔叔的宅邸，都是以下列事实为特征的：看似很普通的房子，一旦我们进入，它就会奇迹般地变成由众多楼梯和走廊组成的迷宫。这令我们想起皮拉内西（Piranesi）那幅名画，画的是由监狱和囚室组成的地下迷宫。一旦把自己封闭在一个空间内，我们就会更多地体验其“内部”。从外部，是看不到这个“内部”的。连续性和均衡是不可能的，因为不协调（即“内部”对“外部”的过剩）是把内与外隔离开来的那个障碍所具有的必然的、结构性的结果。只 16

有拆除障碍，只有让外部吞没内部，才能消除这种不协调。

“感谢上帝，这不过是一场梦罢了”

那么，为什么内部会按一定的比例超越外部？内部对外部的过剩，表现在什么地方？当然，内部对外部的过剩，表现在幻象空间中。在前述的例证中，内部对外部的过剩，表现在那个神秘的委员会办公的十三楼中。这个“剩余空间”是科幻小说和神秘故事经久不息的母题，此外还经常出现在许多竭力避免不幸结局的经典电影之中。一旦电影的情节发展到灾难性的高潮，电影就会在视角上发生根本性的变化，以改变整个灾难性的进程，把灾难性的进程转化为主人公的纯粹的噩梦。涌入我们脑海的第一个例子，就是弗里茨·朗的电影《绿窗艳影》（*Woman in the Window*）。在这部电影中，一位孤独的心理学教授被一位蛇蝎美人（female fatale）的肖像搞得神魂颠倒。那位蛇蝎美人的肖像就挂在俱乐部隔壁的商店的橱窗里。他的家人外出度假了，他则坐在俱乐部里打盹。十一点到了，服务生叫醒了他，于是他离开了俱乐部。像平时那样，他瞥了一眼那幅肖像。不过这一次，在与大街上一位浅黑肤色的年轻女性的镜像重合在一起时，肖像复活了。教授于是与她有了一段婚外情，并在一场搏斗中杀死了她的情人。他有一位朋友是警察局分局的局长。有关那件杀人案的调查进展情况，这位朋友一一告诉了他；当他获悉自己即将被捕时，他坐在椅子上服毒自杀，并进入昏迷状态。这时，俱乐部的服务生像往常那样，在十一点时把他叫醒。他这才发现，自己一直都在梦中。教授恢复了信心，起身回家。他知道，他必须避免成为致命黑美人的囊中之物。不过，我们千万不要把最终的时来运转当成对好莱坞法典的妥协，当成向好莱坞法典的屈从。这部电影传递的信息并非抚慰性的，并非“这不过一场梦罢了。在现实中，我与他人无异，是正常人，不是杀人犯！”它要传递的信息是：在我们的无意识深处，就我们的欲望之实在界而言，我们全都是杀人犯。弗洛伊德曾经阐释过一位父亲做过的一个梦。这位父亲已经死去的儿子出现在他的梦中，哭着喊着谴责这位父亲说：“爸爸，难道你没有看到，我烧着了吗？”拉康曾经阐释过弗洛伊德对此梦所做的阐释。我们可以借用拉康的话说，那位教授醒来了，为的是继续做梦（梦想成为和别人一样的正常人）。也就是说，那位教授醒了，为的是逃避他的欲望之实在界（实在界即“心理现实”）。从梦中醒来，进入日常现实，然后，他会安慰自己说，“这只是一场梦罢了”，因而忽视了一个重要事实：即使清醒的时候，他也“不过处于他的梦的意识状态而已”（nothing but the consciousness of his dream）。[1] 换言之，借用庄子和蝴蝶的寓言（这个寓言也是拉康的参照点之一），我们不能说，我们看到的，本质上是一位和蔼、亲切、正派的中产阶级教授，他只是在梦中变成了 17
杀人犯；恰恰相反，我们看到的是，本质上是一位杀人犯，只是他梦想着在日常生活中成为和蔼、亲切、正派的中产阶级教授。[2]

一边是“地道的现实”，一边是“梦幻的世界”，如果我们还在坚守这个朴素的意识形态二分法，那么，下列做法，即把“真实”事件回溯性地置于虚构（梦幻）之中，似乎就是“妥协”。而

---

① 拉康，《精神分析的四个基本概念》（*The Four Fundamental Concepts of Psycho-Analysis*），pp. 75 – 76。

② 如同史蒂文·斯皮尔伯格（Steven Spielberg）的《太阳帝国》（*Empire of the Sun*）中的吉姆，他本是一架飞机，却梦想着成为吉姆；或者如同特里·吉列姆（Terry Gillian）的《巴西》（*Brazil*）中的主人公，他本是一只巨型蝴蝶，却梦想着成为人类中的一个官僚。

妥协，则是一种意识形态的盲从。一旦我们注意到，正是在梦中，也只有在梦中，我们才遭遇了我们欲望之实在界，那么，整个重点就会发生根本性的转移：我们普通的日常现实，即社会宇宙的现实（我们就是在这样的现实中扮演着寻常的仁慈、高贵之人的角色），最后证明不过是幻觉而已。如此幻觉的成立，依赖于某种“抑制”和对我们的欲望之实在界的忽视。因此，这样的社会现实只是脆弱的、符号性的蜘蛛网，它随时可能因为实在界的入侵而土崩瓦解。最寻常的日常会话，最寻常的日常事件，随时都有可能发生危险的逆转，造成无法弥补的灾难。借助于周而复始的情节，《绿窗艳影》展示了这一点：事件一直按线性方式向前发展，直到突然间，即在灾难性崩溃即将发生的刹那间，我们发现自己又回到了先前的出发点。通向灾难的道路，最后变成了虚构性的峰回路转，我们又被带回到起点。为了造成回溯性虚构（retroactive fictionalization）的效果，《绿窗艳影》两次使用同一场景（教授坐在椅子上打盹，服务生在十一点时叫醒了他）。这样的重复性使用，回溯性地把两次醒来之间发生的一切，转化成了虚构。也就是说，“真实”的醒来只有一次；发生在两次醒来之间的事件，都是虚构出来的。

在约翰·普里斯特利①的戏剧《危险的转角》（*The Dangerous*

---

① 约翰·普里斯特利（John B. Priestley，1894—1984），英国小说家、剧作家和播音员。他尚在襁褓之时，母亲去世，四年后父亲再娶。在语法学校毕业后去一家羊毛公司任职，在此期间开始创作，并在伦敦的报纸上发表。第一次世界大战爆发后入伍，1916 年被迫击炮击伤。战争结束后进入剑桥大学就读，30 岁时即已成为著名的幽默作家。一生共出版 27 部小说，最著名的是《良友》（*The Good Companion*）。编剧也不少，最著名的是《罪恶之家》（*An Inspector Calls*）。他的小说《披星戴月》（*Benighted*，1927）被改编为电影《古老的黑屋子》（*The Old Dark House*，1932）。其作品惯于颠覆过去、现在和未来的顺序，常在读者那里激起“似曾相识”之感。——译者注

Corner）中，发挥着“教授醒来”之作用的，是那一声枪响。《危险的转角》讲述了这样一个故事：一家有钱人围坐在乡间别墅的壁炉周围，等待着其他人狩猎归来。突然幕后传来一声枪响，使彼此的交谈发生了危险的逆转。长期隐藏的家庭秘密暴露了。父亲（即家长）坚持要把一切说清楚，坚持要让真相大白于天下。最后他回到一楼，精神崩溃。只听一声枪响，他自杀身亡。但事后证明，这一声枪响，就是戏剧开幕时的那一声枪响。在那里，对话依旧进行，只是这一次，没有出现危险的逆转，会话一直停留在庸常琐碎的家务事上。创伤依旧深藏不露，一家人欢快地团聚，共进田园式晚餐。这就是精神分析提供的日常现实的景象，即一个脆弱的均衡。一旦创伤以偶然的、无法预知的方式发作，这个脆弱的均衡就会被打破。就其形式结构（formal structure）而论，那个事后证明纯属虚构的空间，那个居于两次醒来或两次枪响之间的空间，与罗伯特·海因莱茵小说中并不存在的尖端大厦十三楼完全相同。那是虚构出来的空间，是“另一个场景”。只有在那里，我们欲望的真 18
相（truth of our desire）才能得到展现。如同拉康所言，真相“是像小说那样结构起来的”（is structured like fiction）。之所以这么说，原因就在这里。

精神病患者提出的解决方案：大对体的大对体

在谈及内部与外部的不协调时，我们曾经提到卡夫卡，这绝不是偶然的。卡夫卡笔下的法庭，那个荒唐、淫荡和罪孽深重的机构，只能坐落于内部对外部的过剩之中，只能坐落于并不存在的十三楼这样的幻象空间之中。在讯问兰德尔的那个神秘“委员会”里，不难发现新型的卡夫卡式法庭，不难发现邪恶的超我法律

（superegoic law）的淫荡身影。这个委员会的委员崇拜神鸟。这证明，在我们这个文化的意象谱系中，自古以来，直至希区柯克的《群鸟》，鸟一直都是残酷、淫荡的超我能量（superegoic agency）的化身。海因莱茵躲开了卡夫卡式的世界，即由“疯狂的上帝”的淫荡能量统治的世界。但他为此付出的代价是，制造一个妄想狂建构（paranoia construction）。根据这一建构，我们的宇宙只是不为人知的造物主创造出来的艺术作品。可以在艾萨克·阿西莫夫①的短篇小说《编笑话的人》（*Jokester*）中，找到这个主题的最机智的变体。说它机智，是就其字面意义而言的，因为它只关心“机智”本身，只关心笑话。一个专门研究笑话的科学家最后得出一个结论：人类的智力始于制造笑话的能力。所以，在透彻地分析了几千个笑话后，他成功地找到了那个“原初笑话”（primal joke）。那是使人类由动物变成人的关键之处。也就是说，在这个关键之处，超人的智力（上帝）把第一个笑话传给了人，因而能够干预地球上的生命进程。这些构思巧妙的“狂想”故事有一个共同的特色，那就是，它暗示我们，存在着“大对体的大对体”（Other of the Other）。所谓“大对体的大对体”，就是在幕后操控着大对体（即符号秩序）的隐含主体。“大对体的大对体”是在谈及自己的“自主性”时，才操控大对体的。也就是说，“大对体的大对体”是在这样的时刻操

---

① 艾萨克·阿西莫夫（Isaac Asimov，1920—1992），美国作家，波士顿大学生物化学教授，以创作科幻小说和撰写科普著作闻名于世。作品极其丰富，撰写或编写过500多种著作，还有9000余封书信或明信片。其著述涉及“杜威图书分类法”（Dewey Decimal System）中的十大类，无人能出其右。他被称为“硬科幻小说”（hard science fiction）大师，最著名的作品包括“基地”（Foundation）系列，此外还有“银河帝国”（Galactic Empire）系列和“机器人”（Robot）系列。——译者注

控大对体的：借助于无知无觉的偶然，在不受言说主体（speaking subject）的有意识的控制之时（如在笑话和梦中），达到了有意义的效果。本是在胡说八道，现在却变得意味深长。这种“大对体的大对体”恰恰是妄想狂的大对体：通过我们说话，而不为我们所知；控制着我们的思想，通过笑话的“自发性”操纵我们的一言一行；如同海因莱茵小说中的艺术家，他们创造出幻象的世界，而我们就置身于这样的幻象世界之中。狂想的建构，可以使得我们逃避“大对体并不存在”（拉康语）这一事实，逃避盲目、偶然的自动化（automatism），逃避符号秩序的建构性愚蠢（constitutive stupidity）。说“大对体并不存在”，是说作为和谐一致、整齐有序的大对体是不存在的。

面对这样的妄想狂建构，我们千万不要忘记弗洛伊德的告诫， 19
错误地把这样的妄想狂建构视作“病态”。恰恰相反，借助于这种替代性构成（substitute formation），妄想狂建构意在治疗，意在使我们摆脱真正的“病态”，摆脱“世界的末日”，摆脱符号秩序的崩溃。如欲在纯粹形式意义上亲眼目睹符号秩序崩溃的过程，亲眼目睹把实在界与现实隔离开来的屏障的崩溃，我们就只能追逐美国抽象表现主义运动中最具悲剧色彩的人物马克·罗思科①在20世纪

① 马克·罗思科（Mark Rothko，1903—1970），生于俄国，美国画家。被归入“抽象表现主义画家”之列，尽管他本人强调反对给自己贴上这样的标签。他甚至反对“抽象画家”之类的称谓。生于俄国犹太人家庭，虽然逃过了排犹大潮，但童年一直生活在提心吊胆、惴惴不安之中。能讲俄语、意第绪语和希伯来语。1913年全家移居美国，开始学习英语，17岁活跃于犹太团体，对工人及妇女权益颇为热心。曾进入耶鲁大学就读，但因厌恶其精英主义和种族主义，二年级时退学，46岁时再次回到耶鲁，获荣誉学位。在绘画方面，他从20世纪40年代末开始尝试在有色的底子上，铺展大面积的长方形色块。画中没有视觉焦点，色块边缘松散而不确定，这赋予色彩以运动感和深度感，因而给人无限绵延的巨大感。他20世纪50年代末开始放弃明亮的色彩，选择深沉、暗淡甚至含有悲剧意味的色彩。——译者注

60年代（即他生命的最后十年）的创作足迹了。这些画作的主题一成不变：用色彩的变化揭示实在界与现实的关系。在著名画家卡西米尔·马列维奇①的著名画作《我的时代的赤裸、无框肖像》（*The Naked Unframed Icon of my Time*）中，实在界与现实的关系以抽象的几何图形的形式（一个简洁的黑方块，被置于白色的背景之上）显现出来。在这里，“现实”即白色的背景平面，即“无拘无束的空无”，即一片空地（客体可以在那里显现出来）。“现实”要想获得自身的一致性，就必须借助于位于它中间的“黑洞”，借助于拉康所谓的“原质”（*das Ding*，the Thing）。正是“原质”，使快感具有了实体的形态。“现实”要想获得自身的一致性，就必须排除实在界，就必须把实在界的身份（status of the real）转化为核心匮乏（central lack）的身份。罗思科的全部画作都表明，他在全力拯救把实在界与现实隔离开来的屏障。也就是说，他在竭力阻止实在界（中间的黑方块）溢入整个领域，竭力保持下列两者的距离：一者是黑方块，一者是不惜任何代价都要保持原状的背景。如果黑方块占据了全部画面，如果黑方块与它的背景的差异不复存在，精神孤独症（psychotic autism）就会出现。罗思科把这种斗争描绘为灰色背景与中央黑块的对峙。这种对峙，令人恐惧地从一幅

① 马列维奇（Kasimir Malevich，1878—1935），俄国画家和艺术理论家，立体抽象艺术的先驱，至上主义运动（Suprematist movement）的发起人。生于基辅，父母皆为波兰人。自幼随父母奔波，远离文化中心，12岁前对专业艺术家一无所知，尽管周围不乏艺术品。后在基辅学习绘画，父亲死后移居莫斯科，在画院学习，其作品多次参加画展。有理论著作《作为非客观性的世界》（*The World as Non-Objectivity*）。他很早吸收了野兽派和立体派风格，1913年还提出了绝对主义的纯粹抽象绘画的理想。那年他画了当时最纯粹的抽象画——一张白底衬着黑色方块。他解释道，“1913年，我急切地试着将艺术从具象世界的压抑中解放出来，终于在方块中找到了避难所。”——译者注

画作延伸至另一幅画作。在20世纪60年代晚期，罗思科画布上炽热的红色和黄色，逐渐让位于黑色与灰色的最低限度的对立。如果我们“像过电影”那样（即把画作叠放在一起，然后快速翻动，给人以连续运动之感）审视这些画作，我们几乎可以看到那不可避免的结局——仿佛罗思科受到了某种无法扭转的必然命运的驱使。罗思科去世稍前创作的画作中，黑色与灰色的最低限度的对立，又一次让位于炽热的红色与黄色的激烈对抗。这是他最后一次努力，努力获得救赎。同时又明确无误地证明，他的末日已经近在咫尺。几周之后，有人发现他死在了他居住的纽约阁楼上的一池血水之中——他割腕自杀了。他宁愿去死，也不愿意被原质吞噬，不愿意为海因莱茵小说中的两个主人公透过打开的车窗看到的“灰色、无形的薄雾，缓慢地流淌着，仿佛宇宙混沌初始的样子”所吞噬。

把实在界与现实隔离开来的屏障，绝对不是“疯癫”的标志， 20
而是保持最低限度的“常态”的前提条件。一旦这道屏障土崩瓦解，一旦实在界溢入现实（如同在孤独症中表现的那样），或者说，一旦实在界本身被囊括于现实之中（如“大对体的大对体”的出现，如妄想狂想像出来的迫害者的出现），“疯癫”（精神错乱）就形成了。

2　实在界及其兴衰

实在界是如何回归和应答的

活死人的回归

21 为什么拉康的驱力定式是 $\$ \diamond D$？对此问题的第一个答案是，根据定义，驱力总是“局部”的，因为驱力总是设法成为躯体（即所谓的“性感区域”）的特定部分。与流行的肤浅看法相反，“性感区域”并不是由生理决定的，而是对躯体予以符指化包装（signifying parceling）的结果。躯体的某些部分在色情方面被赋予特权，被人视为性感区域，不是因为它们在解剖学上具有什么优势，而是因为它们以某种方式陷入了符号网络之中。在拉康的定式中，D 表示这一符号之维。D 即符号性要求。我们在癔症征兆中常常遇到的一种现象，就是证明上述事实的终极证据。这种现象就是：躯体的某些部分，本来并无性感的价值，却不知何故，开始渐渐被视为性感区域（如脖子、鼻子等）。不过，经典的解释是不充分的，因为它没有注意到驱力（drive）与要求（demand）的亲密关系。驱力也是要求，只是它没有陷入欲望的辩证（dialectic of desire）之中，它抵抗辩证化（dialecticization）。要求几乎总是暗示某种辩证的调停（dialectical mediation）：我们提出某种要求，但我们提出要求的真实目的却是醉翁之意不在酒，而是别的什么东西，有时候甚至是对我们所提要求的拒绝。与每一个要求相伴而生的，必定是下列问题："我提出了要求，但我真正希望得到的，究竟是什么？"与要求不同，驱力提出要求，并要直接满足要求。它是一种"呆头呆脑"的抗拒，并不陷入辩证的计谋之中：我提出某种要求，不达目的誓不罢休。

我们对于这种区分的兴趣，涉及这种区分与"两次死亡"的关系。在"两次死亡"之间的区域出现的幽灵，向我们提出了绝不妥协的要求；也正是因为这个缘故，它们化身为不含欲望的纯粹驱力（pure drive without desire）。让我们从安提戈涅[①]谈起。拉康认为，安提戈涅一踏入居于两次死亡（即符号性死亡和生理性死亡）之间的区域，她身上就放射出崇高之美（sublime beauty）。她内心姿势 22
（innermost posture）的一大特征，就是坚守某个绝不妥协的要求——埋葬她的兄弟，不达目的决不罢休。哈姆雷特的父亲的鬼魂也是如此。他从坟场归来，要求哈姆雷特为他报仇雪恨。一边是驱力，是绝不妥协的要求；一边是居于两次死亡之间的区域。它们两者的联系，可以在通俗文化中找到。在电影《终结者》（*The Terminator*）

---

① 安提戈涅（Antigone）是古希腊悲剧作家索福克勒斯的剧作《安提戈涅》中的女主人公。克瑞翁在俄狄浦斯垮台之后取得了王位，俄狄浦斯的一个儿子厄特俄克勒斯（Eteocles）为保护城邦而献身，另一个儿子波吕涅克斯（Polyneices）却背叛城邦，勾结外邦进攻底比斯，不幸战死。战后，克瑞翁给厄特俄克勒斯举行了盛大的葬礼，却将波吕涅克斯暴尸荒野。克瑞翁下令，谁埋葬波吕涅克斯就处以死刑，波吕涅克斯的妹妹安提戈涅毅然决然地埋葬了她哥哥，被克瑞翁下令处死。——译者注

中，阿诺德·施瓦辛格①扮演的电子人从未来回到了现在的洛杉矶，目的是杀死未来世界中的某个领袖人物的母亲。这个电子人的恐怖之处恰恰在于，他是一个编程机器人，即使躯体已经残缺不全，浑身上下只剩下了一副金属骨架，还在追击自己的目标，毫无妥协和犹豫之意。这位终结者就是驱力的化身，是欲望空白（devoid of desire）的化身。②

另外两部电影是同一部电影的两个版本，一个版本是喜剧性的，一个是悲剧性的。在由斯蒂芬·金编剧，由乔治·罗梅罗执导的电影短篇集《鬼作秀》（*Creepshow*）中，一家人围坐在餐桌旁。那是父亲的忌日，他们在纪念父亲的去世。若干年前，在父亲的生日宴会上，父亲不断地重复一个要求："老爸要吃蛋糕！"他的妹妹重击他的头部，将他杀死。现在，正在纪念父亲的去世，他们家房子后面的墓地突然传来一阵嘈杂声。死去的父亲从坟里爬出，杀死了有罪的妹妹，割下了太太的头颅，然后抹上奶油，再在头颅的旁边点上蜡烛，最后心满意足地喃喃自语道："老爸终于有蛋糕吃了！"——他一直都在坚持自己的要求，直至

① 阿诺德·施瓦辛格（Arnold Schwarzenegger，1947—），生于奥地利的美国健美先生、演员、模特、商人和政治家。现任美国加州第 38 届州长。——译者注

② 关于驱力与欲望的关系，我们或许可以冒少许风险，纠正拉康有关精神分析之伦理的格言——"不要放弃自己的欲望"（not to cede one's desire）：面对桀骜不驯的驱力，欲望本身难道不就是让步，妥协性构成（compromise formation），转喻性转换、撤退，对难以驾驭的驱力的防御？"欲望某物"意味着放弃驱力。一旦我们步安提戈涅的后尘，"不放弃自己的欲望"，难道我们不正在离开欲望之域（domain of desire），不正由欲望之态（modality of desire）转入纯粹驱力之态（modality of pure drive）？

从坟墓爬出，获得满足。① 邪典电影②《机器战警》（*Robocop*）讲述了一个发生在未来的故事：一个警察被枪击致死，但在躯体各个部分都被人工制品替换后，他成功复活了。这部电影更具悲剧色彩。主人公发现自己处于地地道道的“两种死亡”之间：从临床上讲，他的确已经死去；但与此同时，他又得到了崭新的机械躯体。这时，他开始回忆先前作为“人”的生活的片断，并因而经历了主体化过程，即从纯粹的驱力的化身，逐渐变成了有欲望的生命。③

---

① 这些欲望的化身，通常都带有面具。何以如此？拉康曾经为“实在界”下过一个多少有些莫测高深的定义，我们或许可以由此获得答案。在《电视》（*Television*）中，他曾经谈及“实在界的鬼脸”［Jacques Lacan, *Television*, in *October* no. 40（Spring 1987），p. 10］。实在界故而并非隐藏在层层符号化之下的难以抵达的内核，它就处于表面上。它是现实的某种过度变形（excessive disfiguration），如同《蝙蝠侠》中那位小丑已经固定化的微笑的鬼脸。可以说，小丑是他自己面具的奴隶，他不得不服从面具盲目的强制。驱亡驱力就置身于这个表层的畸变之中，并不置身于表层的畸变之下。真正的恐怖来自傻笑的面具，并不来自面具之下那张扭曲、痛苦的面孔。与孩子有关的日常经验可以肯定这一点：如果我们在孩子面前戴上面具，立即会产生恐惧的效果，尽管孩子知道，在面具下面，是他熟悉的面孔。仿佛某种难以言喻的邪恶附身于面具。就其身份而论，面具既不是想像性的，也不是符号性的（表示我们理应扮演的符号性角色），它属于真正的实在界——当然，如果我们把实在界设想为现实的“鬼脸”的话。

② 邪典电影（cult film）是为少数人激赏而为多数人不屑的电影，一般难以获得大规模的票房收入，更无法赢得大众的口碑。所有流派、各种类型的电影都有可能成为邪典电影，但邪典电影多以恐怖和科幻为题材。邪典电影一般拥有非常规性的情节和奇异的幽默感。多数邪典电影都是独立制作的，创作人员没有赢得大众爱戴的预期。——译者注

③ 在雷利·史考特（Ridley Scott）的《银翼杀手》（*Blade Runner*）中，我们遇到了同样的母题——机器人被“主体化”了。在那里，通过（重新）虚构她的个人经历，主人公的机器人女友“变成了主体”。在这里，拉康的论点——女性是“男性的征兆”——获得意料之外的字面价值：她真的是主人公的征兆，是主人公的“合成补足物”（synthetic complement）。也就是说，性的差异与人类/机器人两者间的差异是完全一致的。

我们能从大众文化产品中获得一份安逸，这不足以令人称奇。如果有一种现象可以完全称作“当代大众文化的基本幻象”，那肯定是“活死人的归来”这一幻象：某人死了，却不愿意死去；他不断归来，对活人构成威胁。从《万圣节》（*Halloween*）中的变态杀人狂，到《十三号星期五》（*Friday the Thirteenth*）中的杰森（Jason），这一系列电影塑造的不可企及的原型，一直都是非乔治·罗梅罗的《活死人之夜》（*The Night of the Living Dead*）莫属。在《活死人之夜》中，“不死的人”并非纯粹的邪恶的化身，只知杀人或复仇的简单驱力的化身，而是受害者。他一直在笨拙地追击自己的目标，不达目的不会放弃。他身上带有某种沉痛的悲剧色
23 彩。维尔纳·赫尔措格①的电影《吸血鬼诺斯费拉图》（*Nosferatu*）也是如此。在那里，吸血鬼并不是纯粹的邪恶机械，脸上挂着愤世嫉俗的微笑，而是性情忧郁的受害者，一直渴望得到帮助。关于这种现象，我们要提出一个天真而重要的问题：为什么死人要归来？拉康的答案与我们在大众文化中找到的答案完全一致：死人要归来，是因为他们没有得到适当的安葬；即，死人要归来，是因为他们的葬礼出现了问题。死人的归来是一个标志，它意味着，在符号仪式方面，在符号化的过程中，出了问题。死人是作为未曾偿还的符号债务（symbolic debt）的讨债者归来的。这是拉康从《安提戈涅》和《哈姆雷特》中得到的基本教义。这两部戏剧都涉及不适当的葬礼仪式。“活死人”（即安提戈涅和哈姆雷特的父亲）归来，

① 维尔纳·赫尔措格（Werner Herzog，1942—），德国电影导演、制片、编剧、演员和歌剧导演，“新德国电影”运动的先驱之一。他电影中的主人公颇为特殊：他们要么怀揣稀奇古怪的梦想，要么拥有极为特殊的天赋，要么与自然发生激烈的冲突。——译者注

目的在于清理符号性帐目（symbolic accounts）。所以，活死人的归来是某种永不过期的符号债务的物化。

说什么“符号化”就是“符号性谋杀”（symbolic murder），实在是一句老生常谈。我们谈论一件事情，等于我们悬置了现实，把现实置于括号之中。正是因为这个缘故，葬礼仪式就是最纯粹的符号化：通过葬礼礼仪，死者进入了符号传统（symbolic tradition）的文本之中。这等于向他们保证，尽管已经死去，他们将“继续活在”人们的记忆里。与此不同，“活死人的回归”处于正常葬礼礼仪的对立面。葬礼礼仪意味着某种和解，意味着对损失的认可；活死人的回归则意味着，他们无法在传统的文本中找到适当的位置。当然，大屠杀和古拉格（gulag）这两个重大创伤事件，是20世纪活死人回归的两个典型个案。这两个事件的受害者会作为“活死人”不断追逐我们，直至我们为他们举行庄严的葬礼，把由他们的死亡造成的创伤融入我们的历史记忆。弗洛伊德在《图腾与禁忌》中（重新）建构起来的为历史奠定基础的“原初罪恶”（primordial crime）和对“原始父亲”（primal father）的谋杀，也是如此①：只要死去的父亲作为父亲之名（Name-of-the-Father）的符号能量大显身手，我们就必须把被谋杀的父亲融入符号的宇宙。不过，这种转化，这种融入，绝对不会不留下些残渣余孽。残余总会出现，并以快感之父（Father-of-Enjoyment）这一淫荡的复仇形象的形式回归，以被残忍的复仇和疯狂的大笑所撕裂的人物形象的形式回归，如同

① 弗洛伊德，《图腾与禁忌》，见《弗洛伊德全部心理学著作标准版》（*The Standard Edition of the Complete Psychological Works of Sigmund Freud*），第13卷，London，Hogarth Press，1953。

《猛鬼街》① 中著名的佛瑞迪（Freddie）一样。

宠物坟场那边

俄狄浦斯神话和《图腾与禁忌》中有关原始父亲的神话，通常被当成同一个神话的两个版本。也就是说，作为对主体的个体发生（subject's ontogenesis）所做的基本说明，原始父亲的神话是对虚构
24 出来的、史前时期的俄狄浦斯神话所做的物种发生学延伸。不过，通过细致的观察，我们发现，这两个神话存在着严重的不对称，它们甚至完全相反。② 俄狄浦斯神话的成立基于一个前提：正是作为禁令化身的父亲，阻止我们获得快感（即乱伦，与母亲发生性关系）。言下之意，弑父会消除障碍，并允许我们充分享受被禁止享受的客体。有关原始父亲的神话几乎与此截然相对：弑父并没有消除障碍，我们最终也没有达到目的。与此相反，死去的父亲比他活着时更加威武有力。被弑的父亲作为父亲名义（Name-of-the-Father）存活下来，作为符号律令的化身发号施令，因而阻止我们接近被禁的快感果实，而且没有任何商量的余地。

为什么这种强化（即死去的父亲比他活着时更加威武有力）是必要的？在俄狄浦斯神话中，禁止获得快感的障碍一直都是外部的障碍，

---

①《猛鬼街》（*A Nightmare on Elm Street*）拍摄于1984年，恐怖片。它讲述的故事也甚是恐怖：住在艾姆街上的女孩南茜做梦，梦见一个脸有刀疤、手如剃刀的怪人，从此夜夜受此噩梦的折磨。其实艾姆街上的所有孩子都做了同样的噩梦，然后一一死去。南茜意识到，只有保持清醒，才能幸存下来。经过一番调查，南茜发现，这名梦中杀手叫佛瑞迪，他多年前因为骚扰儿童被愤怒的父母活活烧死。事隔多年，佛瑞迪终于以这种极为怪异的方式归来（弗洛伊德所谓的“被压抑者的回归”的一个例证）。他可以随心所欲地进入孩子们的梦中，并以残忍的方式杀害他们。南茜决定狙击，并终于在噩梦中战胜了佛瑞迪。——译者注

② 参见卡特琳·米约（Catherine Millot），《无名之爸》（*Nobodaddy*），Paris，Le Point Hors-Ligne，1988。

因而保留了下列可能性：一旦外部的障碍得以消除，我们就能获得充满的满足。但本质上，快感早已是不可能的事情。有关拉康的理论，有一个老生常谈为人津津乐道：言说的存在（speaking being）是无法获得满足的。父亲这个人物把固有的不可能性（immanent impossibility）转化为符号禁令，因而把我们从这个僵局中解救出来。在《图腾与禁忌》中，有关原始父亲的神话是对俄狄浦斯神话的弥补——或者说得更准确些，是对俄狄浦斯神话的充分弥补。这时，原始父亲以淫荡的快感之父（Father-of-Enjoyment）这一形象现身，扮演着禁令的执行人的角色，是我“根本不可能获得满足的快感”的化身。存在一种幻觉，根据这种幻觉，至少有一个主体（占有所有妇女的原始父亲）能够充分获得满足。其实，快感之父（Father-of-Enjoyment）这个形象不过是神经质的幻象而已，它完全忽略了下列事实：父亲从一开始就已经死去；即是说，他从来都不曾活过，除非他不知道他已经死去。

可以由此得到的教益是，要想减轻超我对我们施加的压力，单纯以获得理性认可的禁欲、法律和条令取代据说是“非理性”、“适得其反”、“呆板僵硬”的压力，是绝对达不到目的的。关键之处在于承认，有一部分快感从一开始即已失去。这一部分快感是根本不可能获得满足的，无法在“别的什么地方”找到，无法从禁令的化身发号施令之处找到。与此同时，这也令我们看到吉尔·德勒兹和费立克斯·瓜塔里[①]在激烈反对拉康的“俄狄浦斯主义”（oe-

① 吉尔·德勒兹（Gilles Deleuze，1925—1995），法国哲学家。自 20 世纪 60 年代以来在哲学、文学、电影及艺术方面著述甚多。费立克斯·瓜塔里（Felix Guattari，1950—1992），法国哲学家、精神治疗师和记号学家。他们合著的《资本主义与精神分裂症：反俄狄浦斯》（*Capitalism and Schizophrenia*：*Anti-Oedipus*，1972）和《千高原》（*A Thousand Plateaus*，1980）享有世界声誉。——译者注

dipalism）时暴露出来的弱点。① 德勒兹和瓜塔里没有注意到，最有
25 力的“反俄狄浦斯”，其实就是俄狄浦斯自己：俄狄浦斯之父（即以自己的名义发号施令的父亲，以符号律令的化身发号施令的父亲）必定强化自己；但他只能通过快感之父（Father-of-Enjoyment）这个超我形象来达此目的。正是俄狄浦斯之父（即确保秩序与和解的符号能量）对于快感之父这个变态形象的依赖，可以解释，何以拉康喜欢把 perversion（变态）写成 père-version（父亲版）。这个“版本”的父亲或转向这个“版本”的父亲，绝不仅仅是符号的代理，他限制前俄狄浦斯的“多态变态”（polymorphous perversity），使“多态变态”屈从于生殖的法则；相反，这个“版本”的父亲是所有变态狂中最彻底的变态狂。

在这方面，我们会垂青于斯蒂芬·金的《宠物坟场》，因为它代表着对“死去的父亲作为淫荡的鬼魂归来”这一母题的某种倒置。或许这部小说最为成熟地揭示了“活死人回归”的母题。它讲了这样一个故事：年轻的医生路易斯·克里德（Louis Creed）、他的太太雷切尔（Rachel）、两个孩子［一个是六岁大的埃利（Ellie），一个是两岁大的盖奇（Gage）］和他们家的宠物猫丘奇（Church），一起来到缅因州的一个小镇，接管大学的医务室。他们租了一套舒适的大房子。房子靠近公路，公路上车流不息。他们来后不久，年长的邻居贾德·克兰德尔（Jud Crandall）就带他们参观了“宠物坟场”。坟场就在他们房子后面的丛林中，那里埋葬着在公路上被碾死的狗和猫。上班第一天，一个学生死在了克里德的怀

① 吉尔·德勒兹（Gilles Deleuze）和费立克斯·瓜塔里（Felix Guattari），《反俄狄浦斯》（*Anti-Oedipus*），New York，Viking Press，1977。

抱里。不过，死后不久，这个学生突然站起来对克里德说："不要过界，无论你觉得你多么需要过界，也不要这样做。边界的围栏是绝对不能跨越的。"这个警告提到的地方，恰恰是居于"两次死亡之间"的某处，是禁止任何人进入的原质之域（domain of the Thing）。那个不许跨越的围栏正是吸引安提戈涅跨越的围栏，即禁止任何人进入的疆域（boundary-domain），在那里，"生命会坚持让自己受苦受难"，如同乔治·罗梅罗电影中的活死人。《安提戈涅》中的围栏，在希腊语中是用 atē 表示的，atē 意谓毁灭和毁坏："跨过 atē，我们只能存活很短的时间，安提戈涅却拼死地前往。"① 当克里德被难以抗拒地引向围栏之外的这个空间时，那个死去的学生的预言性警告很快就变成了现实。几天之后，小猫丘奇被卡车辗死了。邻居贾德考虑到小猫的死亡会给小小的埃利带来痛苦，就把一个秘密告诉了克里德：在宠物坟场之外，还有一个印第安宠物坟场，有一个人称"食人怪"（Wendigo）的恶毒精灵住在那里。小猫被埋葬了，但第二天就回来了。还是那个恶臭不堪、令人厌恶的活死人，无论从哪个方面看，都跟以前的它没有区别，只有一点与以前不同：仿佛它已被恶灵缠身。盖奇被另一辆过往的卡车碾死后，克里德埋葬了他，却目睹了他的回归。这时的他变成了魔鬼般的孩子，先杀了贾德，后杀了他的母亲，但最终被父亲杀死。克里德带着太太的尸体再次光顾了坟场，坚信这一次一切都会正常。小说结束时，他端坐在厨房，耐心等待着太太的归来。

《宠物坟场》是《安提戈涅》的倒置。在那里，克里德代表着现 26

① 拉康，《讲座之七：精神分析的伦理》（*Le séminaire, livre VII: L'éthique de la psychanalyse*），Paris，Seuil，1986，第 305 页。

代的浮士德式主人公遵循的必然逻辑。安提戈涅牺牲了自己，也只有这样，他的哥哥才能得到体面的安葬。与她不同，克里德则故意破坏正常的安葬。他引入了某种颠倒的葬礼仪式，不是让死者永远安息，而是让他们作为活死人归来。他对儿子的爱是如此的无远弗届，以至于超出了 atē 的限制，进入了毁灭之域。他愿意冒着永被诅咒的危险，让儿子归来，即使是作为杀人恶魔归来，也在所不惜。仿佛克里德这个形象（以及他的恐怖行为）被设计出来，只有一个目的，即为《安提戈涅》中的下列台词赋予意义："世界上可怕的东西有很多，但与人相比都算不了什么。"关于安提戈涅，拉康曾经指出，索福克勒斯（Sophocles）未卜先知地批判了人本主义。也就是说，在人本主义尚未出现之前，他已经勾勒出人本主义的自我毁灭之维。①

不想死去的尸体

让我们开心的是，死人也能以令人愉快（当然也是更为善意）的方式归来，如同在希区柯克的《哈利引起的麻烦》（*The Trouble with Harry*，又译《怪尸案》）中那样。希区柯克把《哈利引起的麻烦》称为低调艺术（art of understatement）的演习。这部电影对希区柯克的其他电影使用的基本手法，作了嘲讽性的颠覆。英国式幽默的基本因素都囊括在这种颠覆之中。电影中的"斑点"，即哈利的尸体，只是一个小小的边缘性问题。它的作用不是使平和的日常情形变得稀奇古怪（unheimlich），不是用来表达某种创伤性实体的爆发（这样的创伤性实体常常扰乱宁静的生活）。它在这里只是发

① 拉康，《讲座之七：精神分析的伦理》（*Le séminaire*，*livre VII*：*L'éthique de la psychanalyse*），Paris，Seuil，1986，第 319 页。

挥着希区柯克的大名鼎鼎的麦格芬（McGuffin）的作用。它并不怎么重要，几乎微不足道。村子里的社会生活依旧，人们继续相互嘲弄，排着队去看尸体，同时追逐着蝇头小利。

尽管如此，这部电影的教益显然不能用一个令人心满意足的箴言来概括：“对生活不必过于认真；归根到底，死亡与性爱都是些琐碎无聊的东西。”它也没有折射出宽容一切、享乐至上的人生态度。弗洛伊德曾经对“鼠人”（Rat Man）展开分析。在分析快要结束时，他对强迫人格（obsessive personality）做了分析。和这样的强迫人格一样，《哈利引起的麻烦》中开明和耐心的人物的“正式自我”（official ego），隐藏了那些阻拦所有快乐的规则网络和禁令网络。① 大家对哈利尸体采取的颇具讽刺意味的冷漠，揭示出对潜在创伤情结的强迫中立化。正如强迫性的规则和禁令脱胎于符号债务，而符号债务来自父亲的真实死亡和符号死亡的脱节一样（“鼠人”的父亲死了，却“没有清账”），“哈利引起的麻烦”在于，尸体出现了，但只有生理性的死亡，没有符号性的死亡。这部电影的 27
副标题可以是“不想死去的尸体”，因为那个小小的村民社区不知如何处置这具尸体，尽管每个村民都以这样或那样的方式与这具尸体发生了某种联系。故事唯一可能的结局，只能是哈利的符号性死亡。电影只能做出这样的安排，让那个孩子再次碰到尸体，因为只有这样，才能清账，最终举行葬礼仪式。

在这里，我们应该提醒自己，哈利的问题与哈姆雷特的问题毫无差异（难道我们还要强调，哈姆雷特提供了有关强迫的最佳范例?）：

---

① 参见弗洛伊德，《强迫性神经官能症病例札记》（“Notes upon a Case of Obsessional Neurosis”），见《弗洛伊德全部心理学著作标准版》，第 10 卷。

说到底，《哈姆雷特》是一部讲述真实死亡的戏剧。但它只涉及真实的死亡，没有伴之以符号性的“清账”。波洛尼厄斯（Polonius）和奥菲莉亚（Ophelia）被偷偷摸摸地草草掩埋，没有举行规定的仪式；哈姆雷特的父亲是在一个不合宜的时候被杀的，他依然是一个戴罪之身。他留下来面对造物主，未曾做过最后的告解。正是因为这个缘故（而不是因为他的被杀本身），鬼魂才会归来，并命令儿子替他报仇雪恨。或者我们可以再退一步，回想一下《安提戈涅》中提出的同样的问题（几乎可以把《安提戈涅》称为《波洛尼厄斯引起的麻烦》）。《安提戈涅》的情节是由下列事实推动的：克利翁（Creon）禁止安提戈涅埋葬她的兄弟，更不允许举办任何形式的葬礼。我们可以如此测量“西方文明”在清偿符号性债务方面走过的历程：它始于安提戈涅的崇高特质，中经哈姆雷特的犹豫和强迫性怀疑，直至“哈利引起的麻烦”。安提戈涅的崇高特质，散发着优美与内心的宁静。在她眼中，采取行动是毫无疑问、可以接受的事情。当然，哈姆雷特最终采取了行动，可惜为时已晚。就其符号性目标（symbolic aim）而言，他的行动以失败告终。在“哈利引起的麻烦”中，无论什么事情，都被视为模棱两可的东西，视为不便于说破的小小的秘密，视为令人心满意足的对更加广阔的社会关系的掩饰。尽管如此，无论它如何低调，还是将其整个禁令的存在暴露无遗。这一点，我们无法在《哈姆雷特》和《安提戈涅》中找到。

因此，低调成了提醒我们注意那个“斑点”的特定方式，而这个“斑点”是由父亲躯体（paternal body）这一实在界派生出来的。孤立“斑点”，表现得仿佛它算不了什么，继而保持镇静（爸爸死了，是的，的确死了，但无所谓的，没有理由为之激动）。如此孤立“斑点”，如此封锁其符号效力，这样的精神机制，在那个常见的悖论——“这的确很悲惨，但形势还不算太严重”——和弗洛伊德时代所谓的“维也纳哲学”（Viennese philosophy）中，得到了完美的表现。因而，低调的关键在于，在（真实的）知晓与（符号性的）信仰之间发生了分裂：“我很清楚（形势很悲惨），但……（我并不相信形势真的很悲惨，我会表现得仿佛形势还不算很严重）。”当下对待生态危机的态度，就是这种分裂的完美例证：我们相当清楚，或许一切都已经太迟，我们已经处于灾难的边缘（欧洲森林的临终剧痛只是这场灾难的预兆），尽管这样，我们并不真的
相信如此。我们表现得仿佛这只是对几棵树、几只鸟的言过其实的 28
关切，它并不真的事关我们的生死存亡。依此类推，我们可以把1968年涂抹在巴黎建筑物上的标语——“现实一些吧，提些根本不可能获得满足的要求吧”——理解为召唤：召唤我们把这个标语等同于灾难之实在界（real of the catastrophe）。灾难之所以降临到我们头上，是因为我们提出的要求，在我们的符号信仰（symbolic belief）的框架内，是“根本不可能获得满足的”。

对于“低调”的另一种解读，是由丘吉尔的那个著名悖论提供的。有人诋毁民主政体，认为民主政体为腐败、煽动和弱化权威铺平了道路。丘吉尔在回应这些人时说：“在所有可能的政体中，民主政体的确是最糟糕的；但问题在于，再也没有什么制度比它更好了。”这句话就是建立在“一切都是可能的，然而有些如何如何”（everything possible and then some）的逻辑上的。它的第一个前提，是对“所有可能的政体”进行全盘归类。在这个归类中，被质疑的因素（民主政体）似乎是最糟的。第二个前提表明，虽然对“所有可能的政治制度”做了归类，但它并非无所不包。与这个归类之外的额外的因素相比，这个被质疑的因素还是完全可以忍受的。这个

程序的运演是以下列事实为基础的：那些额外的因素与囊括在“所有可能的政治制度”中的因素完全相同。唯一的区别就是，它们不再充当封闭整体（closed totality）之内的因素了。在政治制度这个整体之内，民主政体是最糟的；但在非整体化的政治制度中，没有更好的政治制度了。因此，从“再也没有什么制度比它更好了”一语中，我们无法得出结论说，民主政体是“最佳的”，因为它的优势是严格受限的，是通过比较得来的。一旦我们想以形容词的最高级形式提出命题，就资格而论，民主政体就会成为“最糟”的政体。

在《业余精神分析之问题》（*The Question of Lay Analysis*）的后记中，弗洛伊德复制了同样的“并非全部”（not-all）的悖论。那是有关女性的悖论。在后记中，弗洛伊德想起了维也纳的滑稽报纸《同步画派》（*Simplicissimus*）当时刊登的一段对话：“一个男人向另一个男人抱怨起女性脆弱和烦人的天性。他的伙伴答道，‘都一样，女性是我们所拥有的最好的东西’。”① 这就是“女性即男性的征兆”的逻辑：不堪忍受，但与女性相比，再也没有什么东西更令人满意了；无法相处，但失去了女性，一切会变得更加艰难。整体看来，“哈利引起的麻烦”是灾难性的，但是如果我们考虑到“并非全部”这一维度，“哈利引起的麻烦”也算不上什么麻烦了。“低调”之所以为“低调”，其奥秘就在于，只关注“并非全部”这一维度：对于提醒人们关注“并非全部”而言，它是以英语表述的适当方式。

正是出于这个原因，拉康要求我们“把赌注押在最糟的一方”（parier sur le pire）：一旦被变换为“并非全部”，并把它与其他的

① 弗洛伊德，《业余精神分析之问题》（*The Question of Lay Analysis*），见《弗洛伊德全部心理学著作标准版》，第 20 卷，第 257 页。

因素一一进行对比，就会发现，再也没有比（在整体框架内）“最糟”更好的事情了。在正统的精神分析传统的整体框架内，拉康的 29
精神分析无疑是“最糟”的，无疑是彻头彻尾的灾难。但是，一旦我们把拉康的精神分析与这个传统内的其他精神分析一一进行对比，就会发现，没有哪家理论比拉康的精神分析更好。

实在界的应答

然而，拉康的实在界扮演的角色绝对是模糊不清的：没错，它是以创伤性回归（traumatic return）的形式爆发的，破坏了我们日常生活的平衡。但与此同时，它还是对我们日常生活的平衡的支撑。在对实在界进行应答时，如果缺少了某种支撑，我们的生活又会怎样？为了以实例证明实在界的另一面（即支撑我们生活的平衡的另一面），且让我们回忆一下史蒂文·斯皮尔伯格[①]的《太阳帝国》（*Empire of the Sun*）。这部电影的主人公是吉姆（Jim），一个英国少年，在上海陷身于第二次世界大战带来的动乱。吉姆的基本问题是生存，不仅是生理意义上的生存，而且是心理意义上的生存。也就是说，在他的世界、他的符号宇宙真正（而不是比喻意义上）土崩瓦解之后，他必须学着如何避免“现实的丧失”。我们只要记得电影开始时的一幕就可以了。在那里，吉姆及其父母的世界与中国人悲惨的日常生活迎面相遇。在穿戴一新，赶去参加假面舞会的路上，他们乘坐的豪华轿车撕开了拥挤嘈杂的中国难民的人流。这时，他们的孤

① 史蒂芬·斯皮尔伯格（Steven Spielberg，1946—），美国电影导演、制片和编剧，还设计视频游戏。制作的电影主题广泛，类型多样，题材涉及大屠杀、奴隶制、战争和恐怖主义等。斯皮尔伯格曾因《辛德勒名单》和《拯救大兵瑞恩》两度荣获奥斯卡最佳导演奖。他的《大白鲨》、《E. T. 外星人》和《侏罗纪公园》是当时最卖座的电影。——译者注

立世界所具有的梦幻一般的品格清晰无误地展现出来。吉姆面临的（社会）现实就是由他父母组成的那个孤单的世界。他是从远方感受中国人的悲剧生活的。我们再次发现了把内部与外部隔离开来的屏障。和在《乔纳森·霍格的倒霉职业》中一样，这个屏障是以车窗的形式呈现出来的。正是透过父亲的劳斯莱斯汽车的车窗，吉姆看到了中国人的日常生活的悲惨和嘈杂。吉姆把这种悲惨和嘈杂视为某种电影“投影”，视为与他自己的现实格格不入的虚假经验。当这道屏障轰然倒塌时，当他发现自己被掷进了这个淫荡、残酷的世界时（在此之前他一直都与这个世界保持着距离），生死存亡的问题马上浮出了水面。这是现实的丧失，这是与实在界的遭遇。面对着现实的丧失，面对着与实在界的遭遇，吉姆做出的第一个反应（也是最本能的反应），就是重复那个初级的“阳物性”的符号化姿势。也就是说，把他彻底的无能为力倒置为无所不能，即竭力使自己相信，他要为实在界的入侵承担全部罪责。我们可以精确锁定这个入侵的时刻，它是以一次炮击为标志的：日本的战舰开始炮击吉姆及其父母正在避难的宾馆，并破坏了宾馆的地基。正是为了维持自己的“现实感”，吉姆自动承担了日本炮击宾馆的责任。也就是说，他觉得自己罪大恶极。在炮击之前，他一直都在观察日本战舰的动静，发现它在发射灯光信号，于是他用手电筒做出应答。炮弹击中了宾馆的建筑，他的父亲冲
30 进了宾馆的房间。这时，吉姆拼命地喊道：“我不是那个意思！我不过是开个玩笑而已！”直到结束，他都一直相信，战事是因他漫不经心地发射灯光信号而引发的。同样豪情万丈的无所不能后来还在战俘集中营爆发过。当时，一位英国女士死了。吉姆拼命为她按摩。那位女士尽管已经死去，但还是由于血液循环的刺激，短暂地睁开过眼睛。吉姆为此狂喜不已，他相信，他能够使死者复活。我们在此可以

看到，由无能为力到无所不能的“阳物性”倒置，是如何与实在界的应答联系在一起的。必定总是存在着“一小片实在界”（a little piece of the real）。它完全是偶然的，却被主体视为一种确证，视为对他的信仰——他坚信自己无所不能——的支持。① 在《太阳帝国》中，这首先是日本战舰的炮击，吉姆把这次炮击理解为实在界对他发射灯光信号的应答；其次是那位死去的英国女士短暂睁开的眼睛，最后是电影即将结束时原子弹在广岛上空迸发的耀眼光芒。吉姆觉得，他已为特殊的光芒所照耀，他身上被注入了新的能量，这可以使他的双手产生特有的疗救力量，因此他试图使他的日本朋友死而复活。② 同样的“实在界的应答”的功能，还曾出现在乔治·

---

① 参见雅克－阿兰·米勒（Jacques-Alain Miller），《实在界的应答》（“Les réponses du réel”），见《文明及其不满面面观》（*Aspects du malaise dans la civilisation*），Paris，Seuil，第 305 页。

② 毫无疑问，《太阳帝国》（*Empire of the Sun*）的讽刺性－变态性的功绩在于，它把集中营展现为怀旧客体（nostalgic object），并提供给我们。集中营是我们历史上的实在界/不可能之创伤时刻，而我们也生活在后现代的怀旧时期（epoch of postmodern nostalgia）。在这个时期，众多的历史意象被展现为欲望的客体－成因。试想《太阳帝国》是如何描绘集中营的日常生活的吧：孩子们从手推车的斜面上轻松滑下，老绅士们在简易的高尔夫球场挥竿，女人们边熨衣服边开心地聊天，吉姆为她们跑来跑去，传送亚麻布，兜售鞋子和蔬菜。他是那样的足智多谋，是那样的如鱼得水。这些场景全都伴随着背景音乐。根据传统的好莱坞的做法，这些音乐通常用来展示庸常小镇上充满活力的田园生活。这就是集中营的形象，它无疑是 20 世纪的创伤性的“实在界”，是所有的社会制度中的“原封不动的回归”（returns as the same）。集中营是由英国人于 19 世纪末和 20 世纪初，在与布尔人（Boers）的战争中发明的。曾经建立过集中营的，不仅包括两个主要极权主义强权国家（纳粹德国和斯大林治下的苏联），而且包括美国这样的“民主栋梁”（二战时期曾用营中集隔离日本人）。之所以说展现集中营的每一次努力——努力把实在界展现为“相对”之物，努力把它的众多形式简化成一种形式，努力把它设想为某种特定的社会状况的结果（如使用的术语是“古拉格”或“大屠杀”而不是“集中营”）——都已经昭示出对无法承受的实在界之重（unbearable weight of the real）的逃避，原因就在这里。

比才①的《卡门》（*Carmen*）和理查德·瓦格纳②的《特里斯坦与伊索尔德》（*Tristan und Isolde*）中。在《卡门》中，这种功能是由不断预言死亡的“残酷纸牌”展示的；在《特里斯坦与伊索尔德》中，是由引发致命偷情的春药展示的。

这种“实在界的应答”，绝不仅限于所谓的“病态”案例。主体之间要想进行有效的交流，“实在界的应答”也是必不可少的。如果没有“一小片实在界”来充当赌注，来确保符号性交流具有一致性，任何符号性交流都是不可能的。可以把露丝·蓝黛儿最新出版的小说《与生人说话》（*Talking to Strange Men*），视为有关这一主题的“论题小说”（thesis novel）。（萨特曾把他旨在论证其哲学命题的戏剧视为“论题戏剧”，“论题小说”一词就是在这个意义上使用的。）这部小说设立的主体间格局（intersubjective constellation），完美地例证了拉康的下列看法：交流都是“成功的误解”。与蓝黛儿一贯的做法无异［可参见她的《黑暗之湖》（*The Lake of Darkness*）、《杀人娃娃》（*The Killing Doll*）和《树枝如手》（*The Tree of Hands*）］，这部小说的情节是建立在两个序列、两套主体交流网络的偶然相遇上的。小说的主人公是一位年轻人。他最近有些失魂落魄，因为他妻子最近扔下他，跟一个男友私奔了。一天晚

① 乔治·比才（Georges Bizet，1838—1875），法国作曲家，全世界上演率最高的歌剧《卡门》的作者。九岁入巴黎音乐学院学习作曲，后到罗马进修三年，1863 年创作第一部歌剧。1870 年参加国民自卫军，后终生在塞纳河畔的布基伐尔从事写作，代表着法国歌剧的最高成就。——译者注

② 瓦格纳（Wilhelm Richard Wagner，1813—1883），德国作曲家，承前（莫扎特、贝多芬的歌剧传统）而启后（后浪漫主义歌剧作曲潮流），在德国歌剧史上举足轻重。在政治、宗教方面思想复杂，因而也是欧洲音乐史上最具争议的人物。对尼采影响至深。他的《特里斯坦与伊索尔德》（*Tristan und Isolde*），齐泽克一再分析。——译者注

上，在回家的路上，他非常偶然地看到，一个男孩把一个纸片塞进位于偏僻郊区公园的一座雕像的手中。那个男孩离开后，这位主人公拿过纸片，抄录了上面的密码文字，然后又把它放了回去。因为他有破译密码的爱好，所以他急于破译其密码。在付出大量心血之后，他终于达到了目的。那似乎是发给间谍网的秘密信息。不过，这位主人公不知道的是，通过这一信息保持联络的人，并不是真正的秘密特工，而是一群玩间谍游戏的孩子：他们把自己分成两个“间谍小组”，每个小组都想在对方那里安置“卧底”，都想在对方 31
那里挖些“秘密”（比如潜入对方的公寓，偷走一本书）。主人公对此一无所知，于是决定利用自己掌握的密码知识，做件对自己有利的事情。他往塑像手里塞了一道秘密指示，命令一名“特工”铲除带他太太私奔的男人。就这样，他在毫不知情的情形下，在这个青少年群体中引发了一系列的事件。这一系列事件的最后结局，就是他太太的情人意外死去。主人公把这个纯属偶然的事件，解读为他成功干预的结果。

这部小说的迷人之处，在于它对两套主体交流网络做了平行的描述：一边是小说的主人公，他在孤注一掷，拼命夺回自己的妻子；另一边是那些孩子，在玩间谍游戏。主人公和这些孩子正在进行某种交流，但双方都没有正确地理解对方传来的信息。主人公觉得，正在与他接触的，是真正的间谍，他们能够执行他的命令；那些孩子也没有意识到，某个外来者已在干预他们的信息流通（他们以为主人公发给他们的信息来自他们内部）。“交流”已经达成，但它是这样达成的：任何一位参与者都对此一无所知（那群孩子根本不知道有个生人已经介入；他们以为，他们一直都在跟自己说话，没有跟“生人”说话）；与此同时，外来者完全误解了“游戏的性质”。因此可以说，交流的两极是不对称的。由那群孩子组成的“网络”是大对体（great Other）的化身，是能指的机械装置（signifier's mechanism）的化身，是密码与代码的宇宙的化身，其特征是麻木不仁、愚不可及的自动化。这种机械装置制造了一具尸体（这当然是它盲目运作的结果），另一方（主人公）却把这种偶然的结果解读为“实在界的应答”，解读为对成功交流的确认：他把自己的要求抛进了信息的流通之河，这个要求最终获得了有效的满足。①

某些不经意间制造出来的“一小片实在界”（死尸），证明了交流的成功。我们在算命和占星那里，遇到了同样的机制：偶然的巧合足以造成移情的效果。我们相信，“那肯定不是空穴来风”。偶然性实在界（contingent real）引发了无穷无尽的阐释，这样的阐释要把预言的符号网络与我们“真实生活”中的事件，拼命对接在一起。突然间，“一切皆有深意寓焉”。如果意义不够清晰，那也只是因为，还有部分意义处于隐匿状态，有待破译。在这里，实在界不是抵抗符号化的某物，不是无法融入符号宇宙的无意义的残余；恰
32 恰相反，实在界是对某物的终极支撑。某物要想具有意义，其意义就必须由“一小片偶然的实在界”（some contingent piece of the re-

① 同时，还有一件事我们不应忘记：两个平行的叙事线索的偶然交叉会造成混乱。作为调控这种混乱的机制，大对体（the big Other）还有其滑稽、仁慈的一面。注意：初看上去，《拼命寻找苏珊》（*Desperately Seeking Susan*）和希区柯克最后一部电影《家庭阴谋》（*Family Plot*）大相径庭，但它们有何共同之处？在这两部电影中，两个叙事线索偶尔交叉在一起。这种明显失序的“混杂”由一只仁慈的、看不见的手来指引。这只手保证了幸福的结局。《拼命寻找苏珊》更有趣一些，因为两个叙事线索的交叉是由突然的变化引发的：普通的“温顺”女孩罗姗娜·阿奎特（Rosanna Arquette）突然变成了“野性”的麦当娜式的人物（Madonna character）。她们的地位发生了变化，微妙的认同游戏（game of identification）开始了。

al）来证实。可以把“一小片偶然的实在界”解读为“记号”（sign）。在这里，记号不是指任意的标记，相反，它属于“实在界的应答”：“记号”是由原质赋予的。它的存在表明，至少到了某个时刻，把实在界与符号网络隔离开来的深渊会暂时填平。也就是说，实在界本身已经屈从于能指的吁请。每当出现社会危机之时（战争、瘟疫），异乎寻常的天体现象（彗星、日食和月食等）就会被解读为预言的记号。

“国王是个原质”

在这里，至关重要之处在于，作为我们的符号现实的支撑物，实在界必须是被发现的，而不是被制造的。为了澄清这一点，我们来看露丝·蓝黛儿的另一部小说《树枝如手》（*The Tree of Hands*）。法国人在翻译小说时，惯于更改小说的标题，这通常会造成灾难性的结果。不过，在翻译《树枝如手》时，这幸运地成了例外。他们把它翻译为《用一个孩子代替另一个孩子》（*Un enfant pour l'autre*），准确地揭示了该恐怖小说的诡异特质。有位年轻的母亲，孩子很小时突然死于致命的疾病。为了减缓她的痛苦，疯狂的祖母偷了一个同龄的孩子，作为替代品，送给了悲痛欲绝的母亲。在经历了一系列错综复杂的阴谋诡计和阴差阳错之后，小说最终具有了相当病态的幸福结局：年轻的母亲对“狸猫换太子”予以认可，接受了这个替代品。

初看上去，蓝黛儿似乎在为弗洛伊德的驱力概念提供基本的例证：归根结底，驱力针对的目标是无关紧要的，是可以任意替换的。即使考虑到母亲与孩子的“天然”和“本真”的关系，孩子也是可以任意替换的。但蓝黛儿本意并不在此，她想强调另一种教益：如果某个客体（替代品）要在力比多空间（libidinal space）中占据一席之地，它就必须隐匿它的下列特性——它可以由别的客体随意替换。主体不会对自己说：“因为客体是可以任意替换的，所以我可以随心所欲地选一个，以之作为我驱力追逐的客体。”客体必须是被发现的，必须是作为驱力的循环运动（drive’s circular movement）的支撑物和参照系出现的。在蓝黛儿的小说中，只有当母亲说，“我真的束手无策，如果我现在拒不接受这个孩子，事情就会变得更加复杂，那孩子几乎是强加于我的”，她才能够接受那个孩子（替代品）。其实我们可以说，在运作方式上，《树枝如手》与布莱希特式戏剧（Brechtian drama）遥相呼应：不是使熟悉的情形变得陌生，而是向世人证明，我们已经做好一切准备，要把怪异、病态的形势逐步变得人人熟悉。在这样做时，它的手法比布莱希特更具颠覆性。

33 这也证明了拉康的一个基本观点：一方面，任何客体都可以占据原质的位置，这是真的；另一方面，要占据原质的位置，只能借助于下列幻觉——那客体早就在那里了。即是说，那客体不是被我们放置的，而是作为“实在界的应答”被我们发现的。尽管任何客体都可以充当欲望的客体 - 成因，只要它释放出来的迷人力量与它自身无关，而是它在结构中占据某个位置的结果，但基于结构上的必要性（by structural necessity），我们还是必须成为下列幻觉的牺牲品——迷人的力量属于客体本身。

这种结构上的必要性使我们能够透过一个新的视角，观察帕斯卡 - 马克思式（Pascalian-Marxian）对人际关系中的“恋物倒置”（fetishistic inversion）逻辑所做的描述。臣民们以为，他们之所以把某人当成国王来敬奉，是因为那人天生就是国王；其实，某人之所以是国王，原因只有一个，即臣民们把他当成国王来敬奉。当然，帕斯卡和马克思的颠覆性意义在于，他们并不认为国王的魅力来自国王自身；他们认为，国王的魅力只是他的臣民的言行举止的“反射决定物”（reflexive determination）。或者用言语行为理论（speech act theory）的话说，国王的魅力只是臣民们举行的符号仪式所产生的表演效果而已。但至关重要之处在于，把国王的魅力严格视作国王的直接财富，即认定国王的魅力直接来自国王自身，是产生这种表演效果的实证、必要的条件。一旦臣民认识到，国王的魅力只是表演产生的效果，那效果就会瞬间夭折。换言之，如果我们想“扣除”恋物倒置（fetishistic inversion），并直接目睹表演产生的效果，那表演产生的力量就会烟消云散。

但是，或许我们要问，为什么只有忽视这一点，才有表演效果可言？为什么一旦揭穿了表演的机制，表演的效果就会销声匿迹？回头看《哈姆莱特》，为什么那里面的国王（也）是原质？为什么必须把符号机制与“原质”钩在一起，与某片实在界钩在一起？当然，拉康的回答是，因为符号领域总是被禁止、被削弱的，总是漏洞百出的，总是围绕着某个外隐之核（extimate kernel）、某种不可能性（some impossibility）建构起来的。“一小片实在界”的功能就在于，它是用来填补位于符号界（the symbolic）的核心地带的这一空白的。

“实在界的应答”的这一精神病之维，可以通过它与另一类“实在界的应答”的截然相反来把握。另一类“实在界的应答”即是令我们大吃一惊、头晕目眩的巧合。在这方面，首先涌入我们脑海的是某些古怪离奇的情形。比如，一位政客正在激情澎湃、信誓旦旦地宣布：“如果我说过半句谎言，天打雷轰。”话音未落，讲坛

塌了。在这些情形的后面，隐藏着恐惧：如果我们谎话连篇、欺天
34 罔地，实在界就会出面干预，阻止我们继续为非作歹。就像《唐璜》中的大统领的塑像，当唐璜傲慢地邀它共进晚餐时，它竟然颔首同意。

为了分析这种“实在界的应答”遵循的逻辑，我们不妨回想一下奥克塔夫·曼诺尼（Octave Mannoni）在其经典论文《我很清楚，但是……》（“Je sais bien，mais quand même...”）中对卡萨诺瓦[①]的一段逗笑的冒险经历所做的详细分析。[②] 卡萨诺瓦想凭着精心制作的骗局，引诱一个淳朴的乡下女孩。为了利用这个可怜女孩的轻信，给她留下良好的印象，他谎称自己拥有不为人知的神秘知识。在一个万籁俱寂的夜晚，他穿上魔术师的服饰，在地上不停地画圈，声称那是所谓的魔圈，嘴里还念念有词。突然，完全出乎意料的事情发生了：电闪满天，雷声阵阵，卡萨诺瓦吓得魂不附体。他很清楚，雷暴只是纯粹的自然现象，在他正在施展魔术时发生，纯属巧合；尽管如此，他还是惊惶失措，吓得魂不附体。因为他相信，暴风雨是上帝对他玩弄魔法的惩罚。对此，他近乎本能的反应就是躲进他画的魔圈，仿佛只有躲在那里，他才觉得安全：“恐惧攫住了我。在恐惧中，我相信，我不会被电闪雷鸣击中，因为它们无法进入那个圈子。没有这个虚假的信仰作支撑，我连一分钟都无法呆在那里。”简言之，卡萨诺瓦成了他自己骗术的牺牲品。在

---

① 卡萨诺瓦（Giacomo Girolamo Casanova de Seingalt，1725—1798），意大利冒险家，风流浪子，好色之徒，其《自传》描写了他的许多艳遇，并因此闻名于世。——译者注

② 奥克塔夫·曼诺尼（Octave Mannoni），《我很清楚，但是……》（“Je sais bien，mais quand même...”），见 *Clefs pour l'imaginaire*，Paris，Seuil，1968。

这里，实在界（暴风雨）的应答即当头一击（shock），它剥去了骗术的外衣。一旦我们陷入了惊惶失措的状态，摆脱这一状态的唯一方式就是“严肃”地对待自己的骗术，自己欺骗自己。“实在界的应答”本是支撑着（符号性）现实的精神病之核（psychotic kernel）。但在卡萨诺瓦异乎寻常的精神机制中，却以相反的方式发挥作用：它不是（符号性）现实的支撑，而是导致了现实丧失的当头一击。

“大自然并不存在”

在如今的生态危机中，我们不是全都面对着“实在界的应答”的终级形式吗？被打乱、被颠覆的大自然的进程，不就是实在界对人类实践——人类实践是由符号秩序来“调停”和组织的——的应答，对人类侵犯大自然的应答？不能低估生态危机的根本性。之所以说危机是根本性的，不仅是因为它的显著危害，即，不仅是因为它危及人类的生存。真正危在旦夕的，是我们从不曾怀疑过的前提，是我们所有意义的极限，是我们对“大自然”的如下理解——大自然是有规则、有节奏的过程。用后期维特根斯坦的话说，生态危机腐蚀了“客观确定性”（objective certainty），腐蚀了那个无须证明即可确信（self-evident certitudes）的区域。在这个区域内，就我们既定的“生活形式”（form of life）而言，产生怀疑是毫无意义的。于是我们不愿意对生态危机严阵以待，于是对待生态危机的典 35
型、突出的反应，依然还是那个著名否定（famous disavowal）的变体形式。那个著名的否定是：“我很清楚（事情已经糟糕透顶，它已经危及我们的生存），但还是……（我并不真的相信情形会如此不堪，我还没有做好准备，将如此不堪的情形融入我的符号宇宙，也正是出于这个原因，我才会继续表现得仿佛生态问题不会对我的日常生活导致持久的恶劣结果。)”

于是才有了下列事实：从力比多精神机制的层面看，那些并不认真对待生态危机的人做出的典型反应，都是强迫性的。强迫性的精神机制的核心何在？有人强迫性地参与狂热行动，自始至终都在兴奋地工作，可为什么要这样做？答案是，为了避免某种异乎寻常的灾难的发生。如果不那样做，就会大祸临头。他的狂热行为是建立在下列最后通牒上的：“如果我不这样做（强迫性的仪式），某种极其可怕的X就会发生。”用拉康的话说，可以把这个X指定为被划了斜线的大对体（barred Other），即大对体中的匮乏（lack in the Other），符号秩序的非一致性。在这种情形下，X就是对大自然的既定节奏的破坏。我们必须始终积极行动，只有这样，才不会暴露那个秘密：“大对体根本不存在。”（拉康）① 对生态危机的第三种反应，就是把它视为“实在界的应答”，把它视为承载着某种信息的记号。那些“道德多数派”就是这样看待艾滋病的。“道德多数派”把艾滋病视为对我们罪恶生活的天谴。从这个角度看，生态危机似乎是对我们无情开发大自然的“惩罚”，是对我们下列做法的“惩罚”：我们把大自然当成了一堆一次性的物体和材料，没有把它当成对话的伙伴，没有把它视为我们生命的根基。那些以这种方式对待大自然的人给我们提供的教益是，我们必须改变走火入魔

---

① 换言之，强迫性的生态学家的主体位置（subjective position）的虚假性在于，虽然他不断警告我们灾难已经迫在眉睫，不断指责我们漠不关心，等等，但真正令他忧心忡忡的是，灾难总也没有降临。对他的正确应答，是轻轻地拍拍他的肩膀，安慰道：“冷静，不必为之忧虑，灾难总会降临的。”

的变态的生活方式，逐渐成为大自然的伙伴，同时使自己适应大自然的节奏，扎根于大自然之中。

关于生态危机，拉康的研究能告诉我们些什么？一言以蔽之，我们必须学着接受生态危机之实在界，接受这一残酷无情的现状，而不赋予生态危机之实在界以任何信息或意义。从这个角度看，我们可以把上面描述的对生态危机的三种反应（“我很清楚，但还是”；强迫性行为；把它视为承载着某种隐含意义的标记），解读为避免与实在界相遇的三种方式：恋物式的分裂（fetishistic split），即承认危机已经出现，但消除危机的符号功效（symbolic efficacy）；神经官能症式的转换（neurotic transformation），即把危机转化为创伤性内核；精神病式的投射（psychotic projection），即把意义投向实在界。第一种反应代表着对危机之实在界的恋物式否认，这一点是不证自明的。另外两种反应则不这样显而易见，但它们同样妨碍对危机做出恰如其分的应答。之所以这么说，那是因为，如果我们把生态危机视为创伤性内核，并通过强迫性行为与之保持距离，或者，如果我们把生态危机视为意义的载体，视为某种吁求的载体（吁求我们在大自然中寻找新的 36
根源），那么，在这两种情形下，我们都无法正视把实在界与实在界的符号化模式分隔开来的那道无法弥平的裂口。唯一正确的态度就是完全接受这道裂口，把它视为人之所以为人的前提条件，而不是极力通过恋物式否认将其搁置，通过强迫性行为将其隐匿，或者通过把（符号性）信息投向实在界，缩小实在界与符号界的距离。人是言说的存在，这个事情恰恰表明，人在本质上已经“离经叛道”，背离了自己的天性，打上了无法弥平的裂缝的标记。符号大厦试图修补裂隙，最终无功而返。这道裂缝还时不时地以颇为壮丽的形式爆发，提醒我们符号大厦是多么的脆弱不堪。其最新例证就是切尔诺贝利核电站①。

来自切尔诺贝利核电站的核辐射，代表着绝对偶然性（radical contingency）的入侵。仿佛"正常"的因果链突然断裂，没有人真正知道这会导致怎样的结果。专家们承认，无论如何划定"危险阈"（threshold of danger），都是武断的。公众意见则在下列两端徘徊：一是对未来灾难的恐慌性预期，一是认为没有理由惊惶失措。正是对核辐射的符号化模式的冷漠，锁定了核辐射在实在界之维中的位置。无论我们说什么，核辐射都会扩散，都会把我们变成束手无策的目击者。光线是绝对无法再现的，任何意象都无能为力。光线就是实在界，就是"硬核"，我们围绕着它进行的符号化，每次均以失败告终。就光线的这一身份而言，光线已经成为纯粹的外在表象（pure semblance）。对于辐射性的光线，我们既看不到，也感觉不到；它们是纯然的化学客体，是科学话语对我们的生命世界产生的功效。尽管如此，固守我们的常识性的态度，认定切尔诺贝利核泄露引发的全部恐慌均源于少数科学家的混乱与夸大，是完全可

---

① 切尔诺贝利核电站（Chernobyl）是前苏联最大的核电站，共有 4 台机组。1986 年 4 月 26 日，世界上最严重的核事故在切尔诺贝利核电站发生。乌克兰基辅（Ukraine）市以北 130 公里的切尔诺贝利核电站的灾难性大火造成的放射性物质泄漏，污染了欧洲的大部分地区。原苏联官方四个月后公布，共死亡 31 人，主要是抢险人员，其中包括一名少将；得放射病的 203 人；从危险区撤出 13.5 万人。1992 年乌克兰官方公布，已有 7000 多人死于本事故的核污染。核电站 7 公里内的松树、云杉凋萎，1000 公顷森林逐渐死亡。30 公里以外的"安全区"内，癌症患者、儿童甲状腺患者和畸形家畜急剧增加；即使 80 公里外的集体农庄，20% 的小猪生下来眼睛不正常。上述怪症统称为"切尔诺贝利综合症"。切尔诺贝利核电站土地、水源被严重污染，成千上万的人被迫离开家园。切尔诺贝利成了荒凉的不毛之地。十年后，放射性仍在继续威胁着白俄罗斯、乌克兰和俄罗斯约 800 万人的生命和健康。专家们说，切尔诺贝利事故的后果将延续一百年。——译者注

能的。媒体的大惊小怪都是庸人自扰，我们的日常生活一如既往。但是，这样的恐慌是由一系列的公众交流引发的，而公众交流又受到了科学话语权威的支持。这个事实可以表明，科学已经在多大程度上渗入了我们的日常生活。

切尔诺贝利核电站使我们面对拉康所谓的“第二次死亡”：科学话语一统天下，其结果就是，在萨德时代本属于文学幻象的事物（即能中断生命进程的巨大灾难），现在却成了实实在在的威胁，正在危及我们的日常生活。拉康注意到，原子弹爆炸例证了“第二次死亡”的来临：在辐射性死亡中，仿佛物质、根基，还有对永恒的生死循环的永久支撑，全都冰消雪融、无影无踪了。放射性蜕变是
“地球的外伤”，是颠覆和破坏了我们所谓的“现实”的循环运动 37
的伤口。“与辐射共存”意味着这样一种生存：我们心里明白，在切尔诺贝利的某个地方，原质爆发了，它动摇了我们生存的根基。这样，可以把我们与切尔诺贝利的关系写成 $\$ \diamond a$，意指某个难以表述的时刻。一旦这个时刻降临，我们世界的根基似乎就会自行消解，主体不得不面对自己最隐秘的存在之核。也就是说，说到底，如果人类还在服从死亡驱力的支配，如果人类还在因为固着于原质的空位（empty place of the Thing）而在正常的生命进程中被颠覆，被剥夺对自身的支撑，那么，“地球的外伤”除了就是人类自身，还能是什么？人类的出现必定导致自然平衡的丧失，必定导致生命进化特有的自我平衡（homeostasis）的丧失。

黑格尔年轻时曾经为“人”提出一个说得过去的定义——人是“沉疴难起的自然”（nature sick unto death）。现在，在生态危机中，这个定义获得了新的维度。人类拼命恢复人与自然的平衡，减少不必要的人类活动，把人类活动囊括于正常的生命循环之中。所有这

些努力都导致了一系列的后续活动，以便缝合最初的、无法弥合的裂缝。弗洛伊德有关现实与人的驱力潜能（drive potential of man）注定不一致的经典之论，就是这样孕育出来的。弗洛伊德主张，这种原初的、本质性的不和谐无法由生物学来说明，而是由下列事实所致：人的驱力潜能是由已被彻底改变性质和被彻底颠覆的驱力组成的；这些驱力之所以被彻底改变性质，之所以被彻底颠覆，是因为它们依附于原质，依附于空位，而原质已经把人类永远排除在生命的循环运动之外，因而为巨大灾难的发生展示了固有的可能性。

或许我们应该在此寻找弗洛伊德文化理论的基本前提：归根结底，一切文化都是妥协性的构成（compromise formation），都是对人类生态环境特有的令人恐惧、绝对野蛮的维度所做的应答。

这还可以用来解释，弗洛伊德何以对米开朗基罗（Michelangelo）的雕像“摩西”（Moses）那么着迷：在摩西身上，弗洛伊德看到了一个人的影子（当然这是看走眼了，不过看走眼了也没有关系）。此人差点屈服于死亡驱力的暴怒，但最后还是找到了驾驭暴怒的力量。他强力克制自己，没有捣毁刻有上帝十戒的牌匾。① 面对灾难（灾难是因为科学话语冲击现实才显现出来的），这样的摩西姿势或许是我们唯一的希望。

对生态危机的寻常应答，都有一个根本性的弱点，那就是它的强迫性的力比多精神机制：我们必须竭尽全力，也只有这样，自然循环的平衡才能得到维持，某些骇人的骚乱才不会颠覆自然之道的
38 既定规律。为了使我们摆脱这种显而易见的强迫性精神机制，我们

① 参见弗洛伊德，《米开朗基罗的摩西》（“The Moses of Michelangelo”），见《弗洛伊德全部心理学著作标准版》，第 13 卷。

必须走得更远，放弃“自然平衡”这样的观念。自然平衡据说是由于作为“沉疴难起的自然”的人的干预才被破坏的。与拉康的命题“女性并不存在”类似，我们或许应该大胆提出：自然并不存在。我的意思是，作为周而复始、平衡运作的自然，是不存在的。这样的自然已经因为人的疏忽大意而瓦解。下列观念理应摒弃：相对于自然的平衡循环而言，人是纯粹的“多余”。这样的意象——自然即平衡的循环——不过是人的回溯性投影而已。近期的混沌理论（theories of chaos）提供的教益，也在这里：“自然”本身已经骚动不安，已经失去平衡；其“规律”不是围绕着持久不变的吸引点（point of attraction）建立起来的均衡振动，而是处于混沌理论所谓“奇异吸引子”（strange attractor）范围内的紊态弥散（chaotic dispersion）。这才是混沌世界运行所遵循的规律。

混沌理论的成就之一，在于它能向我们表明，混沌世界的存在并不意味着，只存在着错综复杂、牢不可破的因果网络。单一的原则也能导致“混沌”的结果。因而混沌理论颠覆了经典物理学的基本“直觉”。根据这一“直觉”，每个手法仅凭自身就能达成自然的平衡（静止或合乎规则的运动）。这个理论的革命性方面，浓缩在了“奇异吸引子”这个术语身上。系统以“混沌”、合乎规则的方式运转，即从不回到先前的状态，同时依然能够通过调节这一系统的“吸引子”来构形（formalization），这是完全可能的。这个“吸引子”是“奇异”的。也就是说，它获得了某种形式。但它获得的不是点的形式，也不是对称形象的形式，而是永远交织在一起的蛇纹岩（endlessly intertwined serpentines）的形式。它处于某个形象的轮廓之内，处于“畸变”得丑陋的圆圈之内，处于“蝴蝶”之内。

我们甚至甘愿冒险，指出下列两者间的相似之处：其一是“正常”吸引子［平衡状态，或均衡震动状态，摄动系统（perturbed system）理应达致此种均衡状态］与“奇异”吸引子的对立，其二是快乐原则竭力达成的平衡与以快感为化身的弗洛伊德式原质（Freudian Thing）的对立。弗洛伊德式原质不就是某种妨碍精神机器（psychic apparatus）正常运作，阻止精神机器达致均衡的“致命”吸引子吗？“奇异吸引子”的形式本身不就是拉康所谓的小客体的物理性隐喻吗？我们发现，雅克－阿兰·米勒①的下列论点被再次确证：小客体是纯粹的形式。它就是把我们引入混沌震荡（chaotic oscillation）状态的吸引子。混沌理论的艺术在于，它允许我们看到混沌的形式，允许我们在通常只能看到紊乱之处，看到模式。

39 于是，“秩序”与“混沌”的传统对立被搁置起来了：初看上去仿佛无法控制的混沌——从股票交易的起伏、流行病的扩散，到漩涡的形成和树枝的分布——其实全都有章可循；混沌是由“吸引子”来调节的。关键并不在于“探寻隐藏在混沌之后的秩序”，而是探寻混沌自身的形式和模式，探寻无规则散布（irregular disper-

---

① 雅克－阿兰·米勒（Jacques-Alain Miller，1944—），法国拉康派精神分析理论家，齐泽克的老师。1964 年在高师读书时邂逅拉康，在遍读拉康已经出版的著作后，向拉康提出一个问题：“你的主体概念是否意味着一套本体论的形成？”此问一出，二人遂成莫逆之交。1966 年创办《精神分析手册》（*Cahiers pour L'Analyse*），与弗朗索瓦·勒尼奥（Francois Regnault）、阿兰·巴迪（Alain Badiou）和让－克劳德·米尔纳（Jean-Claude Milner）共同编辑。后娶拉康的女儿，并于 1980 年开办讲座。之后专门编辑、出版、发行和阐述拉康的著作，并监督拉康著作的英文翻译。还负责在西班牙、英国、意大利、阿根廷和巴西建立了拉康研究团体。为推广拉康学说，1992 年在美国创办世界精神分析协会（World Association of Psychoanalysis，WAP），机构遍布世界，会员超过千人。——译者注

sion）的形式和模式。“传统”科学以统一律（uniform law）为核心，注重有序的因果联系。与之相反，混沌理论为未来的“实在界之科学”（science of the real）勾勒出了宏图。这样的科学关注支配着偶然性和 tuché①的规则。当代科学真正的“范式转移”就在这里，而不在蒙昧主义的试验里。蒙昧主义的试验要把粒子物理学与东方神秘主义进行“合成”，以便获得新的有机整体观，以之取代陈旧的“机械主义”世界观。②

实在界是如何显现和知晓的

实在界的显现

拉康所谓的实在界的含糊性，不仅在于它是以创伤性“回归”或创伤性“应答”的形式，突然出现在符号秩序中的未经符号化的内核。实在界同时还包含在符号形式之内：实在界由这种形式直接显现。为了阐明这个至关重要之处，让我们回想一下拉康的讲座《再来一次》（*Encore*）的特征。从“标准”的拉康理论的角度看，《再来一次》必定显得有些怪异。也就是说，拉康“标准”的能指理论要取得的整体效应，就是使我们看到符号化过程依赖着纯粹的

---

① tuché 一词来自拉康《精神分析的四个基本概念》中的第五章的标题“Tuché and Automaton”，指“与实在界的相遇”（the encounter with the real），与符号的自动机器（symbolic automaton）完全相反。——译者注

② 参见詹姆斯·格雷克（James Gleick），《混沌：开创新科学》（*Chaos: Making of a New Science*），第 5 章，New York，Viking Press，1987；另见伊恩·斯图尔特（Ian Stewart），《上帝掷骰子吗？混沌新数学》（*Does God Play Dice? The Mathematics of Chaos*），Cambridge，Mass.，Basil Blackwell，1989。

偶然性。也就是说，通过展示符号化过程如何源于一系列偶然的相遇，如何总是被“多元决定”，使意义的效应“非自然化”（denaturalize）。然而，在《再来一次》中，拉康惊人地恢复了记号（sign）这一概念，重新启用被认为是与能指（signifier）截然相反的记号这一概念，认为记号维护了实在界的连续性。① 如果我们排除了下列可能性，即它只是一个简单的理论“退化”，这个行动究竟意味着什么？

能指的秩序是根据“差异性之恶性循环”（vicious circle of differentiality）来界定的：它是话语的秩序，在那里，每个因素的身份都是根据它与其他因素的连接来多元决定的。也就是说，在那里，每个因素都只“是”它与其他因素的差异，不存在任何实在界的支撑。通过重新启用“记号”这一概念，拉康试图重新指出，不能把字母（letter）的身份降低为能指的维度。也就是说，字母是前话语性的（prediscursive），它是依然充斥着快感（enjoyment）的实体。如果说，拉康在 1962 年提出，“快感（jouissance）是言说的主体无法获得的”②，那么，他现在开始对悖论性的字母（paradoxical letter）进行理论概括。悖论性的字母只是物化的快感而已。

40 为了解释这一点，让我们再次回到电影理论。米歇尔·西昂③借助 rendu（显现）这一概念所要限定的，正是字母－快感（letter-

① 拉康，《讲座之二十：再来一次》（*Le seminaire*，*livre XX*：*Encore*），Paris，Seuil，1975.

② 拉康，《文集》（*Ecrits*：*A Selection*），London，Tavistock，1977，p. 319.

③ 米歇尔·西昂（Michel Chion，1947—），法国实验音乐作曲家。在法国几所大学任教，现任巴黎第三大学副教授，专门从事视听关系（audio-visual relationships）的研究与教学。著作超过 15 种，大多研究电影中的声音与形象的互动关系。——译者注

enjoyment）的身份。Rendu 与（想像性的）仿像和（符号性的）代码不同，它是电影中显现现实的第三种方式：不是借助于想像性模拟，也不是借助于符号性再现，而是借助于它直接的“显现”。①西昂首先提到的是当代的音响技术。当代音响技术不仅能使我们精确复制“原本”和“自然”的声音，而且能够强化这种声音，并显现某些音响细节。如果我们在电影录制的“现实”中寻找这些音响细节，我们会一无所获。这种声音能够穿透我们，在直接－现实的层面（immediate-real level）上抓住我们，如同菲利普·考夫曼②版的《人体异形》（*The Invasion of the Body Snatchers*）中伴随着人类转化为自己的异形而出现的淫荡的、黏稠的、令人厌恶的声音。这种声音与介乎性行为和分娩行为的某种不确定的实体存在某种关联。在西昂看来，电影音带的身份的转移向我们表明，当代电影正在经历一场缓慢而深远的“软革命”。说声音“伴随”着影像流动，已经不再恰当，因为现在充当基本“参照系”的是音带，而不是影像。音带带我们走入剧情空间（diegetic space）。通过来自不同方位的声音细节（杜比立体声技术）对我们狂轰滥炸，音带开始取代影像，发挥远景镜头的功能。音带为剧情提供了基本视角，提供了“地图”，保证了剧情的连续性。图像沦为孤立之物，自由地漂浮在声音水族馆的中间。很难创造出更好的隐喻，来描述精神错乱（psychosis）了：

① 参见米歇尔·西昂（Michel Chion），《柔美的革命》（“Revolution douce”），见 *La toile trouée*，Paris，Cahiers du Cinéma / Editions de l'Etoile，1988。

② 菲利普·考夫曼（Philip Kaufman，1936—），美国电影导演与编剧。拍摄电影数量不多，但充满了公认的智慧。涉猎的题材广泛，精致的幽默乃其“艺术印记”。曾经把昆德拉的《不能承受的生命之轻》（The Unbearable Lightness of Being，一般译为《生命不可承受之轻》）改编为电影，并广受好评。——译者注

与事物的正常状态截然不同（在正常状态下，实在界是匮乏，是符号秩序中间的黑洞，就像罗思科画作中间的黑方块），我们现在得到的，是环绕着符号界孤岛（isolated islands）之实在界的“水族馆”。换言之，充当中间的“黑方块”（符指网络就是围绕着“黑方块”织成的），并进而“驱使”能指大量激增的，不再是快感。相反，“驱使”能指大量激增的，是符号秩序自身。它的身份已被降为漂浮的能指岛，降为蛋黄般的快感大海中的白色浮岛。①

这样“显现”出来的实在界，就是弗洛伊德所谓的“精神现实”。这可借用大卫·林奇②《象人》（*Elephant Man*）中极其美丽的场景来证明。《象人》是从“内部”展示象人的主观经验的。“外在”的、“真实”的声音与噪音停止了，至少平息了，转换成了背景音。我们听到的全是无节奏的节拍声，这节拍声的身份是暧
41 昧不明的，介乎于心跳声和机器有规律的节拍声之间。这就是纯粹的显现（rendu），就是纯粹的脉动，不摹仿任何东西，也不把任何东西符号化，却直接“抓住”了我们，直接“显现”了事物。“显现”了什么事物？要描述它，我们竭尽所能，但说来说去，它还是

---

① 纳粹主义以其精神病的力比多精神机制，倾向于接受这样一种宇宙论：根据这一宇宙论，地球是一颗恒星，但环绕它的空间并非无限的；相反，地球悬置于永恒的冰川之中。它是符号界之岛（island of the symbolic），环绕着它的是凝固的快感（coagulated enjoyment）。

② 大卫·林奇（David Lynch，1946—），美国电影制作人和视觉艺术家。其独具一格的非传统的电影叙事手法，已经使他获得了“林奇式”（Lynchian）的无声赞誉。他制作的电影或描述美国小镇生活的阴霾，如《蓝丝绒》（*Blue Velvet*）和《双峰》（*Twin Peaks*）；或揭示大都市的黑暗，如《穆赫兰道》（*Mulholland Drive*）和《妖夜荒踪》（*Lost Highway*）。其画面颇有梦魇般的特色，并以精致的音响设计令人刮目相看。齐泽克常以其作品例证复杂的精神分析概念和精神分析理论，阅读之，我们既可领略林奇的奥秘，又能享受精神分析的洞察力，当然也会对齐泽克的机智剖析佩服得五体投地。——译者注

“灰色、无形的薄雾，缓慢地流淌着，仿佛宇宙混沌初始的样子”之节拍声。那些将我们一举击穿的声音，如同无影无踪却又实实在在的射线，属于“精神现实”之实在界之列。如此声音的隆重登场，悬置了所谓“外在现实”。这些声音可以向我们展示，象人是如何“倾听自己”的，是如何陷于孤独症一般的封闭空间的，是如何被排除在主体间“公共交流”之外的。这部电影的诗意美在于，它拍摄了一系特别的镜头。从现实主义叙事的角度看，这些镜头完全是多余的，也是无法为人理解的。这些镜头的唯一功能就是把实在界的脉动（pulse of the real）予以视觉化。比如那部正在运转的纺织机，仿佛正是它，凭借着铿锵的运动，发出了我们听到的节拍声。①

Rendu（显现）的效用当然并不限于正在电影中发生的“软革命”。缜密的分析已经表明，它还出现在经典的好莱坞电影之中。说得更准确些，它还出现在好莱坞的限量产品（limit products）之中，这样的产品包括20世纪40年代和50年代初拍摄的三部黑色电影②。这三部电影有一个共同特色：它们全都禁止一个形式因素出现，而且它们全都建立在这个“禁止”上。这个因素是有声电影的“正常”叙事手法的核心要素：

---

① 在绘画领域，与rendu（显现）遥相呼应的是抽象表象主义画派（abstract expressionism）实施的“行动绘画”（action painting）：观众应近距离观赏绘画，这样他就会失去他与绘画间的“客观距离”，并被直接“吸”入画内。绘画既不摹仿现实，也不通过符号代码（symbolic codes）再现现实，而是通过“抓住”观众“显现”实在界。

② 黑色电影（film noir）指好莱坞别具一格的犯罪电影，黑白片居多。它们最初受德国表现主义电影影响，内容上多以硬汉侦探故事为主，在20世纪40年代初至50年代末风靡一时。“黑色电影”一词由法国批评家提出，但在20世纪70年代之前，“黑色电影”一词并未广泛使用，那时美国人大多用“情节剧”（melodramas）指代这些电影。至于“黑色电影”是否构成一个文类，学术界尚有争议。——译者注

- 罗伯特·蒙哥马利（Robert Montgomery）的《湖中女》（*Lady in Lake*）禁止“客观”镜头出现，而且整部电影都建立在这个“禁止”上。在序幕和结局中，名为菲力普·马娄（Philip Marlowe）的侦探直视镜头，介绍情节和评论事件。除了序幕和结局，整个故事都是通过主观镜头，一一倒叙出来的。也就是说，我们只能看到主要人物看到的东西。比如，我们只能在他看镜子时看到他的面部。

- 希区柯克的《夺命索》（*Rope*）禁止蒙太奇出现，而且整部电影都建立在这个“禁止”上。整部电影给人的印象是，它是由一个长镜头拍成的；即使因为技术制约的原因非剪不可（1948 年时，最长的镜头也只能持续十分钟），也是尽量做得滴水不漏。例如，让某人在摄影机前径直走过，整个画面会短暂变黑，这时再做剪接。

- 罗素·罗斯（Russell Rouse）的《小偷》在三部电影中知名度最低。它讲述了一个间谍的故事：在道德压力下，这位间谍放弃抵抗，向美国联邦调查局投降。它禁止声音的出现，而且整部电影都建立在这个“禁止”上。它不是默片，我们从头到尾都能听到惯常的背景音，由人和车制造出来的噪音。但
42 是除了少数来自远方的低语，我们听不到任何人说话的声音。这部电影回避了不得不求助于对话的场景。当然，这种沉默旨在帮助我们感受主人公的绝望的孤独，感受主人公与其他特工的格格不入。

这三部电影都是人为的过于刻意的形式实验。但是不可否认，它们都令观众产生挫败之感。这种挫败之感来自何处？首先来自下

列事实：这三部电影都是一次性的（hapax），都是各自种类的标本。它们用过的“诡计”，无法重复使用，因为只能使用一次，再用必定失去效力。尽管如此，这种挫败之感还有更深的渊源。这三部电影都予人以幽闭恐惧症之感。仿佛我们置身于精神病的世界，没有任何符号介入。每部电影都存在着绝对无法跨越的障碍。我们自始至终都能感受到障碍的存在，因而产生了令人几乎无法忍受的张力。在《湖中女》中，我们一直渴望自己走出那位侦探的凝视这座“玻璃房子”，这样我们才能最终“自由”、客观地观赏电影；在《夺命索》中，我们拼命期待着出现一个剪接，这样我们就能走出噩梦一般的长镜头；在《小偷》中，我们始终盼望着某人开口说话，这样就能把我们拉出那个封闭的、孤独症一般的世界。在那个世界里，毫无意义的噪音使绝对的沉默——即无人开口说话——变得更为明显。

这三种“禁止”都导致了各自的精神错乱：我们以这三部电影为参照物，可以详细说明精神病的三种基本形态。《湖中女》禁止出现“客观镜头”，制造了妄想狂效果。因为电影镜头从来都不“客观”，所以可见之物总是受到不可见之物的威胁，以至于接近镜头的任何物体都很快成为威胁；所有的物体都具有潜在的胁迫性，危险无所不在。例如，一位女士走近镜头，我们会把这体验为对我们隐私领域的公然侵犯。《夺命索》禁止使用蒙太奇，展示了精神病式的“付诸行动”（psychotic passage à l'acte）。从电影的名称看，“索”当然就是最后把“言”与“行”连结起来的“索”。也就是说，它标志着符号界跌入实在界的那一顷刻的到来：和后来《火车怪客》中的布鲁诺（Bruno）一样，这对同性恋杀手完全从字面上理解语言，从语言直接跳向“行为”，实现了詹姆斯·斯图尔特

(James Stewart）扮演的那位教授的伪尼采理论，这理论恰恰涉及禁令的缺席：对于“超人”而言，什么都是可以做的。最后，《小偷》禁止出现说话的声音，突显了精神孤独症的存在，突显了对互为主体性（intersubjectivity）这个话语性网络的疏离。现在，我们能够明白，rendu 之维究竟身在何处：并不在这些电影的精神病内
43 容之中，而在由电影的形式直接“显现”（远非单纯的“描述”）内容的方式之中。在这里，电影传达的“信息”就是形式本身。①

① 希区柯克作品中最清晰的 rendu（显现）个案，当然是《狂凶记》(*Frenzy*）中向后倒退的移动镜头。在那里，镜头每次沿着领带的方向移动（先是蜿蜒后退，接着是直接后退）都会告诉我们，在公寓大门的后面，究竟发生了什么事情（镜头是从公寓大门那里开始移动的）：又一桩“领带谋杀案”发生了。在研究希区柯克的论文《希区柯克的形式系统》［“Système formel d'Hitchcock”，见《电影笔记》（*Cahiers du Cinéma*）专刊之八：希区柯克，Paris，1980］中，弗朗索瓦·勒尼奥（François Regnault）冒险提出一个假说：“形式”与“内容”的关系，为我们提供了理解希区柯克全部作品的线索；“内容”总是由某种形式特质显现出来的，这在《眩晕》中是螺旋形的圆圈，在《惊魂记》中是交叉的线条。

类似的转移还发生在另一个层面上。重心从内容（content）向框架(frame）转移，是好莱坞迄今为止全部历史的特征。通过转移重心，框架成了好莱坞电影中的主人公（我们正是从主人公的角度关注情节发展的）特有的主体性形式（form of subjectivity）。在好莱坞着手处理某些创伤性的当代社会主题（如种族主义、第三次世界大战）时，我们很容易发现这种重心的转移。关于“西方新闻界与第三世界”（Western journalism and the Third World)，好莱坞有三部代表性的影片，它们分别是《萨尔瓦多》（*Salvador*)、《战火下》（*Under Fire*）和《危险年代》（*The Year of Living Dangerously*)。尽管这三部电影均对第三世界的艰难困苦持同情态度，但归根结底，它们并不关注第三世界的问题，而是关注（美国）主人公的成长问题。在这些电影中，第三世界的骚乱——如尼加拉瓜的右翼苏慕萨政权（Somoza）的陷落，如印尼的政变——只是充当背景而已。这种现象在所有代表性的越战电影中达到了顶峰。从《现代启示录》（*Apocalypse Now*）到《野战排》(*Platoon*)，莫不如此。对于主人公俄狄浦斯式的“内心之旅”而言，电影中的战争只是具有异国情调的舞台背景而已。回想一下《野战排》的海报剧照（publicity shot）就会明白，战争的第一个牺牲品是（主人公）的纯真。在这方面，最新的个案是《密西西比在燃烧》（*Mississippi Burning*)。在这部电影中，搜捕杀害民权工作者的三 K 党凶手，只是电影“真正主题”的

在这些电影中，被无法跨越的障碍所禁止的，究竟是什么？这些电影之所以以失败告终，其终极原因在于，我们无法消除下列感觉：就其本性而言，我们所关切的禁令实在是过于任意武断和反复无常。仿佛作者为了纯粹的形式实验，决定放逐“正常”有声电影的关键要素（蒙太奇、客观镜头和声音）。这些电影所赖以为生的禁令，本是某种无法禁止之物。它们没有去禁止那些本身就不可能获得的东西。（在拉康那里，界定“符号性阉割”和“乱伦禁令”的那个基本悖论之所以是悖论，是因为它禁止我们享受本身就不可能享受的东西。）由这些电影诱发的无法忍受的乱伦般的窒息，就

（接上页注）戏剧性背景。电影的“真正主题”在于两位主人公的张力。两位主人公，一位是官僚体制中天生的自由派、反种族主义者［由达福（Dafoe）扮演］，一位是他注意实际、善解人意的同事［由哈克曼（Hackmann）扮演］。至关重要的时刻出现于电影即将结束之时，那时达福第一次叫起了哈克曼的教名。按18世纪小说的风格，可以给这部电影起一个副题：“两个相互厌恶的警察终于叫起了对方教名的故事”。

在这种特定的主体性形式（form of subjectivity）中，历史现实沦为主人公“内心冲突”的背景（或隐喻）。这种特定的主体性形式也传到了沃伦·比蒂（Warren Beatty）的《赤色分子》（*Reds*）那里。从美国意识形态的角度看，什么才是20世纪最具创伤性的事件？无疑是十月革命。沃伦·比蒂发明了一种方式（这也是唯一可能的方式），去“复原”十月革命，将其融入好莱坞的世界。“复原”十月革命的方式，就是把十月革命描绘为电影主要人物——约翰·里德（John Reed，由比蒂扮演）及其伴侣［由黛安·基顿（Diane Keaton）扮演］——的性行为的隐喻性背景。他们的关系出现了危机。不久，十月革命爆发了。面对着激情澎湃的群众，他发表了激昂的革命演说。这时，他们交换了热烈的眼神。群众的呼喊只是这对情人的情欲重新爆发的隐喻。十月革命至关重要的、神话一般的场景（街头示威、冲击冬宫）与他们激情澎湃的做爱交替在画面上出现。这些宏大场景只是性行为的粗俗隐喻而已。列宁本人在大厅里对副手们发号施令，仿佛某种父亲般的人物，保证着性行为的成功，同时整个场景还伴随着《国际歌》的轰鸣。我们在此得到了苏维埃社会主义现实主义（socialist realism）的真正对立物：一对情人把他们的爱欲体验为对社会主义斗争的贡献。他们发誓，要为革命的成功牺牲自己的一切，要纵身跃入人民大众之中。在《赤色分子》中，革命似乎成了成功交媾的隐喻。

在这里。促成了符号秩序的基本禁令的（“禁止乱伦”，“割断”我们赖以与“现实”保持符号距离的“绳索”），是匮乏。取代这个基本禁令的其他颇具随意性的禁令，只是体现、目睹了这种匮乏而已，只是体现、目睹了这种匮乏的匮乏本身（lack of a lack itself）而已。

实在界之知

现在我们不得不迈出最后一步：如果在每个符号性构成（symbolic formation）中，都存在着一个精神病之核（psychotic kernel）（实在界都是借助于这一精神病之核得以直接显现的），如果这种形态归根结底就是符指链（signifying chain），就是知晓链（chain of knowledge，S_2）的形式，那至少在某个层面上，存在着某种知晓。这种知晓在实在界之内运作。

初看上去，拉康的“实在界之知”（knowledge in the real）这一想法显然是纯粹投机的、浮浅的虚张声势，与我们的日常经验风马牛不相及。但有人认为，大自然知晓自己的规律，并据之运行。例如，牛顿那只著名的苹果之所以落地了，是因为它知道，世间存在着万有引力定律，并据之运行。这样的想法似乎是荒谬的。不过，即使这种想法只是浮浅的俏皮话，我们还是不得不思考，为什么这种想法在卡通片中再三出现。猫疯狂追逐老鼠，根本没有注意到，它的前面就是悬崖峭壁；但是，即使双脚已经离地，猫也没有跌落下去，还在对老鼠紧追不舍。只有当它低头望去，发现自己浮在空中，这才跌落下去。仿佛实在界暂时忘记了它要服从何种规律。猫向下望去，实在界才“想起”了自己的规律，才开始服从规律。如此场景再三出现。这表明，这些场景必定受某个基本幻象场

景（elementary fantasy scenario）的支撑。还有更进一步的论据支撑
这一猜想。这论据便是，我们在一个著名的梦中，发现了同样的悖 44
论。这个著名的梦是由弗洛伊德在《释梦》中提出的，讲的是一位父亲，他明明已经死去，却不知道这个事实。① 他继续活着，因为他不知道，他已经过世，就像卡通片中的猫，一直在跑，而不知道，它的双脚已经离开大地。我们的第三个例证，是被流放到厄尔巴岛（Elba）的拿破仑。历史地看，他已经死去（即是说，他的时代已经终结，他扮演的角色已经完结），但下列事实使他继续苟活（即在历史的场景中亮相）：他对自己的死亡一无所知。他之所以必须“死两次”，必须在滑铁卢战役中第二次失利，原因就在这里。面对某种类型的国家，或者面对某些类型的意识形态机器（ideological apparatuses），我们通常会有同样的感受：尽管它们的出现属于明显的时代错误（即出现在了不该出现的时代），它们的运作还在持续，因为它们并不知道自己已经寿终正寝。必须有人出来履行失礼的义务，把这个令其不快的事实告诉它们。

我们现在可以更为清晰地描述幻象场景（fantasy scenario）的概貌了。幻象场景支撑着与“实在界之知”密切相关的现象：在“精神现实”中，我们与一系列的实体相遇；但只有以误认（misrecognition）为前提，这些实体才能真正存在。也就是说，只有在主体并不知情，实情还不曾为人道出，主体尚未融入符号宇宙的前提下，这些实体才能真正存在。主体一旦“知情太多”，就必定为这种超额、多余的知识“亲自”付出生命的代价。自我（ego）首

① 弗洛伊德，《释梦》，见《弗洛伊德全部心理学著作标准版》，第 4—5 卷，第 430 页。

先是这个序列的实体，它是一系列想像性认同（imaginary identifications）的结果。主体生命的一致性就是建立在想像性认同上的。不过，主体一旦“知情太多”，一旦过于接近无意识之真（unconscious truth），他的自我（ego）就会土崩瓦解。如此戏剧的典范性例证当然是俄狄浦斯。当他最终获悉了真相，他的生命存在立即“丧失了立足之地”。他发现自己身处不堪忍受的空白之中。

这种悖论值得我们注意，因为它可以使我们矫正某种错误的想法。无意识这个概念通常是以消极的方式来设想的：它被设想为某种实体，因为防御机制在发挥作用，主体对这种实体（例如他的性变态、不法欲望）一无所知，也不想知道。与此相反，必须把无意识设想为实证的实体（positive entity）。它要想保持自己的一致性，就必须以某种“非知”（nonknowledge）为前提。它得以成立的实证本体论条件是，某物必须处于非符号化（nonsymbolized）的状态，必须处于没有被道破的状态。这也是征兆（symptom）最基本的定义：征兆即某种构成（formation）；只有在主体忽视了有关自身的某些基本真相（fundamental truth）的前提下，征兆才能存在；一旦其意义融入了主体的符号宇宙，征兆就会烟消云散。这至少是弗洛伊德早期时的看法。那时他相信，阐释性手法（interpretive
45 procedure）是无所不能的。在短篇小说《上帝的九十亿个名字》（*Nine Billion Names of God*）中，艾萨克·阿西莫夫依据征兆的这一逻辑，揭示了宇宙的秘密，因而肯定了拉康的下列论点：“世界”和“现实”本身永远是征兆；即是说，它们总是建立在排斥某种关键能指（key signifier）上的。现实不过是符号化过程中某些障碍的化身而已。现实要想存在，有些东西就绝对不能道破。出于某种原因，喜马拉雅山喇嘛庙的两位喇嘛租赁了一台计算机，雇用了两位计算机专家。根据喇嘛们的宗教信仰，上帝只有少数几个名字，却存在于九位字母所有可能的组合之中。当然要排除某些没有意义的组合，比如一旦三个相同的字母并排出现，这个名字即可排除。世界被创造出来，目的就是说出或写下所有这些名字。一旦说出或写下这些名字，上帝的创造物就达到了自己的目的，世界也将自行消失。当然，这两位专家的任务是编程，这样打印机就可打印出上帝所有可能的九十亿个名字。两位专家完工之后，计算机开始大量喷吐打印纸，他们也开始了返回硅谷的旅程，同时语带讥讽地评论他们客户的古怪要求。过了一会儿，他们的一位看了一眼手表，然后笑道，大约就在这个时候，计算机应该已经打印完毕。他抬头望了一眼夜空，惊呆了：天上的星星开始消失，宇宙开始毁灭。一旦写出了上帝的名字，一旦完结了其符号化的过程，作为征兆的世界就会土崩瓦解。

当然，第一个可能出现的指责是，“实在界之知”只有形而上学的价值，只能被视为展示精神现实的某个特征的手段。不过，一个令人不快的惊人事实正在等待当代科学做出解释：亚原子粒子物理学这个理应“精密”的科学学科，这个没有任何“心理”色彩的科学学科，近几十年来一直为“实在界之知”问题所深深困扰。也就是说，它再三遭遇似乎即将中止局部因果原理（principle of local cause）的诸种现象。它似乎暗示，我们信息的传递速度，完全可能大于相对论许可的最大值。这就是所谓的“爱因斯坦－波多尔斯基－罗森效应”（Einstein-Podolsky-Rosen effect）。据此效应，我们在甲领域的所作所为会波及乙领域。依据为光速认可的常态因果链，这是根本不可能的事情。我们且以零自旋的双粒子系统（two-particle system of zero spin）为例：在零自旋的双粒子系统中，如果一个粒子的自旋状态是 spin UP，那么另一个粒子的自旋状态则是

spin DOWN。假如我们以某种并不影响它们自旋的方式把它们分开，让其中的一个沿着一个方向运行，让另一个沿着相反的方向运行。在把它们分开之后，我们让一个粒子穿过磁场，从而令其自旋
46 呈 spin UP 状态。接下来发生的事情是，另一个粒子获得的自旋状态肯定是 spin DOWN（当然，反之亦然）。它们并不存在沟通的可能，也不存在正常的因果链，因为在我们赋予第一个粒子以 spin UP 的自旋状态后，另一个粒子立即就具有了 spin DOWN 的自旋状态；也就是说，在第一个粒子的 spin UP 的自旋状态以最快的方式（以光速发送信号）导致另一个粒子具有 spin DOWN 的自旋状态之前，另一个粒子已经具备了 spin DOWN 的自旋状态。于是问题来了：另一个粒子是如何“知晓”我们让第一粒子呈现 spin UP 的自旋状态的？看来我们必须假定，存在着某种“实在界之知”，仿佛一个 spin 不知何故“知道”另一个场所正在发生的事情，并据此采取行动。当代粒子物理学深为下列问题困扰：创造实验条件测试这一假说［20 世纪 80 年代初的阿兰 - 阿斯佩实验（Alain-Aspect experiment）证实了这一点］；对这个悖论做出清晰的解释。

这不是唯一的情形。拉康从“能指的逻辑”（logic of the signifier）中整理出一套完整的概念。一般言之，这些概念似乎只是智力上的浪费，只是在玩弄一些没有任何科学价值的悖论游戏。但令人惊讶的是，这套完整的概念与亚原子粒子物理学中的某些关键概念不谋而合。例如，它与那个悖论性的粒子概念完全一致：粒子本身“并不存在”，尽管它有自己的属性，能制造一系列的效应，等等。如果我们顾及下列情形，就没有什么东西值得大惊小怪了：亚原子物理学是一个事关纯粹差异性（pure differentiality）的领域，在那里，每个粒子都不被视为实证的实体（positive entity），而被视为与

其他粒子的可能组合的一种。这与能指的情形完全一致，能指之为能指，就在于它与其他能指存在众多差异。因而，如果在最近的物理学中发现了拉康的“并非全部”的逻辑，发现了拉康有关性差异的观念，我们不必感到惊讶。拉康把“阳性”界定为普遍的功能，但它的构成存在着例外，即“阳物的例外”（phallic exception）；拉康把“阴性”界定为一套“并非全部”的、非普遍的功能，却没有例外。斯蒂芬·霍金（Stephen Hawking）曾经通过他有关“虚时间”（imaginary time）的假说来勾勒出宇宙的极限，我们在此关注这一理论可能产生的结果。“虚”（imaginary）并非心理学意义上的“只存在于我们的想像中”的“虚”，而是纯粹的数学意义上的“根据虚数进行计算”中的“虚”。① 也就是说，霍金试图提供一种新的可能，来取代标准的大爆炸理论。根据大爆炸理论，要想解释宇宙的进化，必须把“奇点”（singularity）形成的瞬间当成出发点。在“奇点”形成的瞬间，普遍的物理学定律均告中止。因而，大爆炸理论与能指逻辑的“阴性”是一致的：普遍的功能（物理学定律）是建立在某种例外（奇点）上的。不过，霍金试图证明， 47
如果我们接受“虚时间”这一假说，就没有再假定“奇点”存在的必要性了。一旦引入“虚时间”，时间与空间的差异就会彻底消失。时间开始运作，其运作的方式，与相对论中的空间毫无差异：尽管时间是有限的（finite），却是无界的（no limit）。即使它是“弯曲”、循环、有限的，但不需要出现外部的因素来限制它。换言之，从拉康的角度看，时间是“并非全面”的，是“阴性化”的。

① 参见斯蒂芬·霍金（Stephen Hawking），《时间简史》（*A Brief History of Time*），New York，Bantam Press，1988。

至于“实”与“虚”的区分，霍金明确指出，我们关注的是对宇宙进行概念化的两种方式：尽管在大爆炸理论的情形下，我们谈论的是“实”时间，在第二种情形下，我们谈论的是“虚”时间，但不能由此认定哪个版本的宇宙观享有本体论的优先性，哪个版本的宇宙观能为我们提供“更为恰当”的现实图景。它们的两重性（duplicity）——我们是就这个单词的全部意义而言的——是不可简化的。

在最新的物理学思索和拉康的能指逻辑的悖论之间，存在着出人意料的一致。我们应该由此得出什么结论？当然，一种结论可能是荣格式的蒙昧主义的结论：“男”与“女”不仅事关人类学，还是宇宙的法则，是决定宇宙结构的两极；人类的性差异，只是“阳性”法则与“阴性”法则的普遍性宇宙对立的特殊表现形式而已。明白了这一点，再做下列补充之语，似乎已经纯属多余：拉康的理论迫使我们接受与此截然相对的结论，接受激进的“人类中心论”的结论，或者说得更准确些，接受激进的“符号中心论”的结论：我们有关宇宙的知识，我们对实在界进行符号化的方式，归根结底是受制于语言本身特有的悖论，并为语言本身特有的悖论所决定；“阳性”和“阴性”的分裂，没有被这种差异打上印记的“中性”语言的不可能存在，都是符号化加诸自己的。之所以如此，是因为根据定义，符号化本身就是围绕着某种核心性的不可能性（central impossibility）结构起来的，围绕着某个僵局（deadlock）结构起来的。这个僵局（deadlock）不过是对这种不可能性的构造（structuring）而已。即使最纯粹的亚原子物理学也无法逃避这一根本性的符号化困境（impasse of symbolization）。

3 回避欲望之实在界的两种方式

夏洛克·福尔摩斯的方式

侦探与精神分析师

要探测所谓时代精神（Zeitgeist）的变迁，最为简易的方式就是密切注意，某种艺术形式（文学等）何时变得“不再可能”，如同传统的心理－现实主义小说（psychological-realist novel）在20世纪20年代所做的那样。在20世纪20年代，“现代”小说最终战胜了传统的“现实主义”小说。当然，自此之后，创作“现实主义”小说其实还是可能的，但规范是由现代小说创建的，传统的形式——用黑格尔的话说——要由现代小说来“调停”（mediated）。在经历了这次突变之后，普通的“文学趣味”把新近创作的现实主义小说视为讽刺性的模仿（ironic pastiches），视为怀旧的努力（努力夺回已经丧失的一致性），视为肤浅、虚假的“退化”，或者干脆认为它已不再属于艺术领域。不过，令人兴趣盎然的，是下列通常不为人注意的事实：与传统的“现实主义”小说的衰亡相伴相生的，是通俗文化领域的重心从侦探故事（detective story）向侦探小说（detective novel）的位移。创作侦探故事的作家有柯南·

48

道尔①和切斯特顿②等人，创作侦探小说的作家有阿加莎·克里斯蒂③和多萝西·塞耶斯④等人。柯南·道尔尚不可能使用这种新型形式，他的小说（novels）清晰地表明了这一点：他的小说只是扩展而成的短篇故事（short stories），都有以探险故事的形式写成的冗长倒叙，如《恐怖谷》（*The Valley of Fear*）；或者混入另一种文类（如哥特式小说）的元素，如《巴斯克维尔猎犬》（*The Hound of the Baskertvilles*）。不过，在20世纪20年代，侦探故事作为一个文类，很快销声匿迹了。取而代之的，是古典形式的“逻辑与推理”（logic and deduction）式的侦探小说。“现实主义”小说的衰亡和侦探小说的兴起出现于同时，这是纯粹的巧合？其中是否寓以深意？尽管一道鸿沟横亘于现代小说和侦探小说之间，二者是否尚有共同之处？

通常我们得不到答案，因为答案实在太显而易见了：现代小说

① 柯南·道尔（Conan Doyle，1859—1930），英国小说家。因为成功地塑造了夏洛克·福尔摩斯的形象，成了侦探小说历史上最重要的作家之一。除了侦探小说，还创作科幻、历史、爱情题材的小说，以及戏剧、诗歌等。——译者注

② 切斯特顿（G. K. Chesterton，1874—1936），英国作家，涉猎广泛，包括哲学、新闻、戏剧、诗歌、传记、基督教护教学（Christian apologetics）和侦探小说。人称“悖论王子”（prince of paradox），常妙语连篇。例如，“小偷尊敬诗歌。他们只是想把它们据为己有，以便更好地尊敬它们。”“整个世界已经分成了保守派和进步派，进步派的勾当就是一错再错，保守派的勾当就是反对改正错误。”——译者注

③ 阿加莎·克里斯蒂（Agatha Christie，1890—1976），英国作家，犯罪小说大家。一生创作了80部侦探小说，19部剧本，以及6部以玛丽·维斯特麦考特（Mary Westmacott）为笔名出版的爱情小说。身材矮胖、留着黑色胡子的比利时人赫尔克里·波洛（Hercule Poirot），身材矮小、却十分可爱的老太太马普尔（Miss Jane Marple），都出自她的笔下。——译者注

④ 多萝西·塞耶斯（Dorothy L. Sayers，1893—1957），英国作家、诗人、编剧、散文家、译者和基督教人道主义者。此外她还研究古典语言和现代语言。以侦探小说闻名于世，但声誉不及阿加莎·克里斯蒂。她认为自己翻译的但丁的《神曲》是她最好的作品。——译者注

和侦探小说均以同样的形式问题（formal problem）为中心。这形式 49 问题就是非可能性（the impossibility）的问题：以线性、一致的方式讲述故事，是不可能的；显现（render）事件的“现实主义”式的连续性，是不可能的。当然，确认下列一点，已属老生常谈：现代小说以形形色色的新型文学技巧（意识流、伪纪实风格等）取代现实主义叙事，同时证明，要在意味深长的、“有机”的历史整体中锁定个人的命运，是不可能的。不过在另一个层面上，侦探故事的问题与此如出一辙：要在意味深长的生活故事的整体性中锁定某个创伤性事件（谋杀），也是不可能的。侦探小说中有一种自我反射的压力：侦探小说要讲述的故事，正是小说中的侦探要竭尽全力讲述的故事，那就是重建在谋杀发生之前和发生之时“真正发生过的一切”；“谁干的?”我们已经获得了这一问题的答案，但小说并没有闭幕；只有当侦探终于能以线性叙事的方式讲述“真实的故事”时，小说方告结束。

对此做出的一个明显的反应是：你说的没错，但无论如何，现代小说也是小说，侦探小说只是纯粹的娱乐，受制于固若金汤的惯例。其中最重要的惯例是，我们绝对可以肯定：到最后，侦探会成功地破解全部秘密，重建“真正发生过的一切”。不过，正是侦探的“绝对可靠”和“无所不知”，为嘲弄侦探小说的标准理论提供了绊脚石：大胆地否定侦探的能力，表明了一种茫然困惑，一种绝对的无能为力——无法解释侦探小说是如何运作的，是如何令读者“心悦诚服”的，尽管存在着无可争辩的“不可能性”（improbability），还是如此。我们通常沿着两个完全相反的方向，对它进行解释。有时候，侦探形象被阐释为“中产阶级”的科学理性主义的化身；有时候，他被想像成浪漫的千里眼，被想像成这样一个人——

拥有超乎理性、半人半神的力量，能够洞悉另一个人的心灵。对于那些喜爱“逻辑与推理”式故事的人来说，上述两种处理的不当之处是一望便知的。如果小说的结局来自纯粹的科学程序，例如，如果仅仅通过对尸体上的斑痕进行化学分析就确认了真凶，我们必定大失所望。我们觉得“少了点什么东西”，觉得“这不是恰如其分的推理”。但是，如果到了最后，确认了真凶，侦探宣布“他从一开始就为某种绝对无误的直觉所指引”，我们会更加失望。我们觉得自己被骗了，因为侦探肯定是凭借推理而不是通过“直觉”得出结论的。①

我们不必殚精竭虑地直接破解这个谜，而是把注意力转向另一个同样令人困惑的主体位置（subjective position），即精神分析师在精神分析过程中占据的主体位置。致力于锁定这个位置，与致力于锁定侦探的位置，是并行不悖的。有时候，精神分析师被想像为这
50 样一个人：他要把人类心灵中最晦暗不明、最不理性的岩层（初看上去的确如此），置于理性的根基上。有时候，他仿佛是浪漫的千里眼的继承人，仿佛是黑暗标记的解读者，挖掘着无法为科学证实的“隐秘意义”。有一系列的旁证可以证明，这种并行不悖并非空穴来风：精神分析和“逻辑与推理”故事出现于同一时代（均在19世纪末和20世纪初形成于欧洲）。弗洛伊德最著名的患者“狼人”曾经在他的回忆录报告说，弗洛伊德经常仔细阅读福尔摩斯的故事。他这样做，不是为了消遣，而是因为，侦探的分析手法和精神分析师的分析手法是类似的。一部福尔摩斯的模仿之作，即尼古

① 毋需说，把侦探形象设想为中产阶级理性和它的死对头（非理性直觉）的对立融合，致力于伪“辩证”的综合，必定无功而返。两方都无法获得自己缺少的东西。

拉斯·迈耶[①]的《百分之七的溶液》(*The Seven-Per-Cent Solution*)，甚至以弗洛伊德和福尔摩斯的相遇为题材。而且我们还要记住，拉康的《文集》开篇就对埃德加·爱伦·坡[②]的《失窃的信》[③] 进行详细的解析。《失窃的信》是侦探故事的原型之一，在那里，拉康关注下列两者间的相似性：其一是爱伦·坡笔下的业余侦探奥古斯都·杜邦（Auguste Dupin）的主体位置，其二是精神分析师的主体位置。两者是并行不悖的。

线索

关于侦探与精神分析师的类似，通常已经引起足够的重视。已

---

① 尼古拉斯·迈耶（Nicholas Meyer，1945—），美国电影编剧、制片、导演、小说家，最著名的作品即《百分之七的溶液》(*The Seven-Per-Cent Solution*)，执导过电影《追踪一百年》(*Time After Time*，又译《两世奇人》、《再世奇人》或《反复》）和《星际迷航》(*Star Trek*）中的两集。——译者注

② 埃德加·爱伦·坡（Edgar Allan Poe，1809—1849），美国诗人、小说家和批评家。爱伦·坡的创作总是独具一格，内容新颖，形式多样，敢于实验，被誉为侦探小说的鼻祖、科幻小说的先锋、恐怖小说的大师、哥特小说的巅峰、象征主义的前驱。柯南·道尔、波德莱尔和希区柯克等人均受其影响，也是拉康的至爱。——译者注

③ 拉康之后，《失窃的信》(*The Purloined Letter*）已是精神分析的经典文本。欲了解拉康的精神分析，《失窃的信》不可不读。它讲述了这样一个故事：王后收到一封信，此信涉及重大隐私，自然是天机不可泄露。她读信时，一位部长突然光顾。贵妇不想让他看到此信，又怕慌忙藏起令他疑心，于是信手把信放在桌上。这位部长心明眼亮，瞅了一眼，立即认出了那是谁人的笔迹；再看王后惊惶失措的样子，心想此中必有玄机。他离开时，用一封无关紧要的信件取而代之。当时还有人在场，王后只能眼巴巴地看着（“无力地凝视”）他“狸猫换太子”，然后目送他扬长而去。王后为此感到焦虑，请巴黎警察局的局长找回信件。警察局长绞尽脑汁，仔细搜过部长的房间，已经到了掘地三尺的地步，还是一无所获，无奈只好向业余侦探奥古斯都·杜邦求助。杜邦要了一笔酬金，然后直奔部长官邸。果然不出杜邦所料，那信经过一番伪装，就放在部长的写字台上。第二天，杜邦略施小计，又一次“狸猫换太子”，把那封信弄到了手。故事很简单，却是对人类心机重重的讽刺，就像作者所言，“精明过头，乃智者大忌”。部长先生固然如此，警察局长亦然。当然，拉康的解读与此大异其趣。——译者注

有大量研究开始揭示侦探故事的精神分析内涵：要去解释的原罪是弑亲，侦探的原型是俄狄浦斯，他在竭力获得有关自己的可怕真相。不过，我们在此要做的，是在完全不同的“形式”层面上完成这一使命。追随弗洛伊德对“狼人”所做的随心所欲的评论，我们将关注侦探和精神分析师各自采取的正式手法。那么，精神分析对无意识的构成（formations of the unconscious）的阐释（比如对梦的阐释）有何异乎寻常之处？在弗洛伊德的《释梦》中，下列文字提供了初步的答案：

> 只要我们明白了这个道理，就可以直接领悟梦－思（dream-thoughts）了。另一方面，梦－内容（dream-content）仿佛是由象形文字组成的手稿，必须把这手稿的文字逐一转换为梦－思的语言。我们在解读这些文字时，如果依据的是这些文字的画面价值，而不是它们彼此间的符号关系，我们显然会误入歧途。假设在我面前有一个拼图游戏（picture-puzzle），一个画谜（rebus，即用画或符号的形式来代表字词）。它画的是一座房子，房顶上有一艘船，此外还有一个字母，一个奔跑的
> 51 人（他的头已被砍掉），等等。我现在可能会被误导，并提出抗议，认为无论是整幅画还是它的组成部分，都毫无意义可言。船在房顶，莫名其妙。无头之人，更是无法奔跑。此外，人比房子还要大。如果这幅画意在再现风景，那字母就不应该出现，因为自然中没有这种东西。但是，如果我们抛开那些批评（包括对整部作品的批评，还有对其组成部分的批评），如果我们努力以音节或单词替换画面上单独的元素（音节和单词能以这种或那种方式代表那个元素），那么，我们显然能够得

出正确的判断。那些以这种方式拼在一起的单词，不再毫无意义，而是可能组成极其美丽的、意味深长的诗的短语。梦就是这种拼图游戏，我们释梦领域里的前辈错把画谜当成了绘作（pictorial composition），于是在他们眼里变得毫无意义，变得一钱不值。①

弗洛伊德说得很清楚。面对梦，我们绝对不可探寻梦的所谓“符号意义”，无论是整个梦的“符号意义”，还是其构成部分的“符号意义”；我们绝对不能提出下列问题：“房子意味着什么？船在屋顶是什么意思？那个奔跑的人象征着什么？”我们必须做的，是把物体倒译为词语，用那些表示物体的词语替换物体本身。在画谜中，物体代表着它们的名称，代表着它们的能指。我们现在能够明白，何以下列做法绝对是误导性的了：把从词表现（word presentations，Wort-Vorstellungen）向物表现（thing presentations，Sach-Vorstellungen）——即所谓的梦中的“再现性考察”（considerations of representability）——的转移，说成是从语言（language）向前语言再现（prelanguage representations）的“退化”。在梦中，“物体”本身已经“像语言那样结构起来”，代表着它们的那个符指链调控着它们的布置。这种符指链的所能是通过把“事物”译回“词语”得到的，它就是“梦－思”。在意义的层面上，“梦－思”的内容与梦中显现的客体没有丝毫联系。以画谜为例，对画谜的破解与画谜中显现的物体的意义并无关联。如果我们寻求梦中形象“更深层的隐秘意义”，我们就会无视梦中以词语表达出来的潜在“梦－思”。

① 弗洛伊德，《释梦》，第277—278页。

直接的“梦－内容”与潜在的“梦－思”的联系，只能出现在词语游戏（wordplay）的层面上，出现在毫无意义可言的符指化材料（signifying material）的层面上。据阿特米多鲁斯①记载，阿瑞斯坦德②曾为亚历山大大帝释梦。还记得那个著名的阐释吗？“亚历山大
52 大帝包围了提尔城（Tyre），并开始强攻。但因为久攻不下，他忐忑不安、心慌意乱。亚历山大大帝梦见了半人半兽的森林之神 satyr 在他的盾牌上翩翩起舞。恰巧阿瑞斯坦德就在提尔城附近。……他把 satyr 一词拆解成 sa 和 tyros，并鼓励山历山大大帝破釜沉舟、一鼓作气，这样他就能成为这座城池的主人。”正如我们看到的那样，阿瑞斯坦德对于翩翩起舞的森林之神可能具有的“符号意义”（强烈的欲望？快活的天性？）并没有多少兴趣。相反，他关注的是词语，还把它拆解了，因而获得了此梦传达的信息：sa Tyros = Tyre is thine（提尔城属于你）。

不过，画谜与梦尚有一定的区别。这区别使得画谜较易于阐释。在某种程度上，画谜仿佛尚未经过“二度修正”（secondary re-

---

① 阿特米多鲁斯（Artemidorus），公元二世纪前后的职业占卜者，曾用希腊语写过五卷本的《释梦》（*Oneirocritica*）。他自称曾经漫游希腊、意大利和亚洲，为形形色色的人占卜，这为他的著述积累了材料。他著述的另一个来源是他的“前贤”的著述，他至少征引过 16 位前辈的著作，可惜这些被他征引的著作已经遗失，死无对证。他释梦的方法是类比，认为释梦“不过是把相似之处排列出来而已”。但当时其他人的释梦已经相当复杂，不仅考虑梦的内容，而且考虑做梦人的年龄、性别和社会地位。与此不同，阿特米多鲁斯颇类似于今日之美国“新批评派”，只关注“梦”这个文本自身，对“梦”之外的因素不予考虑。比如有人做梦，梦见自己与母亲交配，让他解梦。他说：“母亲这种情况是复杂多样的，可以有许多不同的阐释。不是所有的释梦者都认识到了这一点。实际上，性交这个行为本身不足以告诉我们，它预示着什么。拥抱的姿势、身体的不同位置能告诉我们更多的东西。”然后他对此梦做了冗长而缜密的分析。——译者注

② 阿瑞斯坦德（Aristander），亚历山大大帝最宠爱的预言家。——译者注

vision）的梦，意在满足“统一的必要性”（necessity for unification）。因此，画谜被直接视为“毫无意义”之物，被视为小古玩，其构成元素各异，且无关联；梦则通过“二度修正”隐藏了其荒诞性，这使得梦至少表面看来具有统一性和连贯性。因此，那个翩翩起舞的半人半兽的森林之神 Satyr 被视为一个有机的整体，没有任何东西表明，它存在的唯一理由是把一个假想出来的形象赋予符指链 sa Tyros。假想的“意义整体”（totality of meaning）的作用——“梦－作”的最终结果——就在这里：借助于有机整体的出现，使我们无视它存在的有效理由。

不过，精神分析式阐释有其基本预设或先验方法。那便是，梦作（dream work）① 的每个最终的产物，每个外显的梦的内容，至少要包含一种元素，发挥补缺者或填充物的作用。这样的元素占据的位置，是梦中必定匮乏的某物的位置。初看上去，这样的元素与外显的想像性场景的有机整体完美地搭配在一起，但它在这个整体中真正占据的位置，却是想像性场景必定“压抑”、排斥、挤出的某个元素的位置。只有“压抑”、排斥、挤出这个元素，想像性的场景才能成为有机的整体。它是把想像性结构（imaginary structure）与“被压抑”的结构化（structuration）过程连接起来的脐带。简言之，二度修正从来都不能大获全胜。这倒不是因为经验方面的问题，而是出于先验的结构必要性。说来说去，一种元素总要“脱颖而出”，以标示梦的构成性匮乏（constitutive lack），以在其内部再

① 弗洛伊德在《释梦》中多次谈及“dream work”（梦作）或“dream-work”（梦－作）。它们的意思基本上是一致的：“作”既有“作品”或“产品”之意，又有“运作”之意。有译者将其译为“做梦”或“梦的工作”，欠妥。——译者注

现其外部。这个元素既是匮乏，又是多余，因而陷入了既匮乏又多余的悖论性辩证之中。倘非如此，最终的结果（外显的梦的文本）将无法捏在一起，还会失去某些东西。要想予人这样的感觉——梦是一个有机的整体，这个元素就是绝对不可或缺的；不过，一旦这个元素“就位”，在某种程度上它就是“多余”的，就是令人尴尬的过剩。

53 > 我们认为，每个结构内都有一个诱饵，一个占据了匮乏之位的占位符，它们是由人们感知的事物组成的。但同时，它们又是既定序列中最薄弱的一环，一个摇摆不定的、似乎只属于现实层面的点位：在其内部，结构化空间的整个虚拟层面（virtual level）被压缩了。这个元素在现实中是不合乎理性的，但是把它囊括其中，它就会指明匮乏在其中的位置。①

既然如此，下列说法似乎纯属多余：《释梦》必须开篇即孤立这个悖论性因素，孤立这个“占据了匮乏之位的占位符”，孤立这个能指的无意义的点位（the point of the signifier's non-sense）。从这个点位开始，梦的阐释必须继续进发，对外显的梦－内容的意义整体的虚假表象予以“非自然化”处理，并消解之。也就是说，穿透“梦－作”，把由最终结果抹除的异质成分组成的蒙太奇（montage）显现出来。由此我们看到了精神分析师与侦探在手法上的相似性：侦探面对的犯罪现场，通常也是犯罪凶手为了抹除自己的犯罪踪迹

① 雅克－阿兰·米勒，《结构之行动》（“Action de la structure”），见《精神分析手册》（*Cahiers pour L'Analyse*），第9卷，Paris，Graphe，1968，pp. 96－97。

而拼凑起来的假象。犯罪现场有机的、自然的属性只是一个诱饵，而侦探的使命就是将之非自然化。要将之非自然化，首先要发现不容易引人注意的细节。如此细节是“脱颖而出”的，与表象框架格格不入。为描述这样的细节，侦探叙事使用的词汇都是精确的专门术语（terminus technicus）。它用一系列的形容词表示线索，这样的形容词包括“‘古怪’、‘奇怪’、‘失常’、‘陌生’、‘可疑’、‘离奇’、‘没有意义’，当然还有表意更为强烈的‘怪诞’、‘虚幻’、‘难以置信’，直至绝对的‘不可能’。”① 我们在此得到的细节，就它本身而言，通常都是无足轻重的（破碎的茶杯把手、椅子位置的变化、证人随意的看法、宣称发生但最终没有发生的事件）。但是，就其结构性位置（structural position）而论，如此细节把犯罪现场“非自然化”了，并制造出准布莱希特式的陌生化效果（quasi-Brechtian effect of estrangement），如同著名画作上一个微小细节的变化，会突然使画作显得陌生和怪异一样。当然，只有把现场的意义整体（scene's totality of meaning）悬置起来，并把焦点置于细节上，我们才能发现破案的线索。福尔摩斯建议华生不要关心初步印象，而要大力关注细节，这与弗洛伊德的下列断言不谋而合：精神分析要阐释的是细节，而不是整体。“从一开始，它就把梦看成是合成性的存在，看成精神构成（psychical formations）的聚合物。”②

顺着这条线索，侦探戳穿了由凶手布置的犯罪现场的虚假一致性。侦探把犯罪现象视为异质性元素的拼贴。在那里，凶手布置的

---

① 理查德·阿勒温（Richard Alewyn），《侦探小说的剖析》（“Anatomie des Detektivromans”），见约亨·福格特（Jochen Vogt）编，《侦探小说》（*Der Kriminalroman*），Munich，UTB-Verlag，1971，vol. 2，p. 35。

② 弗洛伊德，《释梦》，第 104 页。

现场和“真实事件”的联系，与外显的梦的内容（dream contents）和潜在的梦思（dream thought）的联系，或与画谜的直接构成和画
54 谜的联系，是完全相符的。答案只存在于被“双重铭刻”的符指化材料（signifying material）内，就像“satyr”首先指森林之神的翩翩起舞一样，然后指“提尔城属于你”。这种“双重铭刻”对侦探故事的意义，已经引起维克多·什克洛夫斯基[1]的注意。他说：“作者要寻找的是这样的案例，在那里，两个本不相符的事物，却在某些特定方面存在着一致性。”[2] 什克洛夫斯基还指出，存在着一致性的具体案例都是词语游戏（wordplay）。他提到了柯南·道尔的《斑斓的带子》（“The Adventure of the Speckled Band”）。在那里，答案的关键来自一个奄奄一息的妇人的陈述：“正是那条斑斓的带子……”错误的答案之所以错误，是因为它把band（带子或乐队）解读为gang（一伙人）；错误的答案之所以错误，是因为受到下列事实的暗示——有个吉普赛乐队就在谋杀现场附近露营，因而勾勒了出一个“令人信服”的异国吉普赛凶手的形象。只有在福尔摩斯把band解读为ribbon（丝带）时，真实的答案才会出现。当然，在大多数案例中，“双重铭刻”的元素是由非语言材料构成的。但即便如此，“双重铭刻”的元素也已经像语言那样结构起来了。什克洛夫斯基曾经提到切斯特顿的一个短篇小说，那个小说垂青于一位绅士的晚礼服与一个男仆的服装的相似性。

---

① 维克多·什克洛夫斯基（Victor Shklovsky，1893—1984），俄国和前苏联批评家和作家。父亲是犹太人，母亲是德国人，曾入读圣彼得堡大学。1916年创立诗歌语言研究会（OPOYAZ），提出了“俄国形式主义”的批评理论和批评方法。其“陌生化”理论对中国影响深远。——译者注

② Victor Shklovsky, “Die Kriminalerzaehlung bei Conan Doyle,” in Jochen Vogt, ed., Der Kriminalroman, Munich, UTB-Verlag, 1971, vol. 1, p. 84.

何以“错误答案”必不可少?

一边是凶手伪造的犯罪现场，一边是事件的真实过程，二者存在距离。关于这一距离，至关重要的是，错误答案在结构上是必要的。我们受到了错误答案的诱惑，因为伪造的现场具有令人信以为真的特征。至少在经典的“逻辑与推理”故事中，这通常是由“正式”知识（警察）来维系的。从认识论的角度看，对于侦探最终获得的真实答案而言，错误答案是必不可少的。对于侦探的手法来说，关键在于，第一个答案（亦即错误的答案）不是外在的，并非可有可无的：侦探并不把错误答案理解为纯粹的障碍，仿佛要获知真相，就必须铲除如此障碍；恰恰相反，只有通过错误的答案，才能获知真相，因为并不存在直接通往真相的康庄大道。①

在柯南·道尔的《红发会》（“The Red-Headed League”）中，

---

① 错误答案有其结构上的必要性。正是基于这种必要性，我们可以解释，古典侦探故事中的某个标准形象是如何发挥作用的。这个形象便是侦探那位朴素天真、普普通通的同事。他通常还是叙述者，如福尔摩斯的华生，波罗的黑斯廷斯（Hastings），等等。在阿加莎·克里斯蒂的一部小说中，黑斯廷斯问波罗：他只是一个平凡的普通人，一肚子庸人的偏见，对波罗的破案工作，能有什么帮助？波罗的回答是，他之所以需要黑斯廷斯，就是由于这个缘故。也就是说，他之所以需要黑斯廷斯，就是因为他是普通人，代表着我们可能称为 doxa 的领域，即脱口而出的庸人之见这一领域。也就是说，凶手实施犯罪后，必定要抹除犯罪踪迹。抹除犯罪踪迹的方式，就是制造假象，以隐藏其真实动机，并嫁祸于人。这是古典侦探小说的惯用主题：凶杀案本为受害者的近亲所为，但他总要制造假象，以便予人以这样的印象：凶杀案为某个夜贼所为，他入宅行窃，为受害者的意外归来所惊，于是杀人灭口。凶手伪造现场，到底想骗谁？伪造现场时，凶手做了怎样的“推理”？当然凶手着眼的领域是在侦探的忠实同事身上体现出来的 doxa 之域，即“庸人之见”的领域。结果，侦探需要他的华生，并不意在表明，他的火眼金睛和他同事的肉眼凡胎构成了鲜明的对比。相反，要想以最清晰的方式展示凶手通过伪造现场刻意制造出来的效果，华生及其常识性的反应是必不可少的。

一个红发客户前来拜访福尔摩斯，并向他讲述了自己的奇特经历。他在报纸上看到了一个广告。该广告声称为红发人提供薪水丰厚的临时工作。他到达指定地点后，雇主从一大群红发人中径直把他挑选出来，尽管许多人的头发比他红很多。这份工作的确报酬丰厚，
55 但毫无意义：每天朝九晚五，他只是抄录《圣经》的某些章节而已。福尔摩斯很快揭开了谜底：这位客户与一家大银行比邻而居，他失业期间通常呆在家里，哪里也不去。罪犯在报纸刊登广告，以便引他前来应聘。他们意图很明确，即确保他白天不在家里，这样他们就能在他家的地下室挖一条地道，直通隔壁的银行。他们指定头发的颜色，唯一的意义就是诱他上钩。在阿加莎·克里斯蒂的《ABC 谋杀案》（*The ABC Murders*）中，一系列的谋杀案发生了。在这些谋杀案中，受害者的名字构成了一个复杂的字母表模型（alphabetical pattern）。这不可避免地给人这样的印象——作案者的动机是“病态”的。但是最终的答案表明，事实并非如此：凶手只想杀害其中一人；这样做，也不是出于“病态”的原因，而是出于“可以理解”的实际利益的考虑。为了误导警方，凶手还杀了许多其他人。这些人是特选的，因为只有这样，他们的名字才能组成一个字母表模型，确保警方把谋杀视为疯子所为。这两个故事有何共同之处？在这两个案件中，令人上当受骗的第一印象为我们提供了“病态过剩”（pathological excess）的意象，提供了涉及多人（红发人、字母表）的“疯狂”定式，而实际行动却只针对一个人。对表面印象可能的隐含意义进行缜密考察，并不能获得答案。也就是说，答案并不来自下列问题：专门挑选红发人，这种病态的举动意味着什么？那个字母表模型的意义何在？正是因为沉溺于诸如此类的深思熟虑，我们才落入了陷阱。唯一的正确步骤，是把意义之域

悬置起来（意义显然是由骗人的第一印象强加于我们的），专心于细节（强加于我们的意义领域中包含许多内含物，细节就是从中提炼出来的）。为什么雇用这个人来做这份毫无意义的工作，而且这份工作与他的红头发毫无关系？不论这个被害者的名字的第一个字母是什么，谁从他的死亡中获得了好处？换言之，我们必须牢记，由“疯狂”的阐释框架强加于我们的意义之域的“唯一的目的，就是隐藏其存在的真正动机”：① 这些意义之域的价值仅仅在于，“他者”［庸见（doxa）、普通看法（common opinion）］认为它们有意义。红发的唯一“意义”在于，选来做这工作的人理应相信，他的红发在挑选过程中发挥了作用；ABC 模型的唯一“意义”，就是误导警方，让警方认为这个模型大有深意。

来自假象的意义有其主体间维度（intersubjective dimension）。这样的主体间维度最为清晰地体现在《海格特奇事》（“The Adventure of the Highgate Miracle”）中。这个短篇小说是由约翰·狄克森·卡尔②和亚德里安·柯南·道尔③创作的。后者是阿瑟·柯南·道尔的儿子。商人卡伯普莱热（Cabpleasure）娶了一位家财万贯的女继承人，但突然间对手杖产生了“病态”的依赖：他不分白天还是黑夜，总是不与它分开。这突如其来的“恋物式”依赖意味 56

① 雅克-阿兰·米勒，《结构之行动》，p. 96。

② 约翰·狄克森·卡尔（John Dickson Carr，1906—1977），美国侦探小说作家，侦探小说“黄金时代”最伟大的作家之一。他曾在英国生活多年，他的很多小说都以英国为背景，他笔下最著名的侦探形象也是英国人。——译者注

③ 亚德里安·柯南·道尔（Adrian Conan Doyle，1910—1970），阿瑟·柯南·道尔的幼子，赛车手、大型猎物猎手、探险家和作家。他的传记作者称他是“挥金如土的花花公子”，“把他爹的财产当成了摇钱树”。母亲去世后，成为父亲的遗嘱执行人。1965 年在瑞士创立阿瑟·柯南·道尔基金会。——译者注

着什么？卡伯普莱热太太的钻石最近在她的抽屉里不翼而飞，莫非这不翼而飞的钻石就藏在手杖里面？在对手杖做了细致检查后，这种可能性被排除了：这只是一根普普通通的手杖。福尔摩斯最后发现，他对手杖的依赖只是故意的表演。表演的目的在于让人们相信，卡伯普莱热可能会“神奇”地销声匿迹。在计划潜逃的前一夜，他悄悄溜出家来，去了送奶人那里，花钱贿赂他，借了他的工装，还要替他送奶。第二天一早，他打扮成送奶人的样子，推着送奶车，出现在自家门前。他取出奶瓶，像平常那样进入房间，把奶瓶放在厨房。一进入房子，他就飞快穿上了自己的大衣，戴上了帽子，没拿手杖走了出来。他穿过花园，刚走到一半时，露出了痛苦的表情，仿佛突然想起，他忘了带自己心爱的手杖，于是转身飞快跑进房间。在家门的后面，他再次换上送奶人的工装，平静地走近手推车，推着它，离开了。事实证明，卡伯普莱热的确偷了太太的钻石。他知道太太会起疑心，并雇了侦探在白天监视这所房子。他本指望侦探能够看到他对手杖的“疯狂”依赖。这样，在他走在花园中间的路上时，意识到没带手杖。他害怕了，跑回去了。在观察这所房子的侦探看来，他的行为是自然的，并无病态可言。简言之，他依赖于手杖，唯一的意义就是让别人相信，他这样做真的是有意义的。

为什么说把侦探的手法设想为“精确”的自然科学所特有的手法绝对是误导性的？现在，这个问题的答案已经清楚了：“客观”的科学家也会“透过假象进入隐含的现实”，这是真的；但是，他要去处理的假象并不存在故意欺骗这样一个维度。除非接受下列假说——存在着邪恶的、故意骗人的上帝，我们绝对不能说，科学家为他的研究对象所“欺骗”，绝对不能说，他面对的假象“之所以存在，只是为了隐藏它存在的理由”。与“客观”的科学家形成鲜明对比的是，侦探无法仅仅通过撇去假象来获知真相。相反，他必须对假象本身进行思考。面对卡伯普莱热的手杖可能包含的秘密，福尔摩斯并没有自言自语：“不必考虑它的意义，它只是一个诱饵而已。”他给自己提出了完全不同的问题：“手杖没有意义，赋予给它的特殊意义只是一个诱饵。但是，罪犯诱骗我们，让我们相信，手杖对他而言，具有特殊意义。他这样做，究竟得到了什么?”真相并不处于欺骗领域（domain of deception）“之外”。真相就在“意图”之内，就在欺骗行为的主体间功能（intersubjective function）之内。侦探没有完全漠视虚假场景的意义，而是将其推向自我指涉点（point of self-reference），即推向这样的“点位”，在那里，一切都变得一目了然了：虚假场景唯一的意义就在于，让别人认为它具有某种意义。在这个“点位”上，凶手的阐述立场（position of enunciation）已经相当明确——我在骗你。还是在这个“点位”上，侦探终于能够把凶手的信息的真实意味退还给他。 57

> “我在骗你”来自这样的点位，在那里，侦探在等待凶手，并根据定式，把他发送的信息包含的真正意味返还给他。也就是说，以逆向的形式，把他发送的信息包含的真正意味返还给他。侦探对自己说：在“我在骗你”中，你作为信息发送给我的东西，也正是我要向你表达的东西。你在这样做时，正在讲出真相。①

① 拉康，《精神分析的四个基本概念》，pp. 139 – 140。当然，为了切合我们的目的，引文略有变化。

侦探作为“理应知情的主体”

现在，我们终于能为侦探的名誉扫地的“无所不知”和“绝对可靠”予以适当的定位了。读者确信侦探最后会成功破案。但这种确信并不包括下列预设：尽管迷雾重重，侦探最终能够获悉真相。关键之处在于，他将识破诡计，抓住凶手。也就是说，他会注意到凶手的诡计，并将他引入陷阱。凶手殚精竭虑地设计出来拯救自己的骗局，恰恰是他落网的原因。在这种悖论性连接（paradoxical conjunction）中，正是骗人的企图泄露了天机。当然，只有在“意义”的区域内，只有在符指化结构（signifying structure）的区域内，这样的悖论性连接才是可能的。正是由于这个原因，侦探的“无所不知”与精神分析师的“无所不知”完全同源。精神分析师被患者视为“理应知情的主体”（le sujet supposé savoir），但理应知道什么？知道我们行为的真实意义，知道在表象的虚假性中显现出来的意义。因此，侦探的区域（domain），还有精神分析师的区域，是彻头彻尾的意义区域，而非“事实”区域：正如我们已经注意到的那样，侦探分析的犯罪现场本质上“是像语言那样结构起来的”。能指的基本特征，就是它的差异性：能指之为能指，在于它与其他能指存在众多差异，所以，自身缺乏特征未必是坏事，它可能有积极的价值。之所以说侦探的才能不仅在于他能领悟“无关紧要的细节”可能具有的意义，而且更在于他能够把缺席本身（没有出现的细节）视为有意义的事情，原因就在这里。福尔摩斯最著名的对话全都来自《银色马》（“The Silver Blaze”），或许并不是偶然的：

58 “还有什么地方，你希望引起我的注意？”

“那就是那天晚上有关那只狗的怪事了。”

“那天晚上那只狗悄无声息。”

“这才是奇怪的事情。”福尔摩斯说道。

侦探就是这样诱捕凶手的：不是通过把握凶手没有抹除的行为踪迹，而是通过把踪迹的缺席视为踪迹本身。① 我们由此终于能够以下列方式，详细说明作为“理应知情的主体”的侦探发挥的功能了：犯罪现场包含众多线索，包含毫无意义、七零八落的细节；这些细节没有模式可言，恰如在精神分析过程中的被分析者的“自由联想”；侦探只是凭借他自己的出场，保证所有细节都将回溯性地获得意义。换言之，他的“无所不知”只是移情的效果而已。因为移情于侦探而处于移情关系中的人，首先是华生式的同事，他为侦探提供信息。对这种信息的意义，他一无所知。② 正是基于侦探的

---

① 这也是为什么在后期福尔摩斯的一个故事里，“退休的颜料人”虽然非常机灵，却没有真正利用与能指秩序（order of the signifier）相关的所有诡计的原因。一位老官员的太太突然失踪了。据推测，她是跟她的年轻情人溜了。这位老官员突然开始粉刷房屋。为什么这样做？因为新鲜油漆的气味会防止访客闻到另外一种气味，即他太太和他太太情人的腐烂尸体发出的气味。他杀死了他们，并把他们掩藏在房子里。更为机敏的骗术是，通过粉刷房子给人这样的印象——此人意在以油漆的气味掩盖另一种气味，也就是说，给人这样的印象——我们隐藏了某种东西，但其实呢，我们什么也没有隐藏。

② 说到“理应知情的主体”，把握下列两者间的联系，绝对是至关重要的：一是知晓，二是代表着这种知晓的主体的愚蠢麻木的出场。“理应知情的主体”是这样一个人：他只要出场即可保证，混沌必定获得意义；即，他只要出场即可保证，“疯癫之中自有解决疯癫的方法”。海尔·艾希比（Hal Ashby）有一部有关移情效果的电影，名为《身在该处》（*Being There*，又译《富贵逼人来》、《无为而治》、《妙人奇迹》或《身在该处》）。之所以说这个名字极为切题，原因也在这里：对于由彼得·塞勒斯（Peter Sellers）扮演的可怜的花匠钱斯（Chance）来说，只要发现自己凭着纯粹偶然的误会出现在某个地方，占据某个能令他人移情的位置就足够了。而且，他已经通

这一特定位置（侦探即“意义的保证者”），我们可以说明侦探故事的循环结构。故事刚开始时，我们得到的是空白，是未经解释的空白地带，说得更恰当些，是尚未叙述的空白地带（“事情是怎么发生的？杀人的那天晚上都发生了些什么?”）故事围绕着这一空白运转。侦探通过阐释线索，竭力重建迷失的叙事，启动故事。就这样，到了末尾，侦探通过填补所有的空白，最终能以“常态”、线性的方式叙述整个故事，并重建“真正发生过的一切”。只是到这个时候，我们才能回到正确的起点。故事刚开始时，发生了谋杀案——创伤性的打击（a traumatic shock），即这样的事件：它无法融入符号性现实（symbolic reality），因为它似乎打断了“正常”的因果链。从这个爆发性时刻开始，即使最庸常的生活事件，似乎也充满了威胁性的力量；随着“正常”因果链的中止，日常现实变成了噩梦。这个激进的开口（radical opening），符号性现实的这种解体，促成了转化，即从合理合法的事件序列向“无法无天的次序”的转化，并因此见证了与“不可能”之实在界的相遇，和对符号化的抵抗。突然间，“一切都变得可能了”，包括本不可能的事情，也变得可能了。侦探的使命就是证明，“不可能的事情如何变得可能了”

（接上页注）过扮演聪明的钱西·加德纳（Chauncey Gardener）导致了移情的效果。他的愚不可及的措辞，支离破碎的园艺经验，还有因为长期观看电视而记住的只言片语，突然间都被认为含有另外一种“更深层”的——隐喻性的——意义。例如，他有关如何在冬天和春天照料花园的幼稚见解，被解读为深刻的暗示——暗示超级大国之间的关系理应融化。有批评家在这部电影中看到了对单纯之人所具有的常识的赞美，看到了单纯之人所具有的常识如何战胜了专家们的矫揉造作，这显然是大错大错的。在这方面，做出任何让步，都不会损及这部电影的光环。钱斯被描述成为一个如假包换、痛苦不堪的傻瓜，他的“智慧”的全部功效都来自他的“身在该处”（being there），来自令人移情的地方。尽管美国的精神分析机构至今无法消化拉康的学说，但令人开心的是，好莱坞已经较好地理解了拉康的见解。

(埃勒里·奎因①语)。也就是说，要使创伤性的打击重新符号化，将其融入符号性现实。侦探的出场预先保证了由无法无天的次序向合理合法的次序转化。换言之，侦探的出场预先保证了“常态”的重建。

这里至关重要的，是凶杀的主体间性之维（intersubjective di- 59
mension），或者说得更恰当些，是尸体的主体间性之维。尸体作为客体，其作用在于，它把一群人绑在了一起：尸体使他们成为一个群体（一群疑犯）。它是通过他们共同的罪恶感，把他们弄到一起并让他们呆在一起的。他们中的任何一人都可能已经犯下凶杀之罪，每个人都有犯罪的动机和机遇。侦探的作用依然是通过指认某人为凶手和使其他人得以解脱，来破解这个由普遍化的、自由漂浮的罪恶感造成的僵局。② 不过，认定精神分析师和侦探在手法上是同族关系，也有其局限性。也就是说，仅仅指出两者间的并行不悖，并肯定精神分析师分析“内在”的精神现实，侦探处理“外在”的物质现实，是远远不够的。需要做的，是通过提出下列生死攸关的问题，对两者交叠的空间进行界定：精神分析的手法向“外在”现实的转移，何以会波及“内在”的力比多精神机制？我们其实已经给出了答案：侦探的目标在于消除力比多的可能性（libidi-

① 埃勒里·奎因（Ellery Queen），推理小说史上一个非凡的名字，是弗雷德里克·丹奈（Frederic Dannay，1905—1982）和曼弗里德·李（Manfred Lee，1905—1971）合用的笔名。他们是表兄弟。他们的创作时间长，作品多，销量大；他们创作的四部“悲剧系列”和九部“国民系列”作品，是推理小说史上的佳作。——译者注

② 克里斯蒂的《东方快车谋杀案》（*Murder on the Orient-Express*）通过一个机敏的例外，肯定了这一点：那里的凶杀是由一群疑犯所为，也正是因为这个缘故，他们没有任何罪恶感。于是有了那个虽属悖论却又必然的结果：杀人者与受害者是一路货色，即是说，被杀也是罪有应得。

nal possibility)，消解“内在”的真相——这个群体中的任何人都可能在“现实”的层面上犯下谋杀之罪。也就是说，就我们欲望的无意识（the unconscious of our desire）而论，我们个个都是凶手，只是真正的凶手实现了我们这个群体的欲望而已（我们这个群体也是由尸体构成的）。凶手被挑选出来，是要确保我们的清白。侦探的“答案”的根本性的不真实（fundamental untruth），侦探的“答案”的存在主义的虚假性（the existential falsity），就在这里：侦探利用了实际真相（事实的准确性）和涉及我们欲望的“内在”真相的差异。他代表着事实的准确性，因而无视“内在”的力比多真相，这使我们摆脱了全部罪恶感。我们的罪恶感源于我们欲望的实现，而我们欲望的实现全都转嫁给了罪犯一人，由他一人承担。从力比多精神机制的角度看，侦探的“答案”不过是一种实现了的幻觉而已。侦探“以事实证明”的只是这样的东西：倘若未“以事实证明”，它依旧还是一种幻觉式投影——把罪恶感投向替罪羊的幻觉式投影。也就是说，他向我们证明，替罪羊罪有应得。由侦探的答案带来的巨大快感，就源于这种力比多收获（libidinal gain），源于由力比多收获带来的剩余利润（surplus profit）：我们不仅满足了自己的欲望，而且不必为此付出任何代价。因此，精神分析师与侦探的鲜明对比是显而易见的：精神分析使我们付出代价（要想触及我们的欲望，我们必须付出代价），使我们面对无可挽回的损失（“符号性阉割”）。侦探充当“理应知情的主体”的方式，也与精神分析师不同：他凭借自己的纯粹出场，向我们做了怎样的保证？他向我们保证：我们将摆脱任何罪恶感；我们因为满足自己的欲望而形成的罪恶感，将“外化”在替罪羊的身上；然后，我们可以为所欲为，而不必为此付出任何代价。

菲利普·马娄的方式

古典侦探与硬汉侦探

在古典侦探叙事中，客户在故事开始时向侦探讲述的故事具 60
有迷人、离奇和梦幻一般的品质。古典侦探叙事的最大魅力即在于此。一位年轻的女仆告诉福尔摩斯，在她每天早晨从火车站去上班处的路上，都有一个戴口罩的害羞男人脚踏自行车，不远不近地尾随她。一旦她试图靠近他，他就会退却。另一位女性向福尔摩斯讲述了一件怪事，那是她的雇主要她做的：每天晚上，她都要穿上老式的睡袍，系上发带，在窗边端坐几个小时，并因此获得了丰厚的报酬。这些场景施放出的力比多力量是如此强大，我们几乎迫不及待地假定，侦探的“合理解释”的主要功能，就是打破这些场景强加于我们的符咒。也就是说，侦探的“合理解释”的主要功能，就是使我们免于遭遇由这些场景展示出来的我们欲望之实在界（the real of our desire）。在这方面，硬汉侦探小说提供了截然不同的情形。在硬汉侦探小说中，侦探丧失了使他能够分析假象并驱散其魔力的距离。他成了勇于面对混乱的腐败世界的行动英雄（active hero）。他越是干预这个世界，就越是以邪恶的方式卷入这个世界。

因此，断定古典侦探和硬汉侦探的差异就是“脑力”劳动与“体力”劳动的差异，认定古典的“逻辑与推理”侦探介入的是推理，硬汉侦探介入的是追逐和打斗，是彻头彻尾的误导。二者真正的差异在于，从存在主义的角度看，古典侦探并不“介入”：

他自始至终都置身于事外；在那群由尸体构成的疑犯之间，常有交易发生，而他被排除在交易之外。他的位置具有外在性。（当然，不能把这种外在性与“客观”的科学家的位置的外在性混为一谈：“客观”的科学家与其研究对象的距离，具有完全不同的性质。）侦探与精神分析师的同族关系就是建立在这个外在性上的。有一条线索暗示了两种类型的侦探存在的差异，这线索就是他们各自对待酬金的态度。破案之后，古典侦探会怀着极其愉快的心情接受报酬，认为那是对他的服务的回报；硬汉侦探通常视金钱如粪土，他破案是因为他对某人做过承诺，要完成一个伦理使命，尽管这样的承诺通常隐藏在犬儒主义面具之下。在这里，至关重要的不是古典侦探对金钱的贪婪态度，不是他对人类苦难和非正义的麻木不仁。结果比这要高尚一些：他领取报酬，会使他免于弄乱（符号性）债务和（符号性）偿还的力比多循环。在精神分析中，报酬的符号性价值也是如此：精神分析师领取酬
61 金，这能使他置身于交易和牺牲的“神秘”区域之外，也就是说，避免卷入被分析者的力比多循环。拉康在谈及奥古斯都·杜邦时，详细阐述了报酬的这一维度。在《失窃的信》的结尾处，杜邦让警察局长明白，他已经拿到了那封信，但只有领取了适当的报酬，才考虑将其交出：

> 这是否意味着，这位杜邦，这位在此之前一直都令人钦佩、极其明理的人物，摇身一变，成了三流的小商小贩？我毫无犹豫地在他的行动中看到了对依附于此信的、我们可能称为邪恶神力的东西的回购（re-purchasing）。从收钱的那一刻起，他已经置身于游戏之外。这不仅因为他已经把信交给了他人，

> 而且因为人人都对他的动机一清二楚：他已经领取报酬，从此不会再关心此事。报偿的神圣价值，酬金的神圣价值，已经由语境清楚地显现出来……我们花费时间，充当着患者全部失窃之信的送信人，也获得了价值不菲的报酬。仔细地想一想：如果我们没有获取报酬，我们就会卷入阿特柔斯（Atreus）和泰伊斯特斯（Thyestes）的冲突。所有前来向我们吐露真情的主体都卷入了冲突。……人人都知道，金钱不仅可以用来购物，价格（在我们的文化中是以最低水平计算出来的）还有这样的功能——使某些事物中性化。这些事物倘不以金钱购买，也就是说，倘若欠人债务，是极其危险的。①

简言之，通过索取报酬，杜邦抢先一步，躲开了“咒语”，避免在符号性网络中占据任何位置。其他占有此信的人无法幸免这样的“咒语”。与此不同，硬汉侦探从一开始就“卷入”其间，一开始就陷身于力比多循环：正是这种卷入，构成了他的主体位置。令他破解秘密的，首先是下列事实——他还有某种债务必须偿还。这种“（符号性）清账”分布广泛，从米基·史毕兰②小说中的麦克·哈默（Mike Hammer）的原始族间仇杀风气（vendetta ethos），

① 拉康，《处于弗洛伊德理论和精神分析技巧中的自我》（*The Ego in Freud's Theory and in the Technique of Psychoanalysis*），New York，Norton，1988，p. 204。

② 米基·史毕兰（Mickey Spillane，1918—2006），原名莫里森·史毕兰（Morrison Spillane），美国侦探小说作家，以塑造的硬汉侦探形象麦克·汉默（Mike Hammer）名扬天下。他的作品世界销量高达2.25亿册。——译者注

到雷蒙德·钱德勒[1]笔下的菲力普·马娄（Philip Marlowe）对伤痕累累的主体性（wounded subjectivity）的精致理解，都能见到它的身影。且以钱德勒早期的短篇小说《红风》（“Red Wind”）为例，它不失为典范性的例证。罗拉·巴兹利（Lola Barsley）从前与某人相恋，此人不幸辞世。她一直珍藏着一串昂贵的珍珠项链，那是他作为礼物送给她的。现在这串项链成了她曾经有过的刻骨铭心的爱情的见证。为了避免丈夫疑心，她撒谎说项链是仿造品。她以前的司机偷走了项链，并以此敲诈她。他猜项链是真的，项链对她意义
62 非凡。如果想索回项链，如果不想让她丈夫知道项链是真品，她就必须花钱消灾。敲诈者被杀害后，罗拉请求约翰·达尔马斯（John Dalmas）——马娄的前驱——查找失踪的项链。约翰如愿以偿，找到了项链，并拿给职业珠宝商过目，结果证明，项链是赝品。如此说来，曾令罗拉刻骨铭心的爱情并不存在，她的记忆也已被错觉欺骗。不过，达尔马斯不想伤害她，于是找了个廉价的造假者，按着原来的仿造品的样子，打造了一个故意看上去很粗劣的仿造品。当然，罗拉一眼就看穿了：达尔马斯送回的项链不是她原来的项链。达尔马斯解释说，或许敲诈者故意返还这个仿造品，保留了真品，以便稍后转售赢利。现在，罗拉对刻骨爱情的记忆完好无损，继续赋予她的人生以意义。当然，这样的善良之举不失其道德上的美丽，但它与精神分析的伦理背道而驰：它意在使别人免于面对真

[1] 雷蒙德·钱德勒（Raymond Chandler，1888—1959），美国小说家和剧作家，其独特的风格影响了现代私家侦探小说的创作。他塑造的侦探形象菲力普·马娄（Philip Marlowe）和达希尔·哈米特（Dashiell Hammett）塑造的山姆·史培德（Sam Spade）一道，成了“私家侦探”的同义词。这两个人物在电影中均由硬汉小生亨弗莱·鲍嘉（Humphrey Bogart）扮演，可谓“硬中之硬”。——译者注

相，否则就会毁灭他的（或她的）自我理想（ego-ideal），使其受到深深的伤害。

如此卷入必然导致“偏心”（excentric）位置的丧失。正是因为占据着“偏心”位置，古典侦探扮演的角色才类似于“理应知情的主体”。也就是说，一般而言，在古典侦探小说中，侦探从来都不是叙述者。古典侦探小说的叙述者要么“无所不知”，要么是能够感同身受的社会环境的一员，接近于侦探的华生式的同事。简言之，古典侦探小说的叙述者是这样一个人，在他眼里，侦探是“理应知情的主体”。“理应知情的主体”只是移情产生的效应，因而从结构上讲，不可能以第一人称的形式出现：根据定义，他“理应”被另一个主体“所知”。出于这个缘故，古典侦探小说严禁泄露侦探的“心思”。必须隐匿侦探的推理过程，直至最后出现胜利结局。当然，偶尔也会提点神秘的问题，做点神秘的评议，目的在于进一步强调，侦探的思维是不可破解的。阿加莎·克里斯蒂善作评议，不愧是这方面的大师，尽管她的矫揉造作有时也会登峰造极：在错综复杂的侦破过程中，大侦探波罗（Poirot）通常会提出这样的问题：“你或许知道那位女仆的长袜是什么颜色的吧?”在得到答案后，他深藏于胡子之下的嘴巴会发出喃喃细语：“这样的话，这个案子就一清二楚了!”

与此相反，硬汉小说一般是以第一人称叙述出现的，而侦探本人就是叙述者（达希尔·米特的大部分小说属于值得注意的例外，需要做出透彻的阐释）。当然，叙述视角的变化会对真相与骗局的辩证关系产生深刻的影响。硬汉侦探当初决定接受一个案件，很快就会把一个他根本无力控制的事件进程搅得乱七八糟；突然间，一 63
切都变得一目了然：他一直都在“上当受骗”。初看上去，这差事易如反掌，后来却变成了错综复杂的填字游戏，他的全部力量都倾注于把握他身陷其中的陷阱的概貌。他试图获知的“真相”，不仅对他的理性构成了挑战，而且在伦理上与他产生了关联，经常还令他痛苦不堪。骗人的游戏（他已经成为这个游戏的一部分）危及了他作为一个主体的身份（identity as a subject）。简言之，在硬汉小说中，骗局的辩证即身陷噩梦式游戏的行动英雄的辩证（他身陷其中的噩梦式游戏并没有真正伤害他）。他的行为获得了无法预料的维度，他可能在不知不觉中伤害某人——他无心引发的罪恶感驱使他“认可自己的债务”。①

在这种情形下，正是侦探本人——而不是吓人的“疑犯群体”

---

① 当然，对“犯罪小说”（crime novel）在战后极其有趣的崛起，我们在此不予考虑。“犯罪小说”的注意力从侦探（要么是“理应知情的主体”，要么是第一人称的叙述者）转向了受害者［如布瓦洛－纳斯雅克（Boileau-Narcejac）的小说］或罪犯（如帕特里西亚·海史密斯和露丝·蓝黛儿的小说）。如此转移导致的必然结果是，叙事的整个时间结构发生了变化。故事是以“寻常”的线性方式讲述的，叙事的重点被置于犯罪之前发生的事情上。也就是说，我们不再关心犯罪之后的事情，我们只是致力于重建犯罪发生之前的事件的进程。在布瓦洛－纳斯雅克的小说［如《恶魔》（*Les Diaboliques*，又译《浴室情杀案》、《像恶魔的女人》或《魔鬼双姝》）］中，故事通常是透过未来的受害者的视角讲述的。那是一位女性，在她看来，出现了些稀奇古怪的事情。这预示着，恐怖的犯罪即将发生，尽管在结局到来之前，我们无法确定，这究竟是真有其事，还是只是她的幻觉而已。与此不同，帕特里西亚·海史密斯描述了形形色色的偶然事件和心理僵局，这些偶然事件和心理僵局引诱某个看上去尚算“正常”的人犯下谋杀之罪。即使早在第一部小说《火车怪客》中，她就已经确立了自己小说的基本格局，即下列两者间的移情性关系：其一是有能力实施犯罪的精神病杀手，其二是某位癔症患者，他通过那位精神病杀手这位中间人来组织自己的欲望，也就是说，他真的通过代理人去欲望。难怪希区柯克立即看出了这个格局与他的母题——“罪恶感的转移”（transference of guilt）——的血肉联系。再说一句，关于“受害者”小说与“犯罪者”小说的对立，一个有趣的案例便是玛格丽特·米勒（Margaret Millar）的杰作《眼中的猎物》（*Beast in View*）。在这部小说中，“受害者”小说与“犯罪者”小说重合在了一起：“犯罪者”就是犯罪的“受害者”，即一个病态的分裂人格。

成员——经历了某种“现实的丧失”。他发现自己身处梦幻一般的世界，他不知道，究竟是谁在玩什么鬼把戏。世界有其欺骗性，有其根本性的腐败性，代表着这种欺骗性和腐败性的人，引诱侦探并使他“上当受骗”的人，通常就是所谓的蛇蝎美人（femme fatale）。之所以最终“清账”的通行方式是侦探与蛇蝎美人的对峙，原因就在这里。这种对峙导致了范围广泛的反应，从达希尔·哈米特和雷蒙德·钱德勒的绝望放弃或遁入犬儒主义，到米基·史毕兰的无情滥杀，均属此列。在《索命密使》（*I*, *the Jury*）中，麦克·哈默的情人背叛了他。到了最后一刻，他奄奄一息的情人问他，他怎能在他们做爱时杀害她？哈默的回答是“因为这样做很容易”。世界的这种暧昧性、欺骗性和腐败性，何以由这样一位女性来代表，她对于剩余快感（surplus enjoyment）的承诺遮蔽了死亡的危险？这种危险的精确维度何在？我们的答案是，与表面现象相反，蛇蝎美人代表着一种激进的伦理态度（ethical attitude），代表着“不放弃自己的欲望”（not ceding one's desire）的伦理态度，代表着——当它的真实性质（即死亡驱力）暴露无遗时——咬住青山不放松的伦理态度。通过拒绝蛇蝎美人，主人公与自己的伦理姿态（ethical stance）一刀两断。

“不放弃自己的欲望”的女性

“伦理学”在这里的精确含义，可以借用彼得·布鲁克[①]改编

① 彼得·布鲁克（Peter Brook，1925—），英国和法国戏剧导演，富于革新精神。执导过《浮士德博士》（*Dr. Faustus*，1943）、《诡雷》（*The Infernal Machine*，1947）和《罗密欧和朱丽叶》（*Romeo and Juliet*，1947）等。1970年与人创办国际戏剧研究中心（International Centre for Theatre Research）。——译者注

过的乔治·比才（Georges Bizet）的《卡门》（*Carmen*）予以阐明。也就是说，我们的论点是：布鲁克为原来的情节引入了某些变化，凭借着这些变化，卡门不仅是悲剧性人物，而且更为重要的是，她还是与安提戈涅一脉相承的伦理性人物。初看上去，安提戈涅与卡门的对比，是再鲜明不过的了：安提戈涅之死是高贵的牺牲，卡门的毁灭却是放荡的结果。尽管如此，共同的伦理态度把她们连在一起。根据拉康对安提戈涅的解读，我们可以把这种伦理态度描述为对死亡驱力毫无保留的接受，描述为对彻底自
64 我毁灭的奋力争取，对拉康所谓“第二次死亡”的奋力争取。“第二次死亡”超出了单纯的身体毁灭，也就是说，“第二次死亡”同时还要抹除生与死的符号肌质。布鲁克使有关“残忍纸牌”（merciless card）的咏叹调成为整部作品的核心音乐母题，是有道理的。第三幕中有关“总是预示死亡”的纸牌的咏叹调，提供了一个契机：在这一顷刻，卡门接纳了某种伦理身份，毫无保留地认可了日益逼近的末日。因为大运已去，那些总在预言死亡即将降临的纸牌，就是卡门的死亡驱力所依附的“一小片实在界”。在这一顷刻，卡门不仅意识到，她（身为女性却应验了与她相遇的那个男人的命运）是命运的牺牲品，是她无法支配的力量的玩偶，而且毫无保留地接受自己的命运。接受自己命运的方式，是不放弃自己的欲望（成为拉康严格界定过的“主体”）。在拉康看来，主体顶多也是为“空洞姿势”（empty gesture）所取的名字。依靠“空洞姿势”，我们随心所欲地接纳强加于我们的一切，接纳死亡驱力之实在界（the real of the death drive）。换言之，在有关“残忍纸牌”的咏叹调出现之前，卡门是男人们追逐的对象，她迷人的力量取决于她在男人们的幻象空间中扮演的角色，

她只是他们的征兆而已，尽管她生活在这样的幻觉之下：她是货真价实的“幕后操纵者”。她最终还成了自己追逐的对象，也就是说，她最终意识到，在各种力比多力量的较量中，她只是一个被动的元素。这时，她使自己“主体化”了，她成了“主体”。从拉康的角度看，“主体化”与下列行为直接相关：把自己体验为一个客体，体验为一个“无助的牺牲品”。“主体化”是为凝视（gaze）所取的名字，借助于凝视，我们直视我们的自恋式自命不凡（narcissistic pretentions）的绝对虚无。

布鲁克对此一清二楚。要想证明这一点，提一下他最为机敏的干预，足矣。这便是结局的天翻地覆的变化。比才版的《卡门》闻名于世。斗牛场上，斗牛士艾斯卡密罗（Escamillo）战斗正酣；斗牛场前，绝望的荷西（Jose）走近卡门，乞求她破镜重圆。他的要求被拒绝了。这时，幕后的歌声宣布，艾斯卡密罗再次获胜。荷西刺死了卡门。情人求欢被拒，无法承受损失，结局大抵如此。但在布鲁克那里，一切都大异其趣。荷西听天由命，接受了卡门最终的拒绝。但就在卡门从他身边走开时，仆人为她带来了死去的艾斯卡密罗：他最终战败，为公牛所杀。现在精神崩溃的，是卡门。她带荷西走到靠近斗牛场的一个僻静场所，跪下，请他把她刺死。还有比这个更加令人绝望的结局吗？当然有，那便是，卡门跟随荷西这个懦夫，继续过她悲惨的日子。换言之，在所有令人绝望的结局中，“幸福的结局”是最最令人绝望的结局。

硬汉小说和黑色电影中的蛇蝎美人形象也是如此：她毁灭了 65
男人们的生活，同时是自己贪图享乐的受害者，一味痴迷于权欲；她不断地操纵自己的性伴，同时还奴役其他的暧昧不明的人物，有时甚至奴役性无能的男性或性取向矛盾的男性。赋予她神秘光环的，恰恰是下列事实：我们无法在主人与奴隶的对立中清晰地确定她的方位。有时候，似乎她浑身上下都充斥着强烈的快乐，但突然间我们发现，她在遭受巨大的苦难；有时候，她似乎是某个极其恐怖、难以形容的暴力的受害者，但突然间我们发现，她在享受着这极其恐怖、难以形容的暴力。我们从来都不知道，她究竟是在享受快感，还是在遭受苦难；她究竟是在操纵他人，还是受操纵的受害者。正是这一点，导致了黑色电影或硬汉侦探小说中的某些时刻的极度暧昧不明。在这些时刻，蛇蝎美人精神崩溃，丧失了迷人的魅力，成了自己玩弄的把戏的受害者。我们在这里只提一下如此精神崩溃的第一个典型，以及《马耳他之鹰》中萨姆·斯佩德与布里吉·奥肖内西的对峙。随着逐渐丧失对形势的控制，布里吉开始了癔症式的精神崩溃；她走马灯似地更换策略。先是恐吓，继之哭喊，坚称她不知道自己做了些什么。然后，突然，她再次采取冷淡和轻蔑的态度，等等。简言之，她展示了一大堆相互矛盾的癔症面具。在这个时刻，蛇蝎美人最终崩溃了——她现在成了“没有实质的实体”（entity without substance），显现为一系列的相互矛盾的面具，从而缺乏连贯一致的伦理态度；在这个时刻，我们再也感受不到她迷人的魅力，只是感到倒胃和恶心；在这个时刻，我们除了“空无的影子”（shadows of what is not）一无所获，而在以前，我们在这里看到某种清晰、明确的形式，在散发着巨大的诱惑力。这是一个乾坤逆转的时刻，也是硬汉侦探大获全胜的时刻。现在，蛇蝎美人这个迷人形象解体了，变成了矛盾重重的癔症面具。这时，他最终有了这样的能力——与她拉开距离，将她拒之门外。

黑色电影中的蛇蝎美人的命运，以及她最终的癔症式崩溃，完美地例证了拉康的下列命题——“女性并不存在”：女性只是“男性的征兆”（the symptom of man），她的魅力掩盖了她的“非存在”（nonexistence）这一空白。这样一来，一旦她最终被拒之门外，她的全部本体论一致性（ontological consistency）就会烟消云散。但正是作为“非存在”（nonexisting），她把自己建构成了“主体”。也就是说，通过癔症式崩溃，她接纳了自己“非存在”（nonexistence）这一空白。这时，她把自己建构成了“主体”。除了癔症化，正在等待她的就是最纯粹的死亡驱力了。在女权主义的电影研究中，我们经常遇到这样的论点：蛇蝎美人是对男性（硬汉侦探）的致命威胁；也就是说，她无限的快感危及他的身份（即主体）。只是到了最后，通过将她拒之门外，他才重新获得了自己的完整性和一致性。这个论点是正确的，但在某种意义 66
上，其正确的方式与人们通常理解的截然相反。关于蛇蝎美人，真正的威胁并不来自她无限的快感（正是这样的快感征服了男性，使他成为女性的玩偶或奴隶）。使我们丧失判断力和道德感的，不是作为迷人客体（object of fascination）的女性（Woman），相反，是隐藏在这种迷人面具下面的东西，是一旦揭去面具即可显现出来的东西。那就是，完全接受死亡驱力的纯粹主体的维度。用拉康的话说，只要女性还代表着病态的快感，只要女性进入了特定幻象的框架，她对男性就不会构成威胁。一旦我们“穿越”了幻象，一旦幻象空间的坐标因为癔症而丧失，真正的威胁之维（dimension of the threat）就会显现出来。换言之，关于蛇蝎美人，真正的威胁并不在于，她对男人是致命的；真正的威胁在于，她向我们提供了一个个案，一个“纯粹”的、非病态的、完全接纳她的命运的主体的个案。一旦女性走到这个地步，留给男性的就只有两种态度了：要么他“放弃自己的欲望”，把她拒之门外，重获他的想像性的、自恋式的一致性，就像《马耳他之鹰》结束时的萨姆·斯佩德那样；要么他使自己认同作为征兆的女性，以自杀的姿势屈从于自己的命运，在雅克·特纳[①]或许是最黑的黑色影片《漩涡之外》（*Out of the Past*）中，罗伯特·米彻姆（Robert Mitchum）的所作所为就是如此。[②]

---

① 雅克·特纳（Jacques Tourneur，1904—1977），法国和美国电影导演。生于法国，父亲为导演。十岁时随父移居美国，读高中时即参与电影制作。在许多默片中当过临时演员和场记。1925 年与父亲一道返回法国，1934 年再返美国，与米高梅（MGM）等公司签约。执导过《双城记》（*A Tale of Two Cities*）、《漩涡之外》（*Out of the Past*）和《柏林快车》（*Berlin Express*）等影片。——译者注

② 这涉及欲望的后幻象“净化”（postfantasy “purification”）问题。这一点已经为一个漂亮的细节所证实：在最后一个场景中，珍妮·格里特（Jane Greet）的衣橱与一位修女的衣橱极其类似。

第二部分　“关于希区柯克，永远不能说自己已经了如指掌”

4　不曾上当受骗，何以误入歧途

无意识是外在的

前进，后退

好莱坞最著名的传奇之一，与《卡萨布兰卡》(*Casablanca*) 最后一个场景有关。据说，即使已经进入拍摄阶段，导演与编剧面对不同版本的结局，还是游移不定。可能的结局包括：英格丽·褒曼（Ingrid Bergman）随丈夫离去；她留下来，与亨弗莱·鲍嘉（Humphrey Bogart）呆在一起；两个男人，有一个死去。和多数此类传奇一样，这个结局也是虚假不实的，是事后建构起来的卡萨布兰卡神话的众多元素之一（实际上，对于可能的结尾还做过一些讨论，但全都在拍摄之前搞定了），但它还是完美地表明，缝合点（quilting point，*point de capiton*）是如何在叙事中运作的。我们把现在的结尾（鲍嘉牺牲了爱情，褒曼跟着丈夫离去）体验为前面情节"自然"和"有机"发展的结果。但是，如果我们设想其他的结局，如鲍曼英勇的丈夫死去，鲍嘉取而代之，和褒曼一起前往里斯本，观众还是会把它体验为前面事件"自然"发展的结果。怎么会是这样？要知道，在这两种情形下，前面事件是完全一样的。当然，唯一的答案就是，对事件的线性的“有机”流动的体验是幻觉（尽管是必要的幻觉）。这个幻觉掩盖了下列事实：结局回溯性地把有机整体的一致性赋予了前面的事件。它所掩饰的，是叙事链（enchainment of narration）彻底的偶然性。它所掩饰的，是下列事实，在任何一个环节，事情都有可能改弦易辙。但是，如果这个幻觉是叙事之线性（linearity of the narration）的结果，那么，如何使事件链（enchainment of events）彻底的偶然性显现出来？具有悖论意味的是，答案是这样的：以逆向的方式行进，由后而前，反向展示事件，从结局到开端。这个手法绝非纯粹的假设性的解决方案，它已经多次为人使用：

70 • 约翰·普里斯特利的《时代与康威一家》（*Time and the Conways*）是一部三幕剧，讲述的是康威一家的命运的故事。在第一幕，我们看到的是 20 年前的一场家宴。在那里，所有的家庭成员都忙着为未来制订野心勃勃的计划。第二幕发生于现在，即 20 年之后的今天，颓废的一家人再次相聚，他们当年制订的计划已经彻底破产。第三幕再次把我们置于 20 年前，继续着第一幕中的家宴。这样的时间操纵，其效果即使不令人胆战心寒，也足以令人感到极度压抑。不过，令人如此恐惧的，并不是从第一幕向第二幕的转换（先是制订野心勃勃的计划，后是令人悲哀的现实），而是从第二幕向第三幕的转换。先是看到如此令人抑郁的现实（一群人的生活计划被无情挫败），继之看到 20 年前的他们（那时他们满怀希望，并不知道何种命运等待着自己），这个过程令人体验到了希望的幻灭。

● 根据哈罗德·品特[①]的电视剧改编的电影《危险女人心》(*Betrayal*)，讲述了一个琐碎的爱情故事。电影的“诡计”甚是简单：它的情节是以逆向的方式安排的。我们首先看到，一对情人在分手一年后重逢，然后是他们分手，然后是他们冲突，然后是激情澎湃的爱情顶峰，然后是他们第一次秘密约会，最后是他们在一次聚会上首次相逢。

可以预料，如此反向设置叙事的顺序，会导致全盘的宿命主义的效果：一切都是事先决定的，主人公就像木偶，只是根据已经写好的剧本，浑然不知地扮演着自己的角色。不过，进一步的分析表明，在由此（即反向安排事件）导致的恐怖的后面，有一种截然不同的逻辑，一种恋物癖式的“我很清楚，这是肯定要发生的，但与此同时……”(je sais bien, mais quand même)：“对于接下来要发生的一切，我很清楚（因为我已事先知道故事的结局），但是，尽管如此，我还是不太相信，它真的会发生。这也是我感到焦虑的原因。那不可避免要发生的事情真的会发生吗?”换言之，恰恰是对

---

① 哈罗德·品特（Harold Pinter, 1930—2008），英国剧作家及戏剧导演，现代主义荒诞剧大师，2005年诺贝尔文学奖得主，与塞缪尔·贝克特（Samuel Becket）齐名，创作涉及舞台剧、广播、电视和电影。品特的早期作品经常被人们归入荒诞派戏剧之列。他的作品大多解剖英国中产阶级的婚姻关系，作品包括《回家》(*The Homecoming*)、《生日派对》(*The Birthday Party*)、《古老年代》(*Old Times*) 和《情人》(*The Lover*) 等。《情人》的设想甚是别致，令人想到凌叔华的《花之寺》(燕倩发现丈夫对家庭生活淡漠，于是冒陌生女子之名给丈夫写信，与他约会，希望能够以此挽救婚姻)。《情人》讲述的故事是：一对中产夫妇感到家庭生活乏味，于是寻求刺激，双双玩起了角色扮演的游戏。丈夫成了妻子的情人，妻子则和丈夫偷情。其叙事技巧更是为人称道：我们只是随着剧情的发展，才逐步发现了秘密——原来丈夫的情人是妻子，妻子的情人是丈夫。——译者注

时间秩序的逆向安置，使我们切身体验到了叙事顺序彻底的偶然性，也就是说，体验到了下列事实：在任何一个转折点上，事情都可能改弦易辙，沿着其他方向前行。这样的悖论的另一个例证，或许也是宗教史上最大的怪事之一：有一种宗教，它驱赶自己的信徒从事永不间断的狂热活动，并以此闻名于世。它就是加尔文主义（Calvinism）。它以信奉天意为根基。仿佛加尔文主义主体为某种令自己焦虑不安的不祥预感所驱。这预感就是：无论如何，不可避免地要发生的事情未必真的发生。

71 这种形态的焦虑还弥漫在露丝·蓝黛儿的著名犯罪小说《仪式》（*A Judgement in Stone*）中。该小说讲述了一位文盲女仆的故事。这位女仆担心，一旦别人知道她目不识丁，她会遭到公开的羞辱。于是杀害了她的雇主全家。那家人对她甚是慷慨，在各方面都帮助她。故事是以线性方式展开的，只是在故事开始时，蓝黛儿披露了最终的结果。此外，在每个转折点上，她都把我们的注意力引向偶发的事件，而且正是这些偶发的事件，决定了相关人物的命运。例如，雇主家的女儿一番犹豫之后，决定与家人（而不是与男友）共度周末。这时，蓝黛儿直接评论道："这个漫不经心的决定，决定了她的命运：她失去了最后的机会，没能逃过正在等待她的死神。"最终灾祸这一视角的突然显现，远没有把事件的流动转化为命定的束缚（fated enchainment），反而呈现出事件的彻底的偶然性。

"大对体必须一无所知"

没错，"大对体是不存在的"。即是说，大对体只是回溯性地建立起来的幻觉（retroactive illusion）而已，它掩盖了实在界彻底的偶然性。但要由此得出下列结论，就大错特错了：我们可以轻而易举地中止“幻觉”，“看清事物的本来面目”。至关重要的一点是，这样的“幻觉”结构了我们的（社会）现实本身。因而，幻觉的消除会导致“现实的丧失”。或者，如同弗洛伊德在《幻觉之未来》（*The Future of an Illusion*）中在把宗教视为幻觉后所言：“决定我们政治规章制度的那些假设，不是必定也要被称作幻觉吗？”①

希区柯克的《海角擒凶》（*Saboteur*）中有个重要场景。在那个场景中，一位有钱的纳粹特工在自己的宫殿里举办慈善舞会（他在那里化妆成了社交名媛）。这个场景完美地证明，大对体（即社交礼节、社交规则和行为规范）的表面性是如何占据这样一个位置的：是真是假，要在那里决定；游戏也要从那里开始。这个场景确立了田园诗般的外表（优雅的慈善舞会）与隐蔽的真实行动（主人公拼命从纳粹特工手里夺回自己的女友并与之比翼齐飞）的张力。这一幕发生在一个大厅里，几百位客人众目睽睽。无论是主人公还是他的对手，都必须遵守与这个场合相配的社交礼节；他们都会进行陈腐的会话，接受跳舞的邀请，等等。他们对自己的对手采取对抗行动，也必须符合社交游戏的规则。纳粹特工想带走主人公的女友，于是他邀她跳舞，根据社交礼节，她无法拒绝。主人公想溜之乎也，于是加入了一对不知情的夫妇的行列，并带走了他们。对此，纳粹特工无法强行阻拦，因为这会把自己的身份暴露在那对夫妇面前，等等。当然，这会使行动变得困难，因为要想打击对 72
手，我们就必须把自己的行动铭刻在表面的社交游戏的肌质上（in-

① 弗洛伊德，《幻觉之未来》（*The Future of an Illusion*），见《弗洛伊德全部心理学著作标准版》，第21卷，第34页。

scribe itself in the texture of the surface social game)，使之成为在社交方面为人接受的行为。但是，还有更为严格的限制强加于我们的对手：如果我们能够成功地做出如此“双重铭刻”行为，他就只能扮演无力的观察者的角色，无法回手反击，因为他也被禁止违反社交礼节。这样的情境使得希区柯克在凝视（gaze）与强力/无力(power/impotence）这对概念之间建立起隐秘的联系。凝视既表示强力（它使我们有能力控制局势，占据主人的位置），又表示无力(作为凝视的载体，我们只能扮演被动目击者的角色，即，只能目睹对手采取行动)。简言之，凝视是“无力的主人”（impotent Master）的完美化身。“无力的主人”是希区柯克电影世界中的核心形象之一。

凝视在与强力及无力的双重联系中显示出来的这种辩证，最早是由爱伦·坡的《失窃的信》清晰表现出来的。大臣从王后那里偷走控告信。王后目睹了这一切，但她只能无力地观察他的行动。如果她采取行动，就会在国王面前暴露自己的秘密。国王当时也在场，但他对那封控告信一无所知，也必须一无所知（这或许表明了王后在情感方面的轻率)。值得注意的至关重要的一点是，“无力的凝视”从来都不只涉及两个方面，它从不只是主体与对手的简单对峙。总有第三个元素卷入，如《失窃的信》中的国王，如《海角擒凶》中的客人。第三个元素是不知内情的大对体（社交礼节）的人格化。我们必须隐藏我们的真实图谋，不能让他知道。于是，我们拥有的元素有三个：不知内情的第三元素，他目睹了一切，但并不理解其真实含义；特工，他在遵守社会游戏规则的幌子下采取行动，给予对手以毁灭性打击；最后是对手这位无力的观察者，他充分理解了行动的真实含义，却只能扮演被动目击者的角色，因为奋起抵抗，必定激起那个不知内情的大对体的怀疑。因此，把社会游戏的参与者联结起来的基本前提就是，大对体必须一无所知。大对体的一无所知开辟了一片空地，可以说，这给我们提供了喘息的契机，允许我们赋予我们的行动以额外的意义，即超出了已知意义的意义。由于这个缘故，就其仪式的愚蠢性（stupidity of its ritual）而言，社会游戏（社交礼节等）从来都不只是表面性的。只要大对体一无所知，我们就能一心一意地从事我们的秘密战；一旦大对体不 73
再无视其存在，社会联结（social bond）就会烟消云散。随之而来的便是灾难，一如那个孩子的观察——皇帝一丝不挂——所招致的灾难。大对体必须一无所知：这就是对“非极权社会领域”（non-totalitarian social field）的适当定义。①

“罪恶感的转移”

（符号秩序的）大对体的概念是建立在特殊形态的双重欺骗（double deception）上的。这种双重欺骗在马克斯兄弟（Marx brothers）主演的《鸭羹》（*Duck Soup*）中表现得淋漓尽致。在《鸭羹》中，格劳乔·马克斯（Groucho Marx）在法庭上以精神错乱为由，为自己的客户做了如下辩解：“这个人看上去像傻瓜，做起事来像傻瓜，但这你千万不要上当受骗：他真的是个傻瓜！”这个陈述的悖谬之处完美地例证了拉康的看法——动物欺骗与人类欺骗存在巨

① 在《三十九级台阶》（*The Thirty-Nine Steps*）和《西北偏北》中，我们发现了与《海角擒凶》中这个场景类似的场景。在《三十九级台阶》中，这个场景即政治团聚（political reunion）。在那里，汉内（Hannay）被错误地当成了大家期待的发言者，于是他即席发表一通荒谬的政治演说。在《西北偏北》中，这个场景即拍卖场。在那里，桑希尔（Thornhill）举止愚蠢粗鲁，结果招来了警察。

大差异。只有人类才能通过以真作假，进行欺骗。动物可以以假充真，进行冒充；或假装意在此物，实际上垂青于彼物。但是，只有人类才能通过讲真话进行欺骗，因为人类期待自己的真话被当作谎言。只有人类，才能通过假装欺骗，进行真正的欺骗。这显然就是弗洛伊德讲过的那个笑话所包含的逻辑，拉康多次引用这个笑话。两个波兰犹太人相遇了，其中一个怒不可遏地质问另一个："你要去克拉科（Cracow），却告诉我说你要去克拉科，害得我还以为你要去伦贝格（Lemberg）。你为什么要这样做?"这个逻辑还影响了一系列希区柯克电影的情节：一对情人最初由于纯粹的意外或外在的约束走到了一起，也就是说，他们处于这样的情境之中——必须假装他们已经结婚或彼此相爱，结果到了最后，他们真的坠入了爱河。由这种情形导致的悖论，可以把格劳乔在法庭上的辩解做如下改写："这两人看上去像一对恋人，做起事来像一对恋人，但你千万不要上当受骗：他们真的是一对恋人！"我们在《美人计》（*Notorious*）中发现了这个悖论的最佳版本。在这部电影中，美国特工德夫林（Devlin）来到富有的纳粹拥趸塞巴斯蒂安（Sebastian）的家中参加舞会。他和塞巴斯蒂安的妻子艾丽茜娅（Alicia）偷偷摸摸来到酒窖，想一探葡萄酒瓶里的秘密。塞巴斯蒂安的突然到来，令他们大吃一惊。为了隐藏自己来酒窖的真实意图，他们迅速拥抱在一起，装成正在秘密约会的情人。当然，关键在于他们真的已经坠入爱河。他们成功地欺骗了这位丈夫，至少是暂时欺骗了他。他们用来欺骗他的假象，其实就是真相。

这种"由外而内"的运动，是希区柯克电影中的主体间关系的关键构成要素之一：假装我们是什么，结果我们真的成了我们假装是的东西。要想把握"由外而内"这一运动的辩证性，我们必须顾及一个至关重要的事实："外"从来都不只是我们公开戴在脸上的"面具"，相反，它是符号秩序本身。通过"假装是什么东西"，通过"一言一行，仿佛我们就是某种东西"，我们在主体间的符号网 74
络中占据了一席之地，而且正是这个外在的一席之地，决定了我们的真正位置。如果我们依然深信"我们并不是我们假装是的东西"，如果我们坚持与"我们扮演的社会角色"保持适当的距离，那么，我们就是在对自己进行双重欺骗。最后的欺骗在于，社会现象就是欺骗性的，因为在社会性－符号性的现实（social-symbolic reality）中，事物归根结底就是它们假装是的东西。[严格说来，这只适合于希区柯克的某些电影，即莱丝利·布瑞尔①所谓的"罗曼司"电影。支配"罗曼司"电影的逻辑，是帕斯卡式的逻辑（Pascalian logic）。遵循着这个逻辑，社会游戏（social play）逐渐变成了真正的主体间关系。与"罗曼司"电影相对的是"反讽"电影。"反讽"电影（比如《惊魂记》）描述的则是交流的彻底受阻，描述的是精神病分裂（psychotic split）。在那里，面具只是面具而已。也就是说，在那里，主体与符号秩序保持着一定的距离。这是精神病患者所特有的。]

我们应该在这个背景上考察"罪恶感的转移"。依侯麦②和夏

---

① 莱丝利·布瑞尔（Lesley Brill），美国韦恩州立大学（Wayne State University）英语系教授。生年不详。主要著作有《希区柯克的罗曼司：希区柯克电影中的爱情与反讽》（*The Hitchcock Romance: Love and Irony in Hitchcock's Films*, 1988）和《约翰·休斯顿的电影制作》（*John Huston's Filmmaking*, 1997）。——译者注

② 侯麦（Éric Rohmer, 1920—2010），法国电影导演、批评家、记者、小说家、编剧和教师，20世纪60年代法国新浪潮运动的代表人物，曾主持《电影手册》杂志，长达七年。一生导演的作品超过四十部。——译者注

布罗尔[①]之见，“罪恶感的转移”是希区柯克电影世界的核心母题。[②] 在希区柯克电影中，凶杀从来都不只是凶手与受害者的私事，凶杀总是暗示第三方的存在，总是涉及第三者。凶手为了第三者而杀人，他的行为铭刻于他与第三者进行的符号性交易的框架上。通过行凶杀人，凶手实现了第三者被压抑的欲望。由于这个缘故，第三者发现自己罪孽深重，尽管他并不知道（或者严格说来，他拒绝知道），他是如何卷入凶杀案的。例如，在《火车怪客》中，通过杀害盖伊（Guy）的妻子，布鲁诺（Bruno）把杀人导致的罪恶感转移到了盖伊身上，尽管盖伊并不想知道，布鲁诺提到的“为了杀人而杀人”的合约是怎么回事。《火车怪客》是伟大的“‘罪恶感的转移’三部曲”中的第二部。这“三部曲”是由《夺命索》、《火车怪客》和《忏情记》（*I Confess*）组成的。在这三部电影中，凶杀是主体间的交易逻辑（intersubjective logic of exchange）中的一笔赌注。也就是说，凶手期待第三者有所回报，作为对凶杀行为的补偿。这补偿，在《夺命索》中是赏识，在《火车怪客》中是另一起谋杀，在《忏情记》中是在法庭上保持沉默。

不过，至关重要的一点是，这种“罪恶感的转移”与深藏在文质彬彬的面具之下的某种内在精神（psychic interior）以及被极力否认的欲望无关，倒是与真正外在的主体间关系网络（network of intersubjective relations）有关。一旦主体发现自己在这个网络中占据一席之地（或失去某个位置），他会感到罪孽深重，尽管就其内

---

① 夏布罗尔（Claude Chabrol，1930—），法国电影导演，曾担任《电影手册》的编辑和影评撰稿人，新浪潮电影运动中的佼佼者。——译者注

② 参见埃里克·侯麦（Eric Rohmer）和克洛德·夏布罗尔（Claude Chabrol），《希区柯克：前期 44 部电影》（*Hitchcock: The First Forty-Four Films*），New York，Ungar，1979。

在精神而言，他绝对是清白无辜的。《史密斯夫妇》（*Mr. and Mrs. Smith*）之所以像吉尔·德勒兹（Gilles Deleuze）指出的那样，是彻头彻尾的希区柯克式电影，原因就在这里。一对已婚夫妇意外地发现，他们的婚姻从法律上讲是无效的。这么多年的天经地义的床笫 75
之欢，突然变成了千夫所指的通奸。也就是说，行为还是原来的行为，但回溯性地获得了完全不同的符号价值。这就是所谓的“罪恶感转移”，它赋予希区柯克电影以彻底的含混性和易变性。这种田园诗般的日常性的事件进程的肌质（idyllic texture of the everyday course of events）随时都有可能土崩瓦解，不是因为某种邪恶的暴力从社会规则之下突然喷发（根据一个妇孺皆知的观点，在高尚的面具之下，我们全都是野蛮人和杀人犯），而是因为突然间，作为主体间关系的符号性肌质（symbolic texture of intersubjective relations）的意外变化的结果，瞬间之前尚被规则许可的行为，突然变成了可恶的罪恶，尽管就其直接的、物质的现实而言，这行为前后没有丝毫的变化。要想进一步阐明这突然的变化，回忆一下卓别林的三部巨片就足够了。这三部电影均以压抑和痛苦的幽默感著称。它们是《大独裁者》（*The Great Dictator*）、《凡尔杜先生》（*Monsieur Verdoux*）和《舞台春秋》（*Limelight*）。三部电影全都展示了同样的结构性问题：确定分界线，对某种特色进行界定。这种特色难以在实证属性（positive properties）的层面上予以把握，但它的在场或缺席会彻底改变客体的符号身份。

> 卑微的犹太理发师和独裁者的差异，就像他们各自胡子的差异一样，可以忽略不计。但它导致的两种情形却相去甚远，一如受害者和行刑者的云泥之别。同样，在《凡尔杜先生》

> 中，忽而女士杀手，忽而瘫痪女人的爱心丈夫，同一个人的两副外表或两套行为的差异是如此细微，以至于他的太太的直觉需要事先获得警告——不知何故，他已经“改变”……《舞台春秋》中亟待解决的问题是，把那位小丑滑稽的日常事务转化为单调乏味的景象的那个“虚无”，那个时代的印记（sign of age），那个微不足道的差异，究竟是什么？①

我们无法把这种差异特性（differential feature）与某种实证性品质（positive quality）绑在一起。这种差异特性，拉康称为单一特性（le trait unaire），意谓主体之实在界（the real of the subject）所依赖的符号性认同点（point of symbolic identification）。一旦主体依附于这一特性，我们就会看到一个魅力超凡、令人着魔的崇高人物；一旦这种依附土崩瓦解，崇高人物就会一落千丈。卓别林对这一认同的辩证（dialectic of identification）了如指掌。要想证明这一点，只要回忆一下他早期的影片《城市之光》（*City Lights*）就可以了。在那里，情节是由一个巧合启动的。与希区柯克的《西北偏北》（*North by Northwest*）开场时发生的意外事件相比，这样的巧合只是一个不错的垂饰而已。在《城市之光》中，汽车关门声与买花
76 后离开的买主的脚步声的意外巧合，使失明的卖花女误把查理奥特（Chariot）视为名车的主人。后来，她恢复了视力，却没有认出她的恩人查理奥特（正是查理奥特为她提供资金，她才完成了复明手术）。这种计谋初看上去陈腐、滥情，但与绝大多数“严肃”的心

---

① 吉尔·德勒兹（Gilles Deleuze），《影像－运动》（*L'image-mouvement*），Paris，Editions de Minuit，1983，p.273。英译本为《运动－影像》（*The Movement-Image*），Minneapolis，University of Minnesota Press，1986。

理剧相比，它对主体间辩证（intersubjective dialectics）的理解更为敏锐。

如果悲剧归根结底事关“性格”，也就是说，如果导致最终灾难的内在必然性已经铭刻在悲剧性性格的结构上，那么，反之，一旦主体依附于某个能指，而这个能指又能决定他在符号结构中的位置，也就是说，这个能指又能取代其他的能指来代表他，出现滑稽可笑的事情就是必然的。主体与能指的连接，归根结底是无根无据的，是“不合理”的，是极其偶然的，是与主体的“性格”无关的。《史密斯夫妇》属于喜剧，这不是偶然的。希区柯克这部电影极其清晰地展示了自己世界中的这个要素。开启电影情节的偶然相遇和巧合，本质上是喜剧性的。不妨回想一下，《西北偏北》一开始是如何误把桑希尔（Thornhill）当成根本不存在的“卡普兰”（Kaplan）的。希区柯克要在某些电影中表现由无法预见的巧合造成的悲剧。那时，他会通过电影自身的失败，逆向地证明上述原理的正确性。《伸冤记》（*The Wrong Man*）就是如此。在那里，乐手巴勒斯彻洛（Balestrero）被错误地当成了强盗。

如何使基督教癔症化

希区柯克要把大对体的彻底外在性（radical externality of the Other）置于这样的地方：在那里，主体的真相（truth of the subject）可以得以清晰阐明。这样做，他回应了拉康的下列命题：“无意识是外在的”。无意识的外在性通常被理解为控制主体内在自我体验的形式符号结构（formal symbolic structure）所具有的属性，即其外在的、非心理的属性。不过，需要注意的是，（希区柯克式的，同时也是拉康式的）大对体并不单纯是填满了偶然性和想像性内容的普遍形式结构，如同列维－斯特劳斯理解的那样。在列维－斯特劳斯那里，符号秩序等于普遍的符号律令，它赋予神话、血族关系以结构。与此相反，大对体的结构已在下列位置形成：在那里，我们目睹了似乎最纯粹的主体偶然性（subjective contingency）的爆发。记住爱情在希区柯克电影中发挥的作用：它是某种奇迹，是从“无”中喷发出来的，它使希区柯克电影中的情侣获得拯救成为可能。换言之，爱情是乔恩·埃尔斯特①所谓“本质上属于副产品的心理状态”的典型例证。内心深处的情绪是无法预先规划的，也是无法通过有意识的决策来设定的。我不能对自己说：“现在我即将与那位女士坠入情网”。只有到了某个时刻，我才发现自己已经坠入了情网。② 在埃尔斯特为这些心理状态开列的清单中，首当其冲
77 的是“尊敬”和“尊严”之类的概念。如果我有意识地努力表现出为人尊敬的样子，或者努力诱导别人对我表示尊敬，结果就会滑稽可笑。我给人留下的印象，与蹩脚演员给人留下的印象无异。这些心理状态的基本悖论在于，尽管它们极端重要，但是，如果我们以获取它们为行为的直接目标，它们就会对我们退避三舍，令我们束手无策。要想获取它们，唯一的方式就是不让它们成为我们行动的中心，就是设定并追求其他目标，同时期盼它们到时候“不请自

---

① 乔恩·埃尔斯特（Jon Elster，1940—），挪威社会－政治理论家，主要研究领域为社会科学哲学（philosophy of social science）和理性选择理论（rational choice theory）。他支持分析马克思主义（analytical Marxism），反对古典经济学和公共选择理论（public choice theory）。主要著作有《尤利西斯与塞壬》（*Ulysses and the Sirens*）、《酸葡萄》（*Sour Grapes*）、《理解马克思》（*Making Sense of Marx*）和《心灵的炼金术》（*Alchemies of the Mind*）等。——译者注

② 参见乔恩·埃尔斯特（Jon Elster），《酸葡萄》（*Sour Grapes*），Cambridge，Cambridge University Press，1982。

来”。尽管它们的确依附于我们的行为，但我们要这样理解它们：它们属于我们，是因为我们是怎样的人，而不是因为我们做了些什么。拉康把我们行为的“副产品”命名为小客体（*objet petit a*），即隐秘的宝藏（hidden treasure）。它“在我们之内又不是我们”（in us more than ourselves），是神秘莫测、难以企及的未知数（X）。正是这样的未知数，为我们的行为赋予了充满魔力的光环，尽管我们无法把它归于我们身上的任何实证性品质（positive qualities）。正是通过小客体，我们理解了移情（transference）的运作机制。移情是最终的“副产品”，是所有其他心理状态的发源地。主体从来都不能完全支配和完全操纵他人，诱导他人移情。总是有些事情充满了“魔力”。突然，有人似乎获得了难以言明的未知数（X），这个未知数（X）为他的所有行为着色，使这些行动发生了某种变形。这些心理状态的最为悲惨的代表性人物，或许就是硬汉侦探小说中的心地善良的蛇蝎美人了。就其本性而言，她是高贵、诚实之人，但她满怀恐惧地看到，她单是出场，就足以使她身边的男人道德败坏。从拉康的角度看，大对体就是在这里粉墨登场的：“本质上属于副产品的心理状态”，本质上是由大对体制造出来的。“大对体”指的恰恰就是一种能动力量（agency），它处在我们的位置，代替我们做出决定。一旦我们突然发现自己占据了某个移情的位置，也就是说，一旦我们单凭出场就能令人“肃然起敬”或“一见倾心”，我们就可以断定，这种“魔幻”般的转化无论如何都与“非理性”的自发性没有关系：促成这种变化的，正是大对体。

因此，埃尔斯特以黑格尔“理性的诡计”（cunning of reason）解说“本质上属于副产品的心理状态”，这不是偶然的。主体在从事某种活动时，怀揣着某种意图，要达到某个明确的目标；最后他以失败告终，因为他的行为最终导致了完全不同的、意想不到的结果。这种结果，即使主体当初志在必夺，结果还是一无所获。最终的结果只能作为某种行为的副产品出现，而这种行为当初是要达到其他目标的。且看黑格尔的经典例证——凯撒谋杀案。反对凯撒的反叛者的直接的、有意识的目标，当然是恢复共和；但他们的阴谋活动的最终结果——“重要副产品”——却是帝制复辟。也就是
78 说，这与他们当初打算实现的目标完全相反。我们可以用黑格尔的话说，历史理性（Reason of History）以他们为工具，实现了自己的目标，而他们对此浑然不知。当然，在幕后操纵历史的理性，是对拉康“大对体”的黑格尔式表述。黑格尔告诉我们，探知理性的方式，不是去看事前大事宣传的目标和理想（如此目标和理想引导着历史的行动者），而是关注历史行动者的行动导致的实际“副产品”。这种说法同样适用于亚当·斯密（Adam Smith）的“看不见的市场之手”。“看不见的市场之手”也是黑格尔“理性的诡计”的历史来源之一。在市场上，每个参与者都在毫不知情的情形下，通过追逐私利，致力于共同善（common good）的建设。仿佛有一只看不见的慈善之手，在指导着人们的行为。这是对“大对体”的另一个表述。

必须在这个背景上解读拉康的“大对体并不存在”这一命题。作为历史主体（subject of history）的大对体是不存在的；大对体不是预先设定的，也不是以目的论的方式控制我们的行为的。目的论总是回溯性地建立起来的幻觉，“本质上属于副产品的心理状态”是彻底偶然性的。我们还应该在这个背景上，探究拉康有关交流（communication）的经典命题。通过交流，说话者（speaker）以真实、反向的形式，从他人那里收到了他自己的信息。正是在他行为

的“重要副产品”中，在他行为的意外结果中，他的信息（message）的真实、有效的意义（meaning）被返还到他那里。这里的问题在于，主体通常都不准备在由他的行为导致的混乱中，识别出自己行为的真正意义。这把我们带回到希区柯克那里：在“‘罪恶感的转移’三部曲”的前两部中，凶杀案的受话者（addressee）——《夺命索》中的卡戴尔教授（Professor Caddell）和《火车怪客》中的盖伊——都不准备接受由凶杀导致并已转移到他们身上的罪恶感。换言之，他不准备在他的合伙人实施的凶杀中，识别出一种交流行为。通过实现受话者的欲望，凶手以其真实的形式把受话者的信息返还给了受话者自己。在《夺命索》的结尾处，两位凶手提醒卡戴尔教授，他们是按他的旨意行事的，他们已将他的下列信念付诸行动——超人有权杀人。这时，注意卡戴尔教授极度震惊的表情。

不过，三部曲的最后一部《忏情记》提供了一个意味深长的意外。在那里，罗根神父（Father Logan）从一开始就意识到，他就是杀人行为的受话者。为什么他是杀人行为的受话者？因为他位置特殊，是聆听忏悔和给予解脱的神父。《忏情记》一再把罗根神父遭受的苦难与耶稣的从容赴死（the Way of the Cross）作等量齐观，因而把“罪恶感的转移”这一母题与基督教联系在一起。通过这种联系，它展示了希区柯克与基督教的关系的颠覆性，展示出基督教的癔症式、“丑闻性”之核。后来，基督教使其强迫性仪式（obsessional ritual）制度化，因而模糊了其癔症式、“丑闻性”之核。也就是说，罗根神父之所以遭受苦难，是因为他接受了转移给他的罪 79
恶感，把别人（凶人犯）的欲望当成了自己的欲望。从这个角度看，耶稣基督这个对人类的罪孽大包大揽的无辜之人，已经与以前大不相同：只要他接纳罪人的罪恶感，并为之付出代价，他就已经把罪人的欲望当成自己的欲望。基督是从他人（罪人）占据的位置去欲求的，这是他对罪人持同情态度的基础。如果说在力比多精神机制方面，罪人是性倒错者（pervert），那么基督显然是癔症患者（hysteric），因为癔症患者的欲望就是别人的欲望。换言之，关于癔症患者，要提出的问题不是"他在欲求什么？他欲求的客体是什么？"真正的谜语是以下列问题揭示出来的："他是从何处去欲求的？"我们的任务就是锁定那个主体：癔症患者必定认同这个主体，以便接过他的欲望。

贵妇失踪记

女性并不存在

既然欺骗的核心身份（central status）与符号秩序有关，我们不得不得出一个激进的结论：想不被欺骗，唯一的方式就是与符号秩序保持距离，即占据精神病患者占据的位置（psychotic position）。精神病患者是这样的主体，他不为任何符号秩序所欺骗。

让我们透过希区柯克的《贵妇失踪记》，分析精神病患者占据的位置。围绕着"人人否认的失踪"这一母题，生出诸多变体。《贵妇失踪记》或许是其最漂亮和最有效的变体。故事通常是从主人公的视角讲述的。主人公相当偶然地认识了一位令人愉悦但又多少有些古怪的人，然后此人消失得无影无踪。主人公试图找到他（或她），但所有见过他们在一起的人都不记得那个人（甚至一口咬定主人公一直独来独往）。如此说来，这个消失的人只是主人公幻觉性的偏执意念（idée fixe）而已。在与弗朗索瓦·特吕弗（Francois Truffaut）交谈时，希区柯克提到了这一系列变体的原版：巴黎1898年世博会期间，一个老妇人从宾馆失踪了。《贵妇失踪记》之后，最著名的变体无疑是康奈尔·伍尔里奇①的黑色小说《幻影女郎》（*Phantom Lady*）。在这部小说里，主人公在酒吧遇到了一位漂亮的陌生女子，并与她共度良宵。这个女人随后人间蒸发，消失得干干净净，而且没人承认见过她。我们事后得知，她只是一个托儿：主人公被控谋杀，她只是证明主人公不在犯罪现场的假证人而已。

尽管这类故事纯属子虚乌有，但在心理上还是有种“令人心悦 80
诚服的力量”，仿佛它们拨动了我们的无意识心弦。为了理解这类故事明显的“正确性”，我们应该首先注意，消失的人通常都是雍容华贵的女性。想不从这个鬼魂般的人物身上发现女性的特异景象（apparition），都很困难。正是这样的女性，填补了男性的匮乏，成了终有一日可能与之确立性关系的理想伴侣。简言之，根据拉康的理论，这样的女性并不存在。在主人公那里，这样的并不存在的女性是由下列事实突显出来的——她没有铭刻于社会符号网络（sociosymbolic network）之上。根据主人公的主体间共同体（intersubjective community）的言行判断，她根本不存在，她只是他的偏执意念。

“人人否认的失踪”这一主题有其“虚假性”，但同时又有其

① 康奈尔·伍尔里奇（Cornell Woolrich，1903—1968），美国小说家。同性恋，婚姻不幸，失去一条腿，加之酗酒，使之一生坎坷。20世纪20年代在大学读书时开始创作小说，后与雷蒙德·钱德勒（Raymond Chandler）等人一起成为“黑色体裁”小说的创始人，创作了包括《后窗》、《我嫁给了一个死人》在内的“黑色系列”的经典悬疑小说。许多作品被改编为“黑色电影”。——译者注

诱惑力，有其难以抗拒的魅力。我们应该在什么地方锁定其“虚假性”和诱惑力？根据这类故事的寻常结局，失踪的女性并不只是主人公的幻觉，尽管所有的证据都证明她的确只是主人公的幻觉。换言之，那位女性真的存在。这类小说的结构与那个著名笑话的结构是完全相同的：有位精神病医师，他的患者向他诉苦说，自己的床下有一条鳄鱼。医师极力说服他，这只是幻觉而已，揆诸现实，床下不可能有鳄鱼。下次治疗时，那个患者继续诉苦，医师继续劝说。第三次治疗时，患者没来，于是医师确信，患者已经治愈。过了一段时间，医师碰见那位患者的朋友，于是问起患者的现状，患者的朋友反问：“你在问谁？那个让鳄鱼吃掉的伙计？”

初看上去，这类故事的关键似乎在于，主体反对大对体的庸见（doxa），这种做法是完全正确的：真相处于他的偏执意念这一边，尽管如果他继续坚持这一点，他就有被排除在符号性共同体（symbolic community）之外的危险。不过，这样的解读模糊了一个重要的特性。可以透过围绕“实现了的幻觉”（realized hallucination）这一主题形成的另外一个稍微不同的变体——海因莱茵的短篇科幻小说《他们》（“They”）——来探究这一重要特性。在《他们》中，被关在精神病医院的主人公确信，整个外在的、客观的现实都是“他们”为了欺骗他才布置的巨大布景。他周围的所有人（包括他太太）都是这个骗局的一部分。几个月后，在他眼里，一切都已“真相大白”。那是个星期天，他与家人准备一起出行。他已经上车，外面下着雨。他突然想起，自己忘带什么东西，于是返回房间。在二楼，他不经意地瞅了一眼后窗外面的景色——外面阳光明媚。他意识到，“他们”犯了个小小的错误，忘记在房子后面布置
81 下雨的布景！善良的精神病医师、他心爱的太太以及他的朋友，都

在拼命把他带回“现实”。有一次他与太太独处，太太向他表示爱意，他几乎就要受骗，就要对她信以为真了，但固有的信念顽强地占了上风。故事的结局是这样的：佯装成他太太的那位女性离开他后，向某个我们不得而知的机构报告：“我们败给了主体X，他依旧疑心重重，这主要是因为，我们在制造下雨的效果时犯了错误，忘记在他房子的后面布置雨景。”

在这里，以及在有关鳄鱼的笑话那里，结局都不是阐释性的，都没有把我们转送到另一个参照系。我们最后被掷回了起点：患者确信他的床下有鳄鱼，他的床下果然有鳄鱼；海因莱茵的主人公认为客观现实是“他们”布置的布景，客观现实果然就是他们布置的布景。我们在此得到的，是某种成功的相遇（successful encounter），最终的惊奇效果是由下列事实制造出来的——把“幻觉”与“现实”割裂开来的裂口消除了。虚构（幻觉的内容）的崩溃和现实的确立，就是精神病世界的精确定义。不过，只有第二个故事（《他们》），才能使我们把握这个机制的那个至关重要的特性。大对体的欺骗来自一个行动者，来自其他的主体（“他们”），这些主体没有上当受骗。这样的主体控制和操纵着符号秩序特有的骗局，他们就是拉康所谓的“大对体的大对体”（the Other of the Other）。在妄想狂（paranoia）那里，这些主体是以迫害者（据信他们控制着骗局）的形式出现的，是以迫害者的形式获得视觉性存在的。

那个至关重要的特色就在这里：精神病主体对于大对体的不信任，精神病主体的偏执意念［即以主体间共同体（intersubjective community）为化身的大对体想骗他］，总是得到（也必须得到）一个不可动摇的“相信”的支撑。这“相信”便是相信存在着连贯一致的大对体（consistent Other），相信存在着没有裂口的大对体，相信存在着“大对体的大对体”（即海因莱茵小说中的“他们”）。当妄想狂主体坚持他对符号性共同体这个大对体的不信任时，坚持他对“共同意见”（common opinion）的不信任时，他暗示了“大对体的大对体”的存在，暗示了控制局面的未曾受骗的行动者（nondeceived agent）的存在。妄想狂的错误并不在于他的彻底不相信，不在于他相信存在着普遍性的骗局（他是完全正确的，符号秩序归根结底是全盘欺骗的秩序）。与此相反，他的错误在于，他相信存在着操纵骗局的隐秘行动者（hidden agent），这样的行动者通过欺骗让他接受“女性并不存在”之类的东西。于是有了“女性并不存在”这一事实的妄想狂版本：她当然存在；说她不存在，不过是心怀鬼胎的大对体布置的骗局而已，就像《贵妇失踪记》中那群心怀鬼胎之人，他们试图通过欺骗，让女人主公相信，那位消失的妇人从未存在过。

82 归根结底，失踪的女性就是最终可能与之确立性关系的女性，就是神秘莫测的女性的阴影（而不只是另外一位女性）。正是因为这个缘故，女性的失踪只是手段，电影罗曼司（filmic romance）借之确认下列事实：“女性并不存在”，也没有性关系。约瑟夫·曼凯维奇①的经典好莱坞情节剧《三妻艳史》（*A Letter to Three Wives*），讲述的也是失踪女性的故事，但它以另外一种更为精致的方式展示了“性关系之不可能性”。那位失踪的女士，尽管从未出现在屏幕上，却以米歇尔·西昂所谓“幻听语音”（la voix acousmatique）的

① 约瑟夫·曼凯维奇（Joseph Mankiewicz，1909—1993），美国编剧、导演和制片。曾任记者和电影字幕翻译，后成为派拉蒙影业公司的编剧，1946年开始执导电影。1949年凭借《三妻艳史》（*A Letter to Three Wives*）获奥斯卡最佳导演奖，次年又以《彗星美人》（*All About Eve*）再获该奖，同时获最佳改编剧本奖。——译者注

形式不断出现在屏幕上。[1] 故事是由艾迪·罗斯（Attie Ross）的画外音引入的，她是小镇上的蛇蝎美人。她写了一封信，找人交给正在河上欢度周末的三位女士，告诉她们，趁今天她们离开小镇，她要与她们中的一位的丈夫私奔。于是，三位女士分别以倒叙的形式回忆了各自婚姻经历的风风雨雨。每个人都忐忑不安，担心艾迪会选中自己的丈夫，并与之私奔，因为她们都觉得，艾迪是一位理想的女性，一位优雅的女性，具有某种她们没有的“东西”，这使她们的婚姻不够完美。第一位妻子是护士，没有受过什么教育，头脑简单，嫁给了她在医院里遇到的有钱人。第二位妻子粗俗不堪，却是非常能干的职业女性，收入大大高于身为教授和作家的丈夫。第三位妻子是工人阶级暴发户（working-class parvenu），嫁给了富商，不抱任何爱情的幻觉，只图大富大贵。幼稚的普通女孩、能干的职业女性和狡猾的暴发户，以三种方式把不和注入了婚姻，使她们扮演的妻子角色严重不足。在这三种情形中，艾迪都是“另外一位女性”（the other woman），具有她们所没有的东西：经验、女性的雅致和财务上的独立。[2] 最终迎来的当然是幸福的结局，但这结局包

① 关于“幻听”（acousmatique）一词，参见后面的第7章。

② 详细罗列《三妻艳史》与雅克·奥芬巴赫（Jacques Offenbach）的《霍夫曼的故事》（*Hoffmann's Tales*）的相似性，甚是有趣。《霍夫曼的故事》包括三个故事，都是由霍夫曼向酒友讲述的。他展示了性关系中三种不和谐的模式。诗人的初恋情人是个呆头呆脑的洋娃娃，第二个情人是个水性杨花的荡妇，第三个情人最喜欢的职业是歌手（她要唱最终一曲，同时知道自己重病缠身，最终一曲意味着死亡）。不过，这个歌剧至关重要的构成要素，是使这三个故事凝为一体的框架：霍夫曼向听众讲述这些故事时，正等待着自己的真爱，即那个喜怒无常的首席女歌手。通过讲述自己的故事，他在某种意义上组织了自己失败的爱情事业。这样一来，他最终的失败（那位首席女歌手演出结束后前来找他，发现他烂醉如泥，于是与他的情敌一起离去），才能表达出他真正的欲望。

含着有趣的言外之意。我们事后得知，艾迪打算与第三位女士的丈夫——那位富商——私奔，但到最后一刻，富商改变了主意，回到家里，把一切坦白给了自己的妻子。尽管她可以与他离婚，并可获得一大笔赡养费，但还是原谅了他，因为她发现，她无论如何还是深爱他的。这三对夫妻最后重新走到一起，随时毁灭其婚姻的威胁消失了。然而，与我们最初的期待相比，这部电影给我们提供的教益有些暧昧不明。这个幸福的结局并非完美无缺，它总是暗示着某种放弃，即接受下列事实：与我们朝夕相处的女性从来都不是那位女性（Woman）；永远存在着不和谐的威胁；随时都可能出现另外一位女性，这位女性具有她们婚姻关系中所缺乏的东西。带来幸福结局的，使丈夫回到妻子身边的，恰恰是这样一种经验：另外一位女性（Woman）“并不存在”。归根结底，她只是一位幻象性的人物，是用来填补我们与某位女性的关系中的空白的。换言之，只有回到妻子身边，幸福的结局才是可能的。如果主人公做出了有利于另外那位女性（Woman）的决定（如此女性的典型例证当然就是黑色电影中的蛇蝎美人），他必定会大祸临头甚至死到临头，为自己的选择付出代价。我们在此遭遇的悖论，与乱伦禁令无异。也就是说，乱伦禁令禁止我们去做我们本身根本做不到的事情。另外那位女性（Woman）是被禁止享用的，因为她“并不存在”。她有致命
83 的危险，因为下列两者存在着最终的不和（ultimate discord）：一是她这个幻象性人物，一是“经验”的女性，她相当意外地发现自己占据了这个幻象位置。一边是“另外那位女性”（Woman）这个幻象性人物，一边是发现自己被提升到了“幻象性人物”的崇高位置的“经验”女性，二者不可能的关系，构成了希区柯克《眩晕》的主题。

客体的崇高化与堕落

希区柯克的《眩晕》讲述的也是失踪女士的故事，其主人公深深地痴迷于一个崇高形象（sublime image）。仿佛这部电影制作出来，就是要例证拉康的下列观点的：崇高化①与“去性化”（desexualization）毫无关系，而与死亡关系密切，因为崇高形象散发出来的迷人力量总是预示着一个致命的维度。

崇高化通常被等同于去性化，被等同于下列行为：把“力比多关注”（libidinal cathexis）从据说可以满足某些基本驱力的“野蛮”客体那里移开，转而寻求“高级”、“文明”的满足形式。我们并不直接侵犯女性，而是通过写情书和写情诗引诱之，征服之。我们并不痛击敌人，以至于令其失去知觉，而是撰写文章，对他进行毁灭性的抨击。陈腐不堪的精神分析“阐释”会说，我们的诗性行为只是崇高和间接的方式，我们以之满足自己的躯体需要；我们处心积虑的抨击，只是身体攻击的崇高形式。拉康与这种经历了崇高化过程的零度满足的处理方式一刀两断。他的出发点不是据说能够提供直接、“野蛮”满足的客体，而是驱力绕之运行的原初空白（primordial void），是以原质（the Thing）这种不定型的形式为实证存在形态的匮乏（the lack）。原质即弗洛伊德所谓的 das Ding，指绝不可能和难以企及的快感实体（the impossible-unattainable substance of enjoyment）。崇高客体恰恰是“因为提升而获得了原质之尊严的

① 崇高化（sublimation），传统上译为“升华”。如此翻译，“雅”则“雅”矣，却使它与崇高（sublime）的密切关系荡然无存，而它们的联系对于理解拉康－齐泽克理论来说至关重要，故改译为崇高化。——译者注

客体”（an object elevated to the dignity of the Thing），① 是经历了某种变质（transubstantiation）的普通、日常的客体。崇高客体在主体的符号性精神机制（symbolic economy of the subject）中充当不可能的原质（impossible Thing），充当物质化的空无（materialized Noth-
84 ingness）。之所以说崇高客体展示了客体的悖论，原因就在这里：它只能在阴影中，以半生半死的中间状态，作为某种潜在、含蓄和被唤醒的事物而存在。一旦我们驱散阴影，直面实体，崇高客体就会烟消云散，剩下的只是普通客体的残渣。

在一部有关海洋生物奇迹的电视片中，雅克·库斯托②向我们展示了一种章鱼。在深海环境里，这些章鱼以优雅、妩媚的姿势游来游去，散发出既吓人又壮观的迷人力量。但是，一旦把它们从水里捞出，它们立即成为一滩令人恶心的黏液。在希区柯克的《眩晕》中，朱蒂－马德琳（Judy-Madeleine）经历了类似的转化：一旦离开原来的“环境”，一旦她不再占据原质的位置（place of the Thing），她醉人的美丽就会立即消失，她也令人反感起来。这些观察的关键之处在于，客体的崇高性并不是客体固有的，而是它在幻象空间中所占位置产生的效应。

这部电影的上下阕结构（double scansion），这部电影第一部分与第二部分的断裂，第一部分与第二部分在形态上的变化，再次表明了希区柯克的天赋。也就是说，整个第一部分，直至假马德琳

---

① 拉康，《讲座之七：精神分析的伦理》（*Le séminaire*, *livre VII*: *L'éthique de la psychanalyse*），第 133 页。

② 雅克·库斯托（Jacques Cousteau，1910—1997），法国海军军官、探险家、生态学家、电影制片、摄影家、作家、海洋及海洋生物研究者、法兰西学院院士。1943 年与他人共同发明水肺。1956 年与人共同制作纪录片《寂静的世界》（*The Silent World*），获金棕榈奖。——译者注

“自杀身亡”，都具有巨大的诱惑力。它讲述的故事是，主人公逐步迷上了马德琳这个醉人的形象，结果导致了她的必然死亡。我们不妨做个智力实验：这部电影到此戛然而止，主人公身心俱疲，无力安慰自己，更拒绝接受这样的现实——失去了心爱的马德琳。倘若真的如此，我们不仅会获得一个完整一致的故事，而且借助于这个删节本，我们还能提供一种补充性的意义。我们会得到一部激情澎湃的作品，在那里，一个男人竭尽全力，要把自己的心上人拯救出来，使之走出过去的噩梦，结果却因为自己过于强烈的爱意，不知不觉地把她推向了死地。我们甚至可以——为什么不可以？——把这个故事阐释为围绕着“性关系之不可能性”这个主题产生的一个变体，进而赋予这个故事以拉康式的扭曲（Lacanian twist）。把一个普通、庸常的女性提升到崇高客体的位置，对这个充当原质之化身的可怜生灵而言，是一种致命的危险，因为“女性并不存在”。

但是，这部电影的第二部分使这个充满激情的冲突土崩瓦解，因为它展示了这场冲突的陈腐背景：在这个迷人故事（一个女人被历史的恶魔深深攫住）的背后，在这场存在主义冲突（一个男人因为爱意过于强烈而致使自己心上人死去）的背后，我们发现了一个普普通通（尽管不乏机智）的犯罪情节（一位丈夫为了获得一笔遗产而置自己的太太于死地）。因为没有想到这一点，主人公不打算放弃自己的幻象，并开始寻找已经死去的女人。他终于遇到一个长相与她酷似的女孩，他开始按照死去的马德琳的形象对她进行改造。当然，这里的恶作剧在于，这个女孩就是他以前认识的那位
“马德琳”。不妨回忆一下马克思兄弟的那个著名对话：“你让我想 85
起了伊曼纽尔·拉韦利（Emmanuel Ravelli）。”“可我就是伊曼纽尔·拉韦利呀。”“难怪你长得那么像他。”不过，“像”（resemb-

ling）与“是”（being）的好笑的重合，预示了要命的邻近（lethal proximity）：如果假马德琳长得像她，那是因为从某种意义上说，她已经死去。主人公爱她，是把她当成马德琳了。也就是说，她只有死去，主人公才会爱她。她的形象的崇高化，无异于她的真正死去。这就是这部电影的教益之所在：幻象统治着现实；人从来都不能只戴面具，而不为此付出实实在在的代价。尽管所有的镜头都是从男性视角拍摄的，但与多数“女性电影”相比，《眩晕》在下列方面告诉我们的东西更多：作为男性的征兆，女性究竟面临着怎样的困境？

希区柯克的高超之处在于，他成功地避开了非此即彼的单项选择：要么是一个传奇，讲一个“不可能”的爱情的故事；要么是撕下面具，揭示隐藏在崇高面具后面的一桩陈腐的阴谋诡计。一味去暴露隐藏在面具后面的秘密，丝毫都无损于这个面具本身散发出来的魅力。主体会再次启程，寻找另外的女性，去填补女性（Woman）的空位。他相信，这样的女性这次不会再欺骗他。在这里，希区柯克的激进态度是无人能及的，因为他从内部颠覆了崇高客体的魅力。不妨回想一下，主人公第一次遇见那个酷似“马德琳”的朱蒂时她的样子。那时，她是一个平实的红发女孩，化着浓妆，走起路来，一副极其粗鄙的模样，与那个体态虚弱而神情优雅的马德琳不吝有天壤之别。主人公尽其所能，要把朱蒂改造成全新的“马德琳”，改造成一个崇高客体。但突然间，他意识到，先前的“马德琳”就是现在的朱蒂，就是这个平庸的女孩。如此的乾坤逆转，我们要从中获得的教益并不在于，一个世俗的女人永远都不可能与崇高的理想合二为一；而在于，丧失了迷人的力量的，正是崇高客体本身（“马德琳”）。

为了恰当地锁定这一乾坤逆转，我们必须特别留意《眩晕》的主人公斯考蒂（Scottie）的两次“丧失”的差异：第一次，他失去了“马德琳”；第二次，他失去了朱蒂。第一次丧失，只是失去了一个心爱的客体。这种丧失也是围绕着下列主题形成的一个变体：一个脆弱而崇高的女性死去了，一个理想的爱情－客体（ideal love-object）丧失了。这个主题支配着所有的浪漫诗，也在埃德加·爱伦·坡的全部小说和诗歌中［比如在短篇小说《乌鸦》（“The Raven”）中］得到最为充分的表现。尽管这种死亡也是骇人的打击，但我们可以说，出现这种死亡，丝毫都不出人意料。相反，仿佛形势本身呼唤死亡的到来。理想的爱情－客体就处于死亡的边缘地带，她的生命已经为即将到来的死亡所遮蔽：要么她为某种隐秘的咒语或自杀的疯癫所击中，要么她身患与其虚弱的身体相称的某种顽疾。死亡已经成为她致命之美的一个必不可少的组成部分。这一点，从一开始就已经非常明显，“自古红颜多薄命”。因为 86
这个缘故，她的死亡并没有使她丧失迷人的力量；恰恰相反，她的死亡确保了她对主体的绝对控制。她的死亡，使主体处于抑郁状态。与浪漫主义的意识形态（romantic ideology）相一致，主体只有倾其余生，致力于诗的庆祝（poetic celebration）——庆祝已经丧失的客体无可匹敌的美丽和雅致，才能使自己摆脱抑郁状态。诗人只有失去恋人，才能最终真正得到她。正是因为已经死去，她才在调控着主体的欲望的幻象空间占据了一席之地。

不过，第二次丧失具有相当不同的性质。斯考蒂努力重塑朱蒂，使之成为崇高的理想（sublime ideal）。但是，斯考蒂得知，马德琳就是朱蒂，也就是说，重塑来重塑去，重塑到最后，他得到的竟然是如假包换的“马德琳”。这时，“马德琳”这个形象黯然失色，赋予他的存在以一致性的幻象结构（fantasy structure）也土崩瓦解。在某种意义上，第二次丧失是第一次丧失的倒置：就在我们实际上抓住了作为幻象支撑（fantasy support）的客体的那一瞬间，我们失去了这个客体：

> 这是因为，如果马德琳真的就是朱蒂，如果她继续存在下去，那么她就从来没有存在过，她就从来没有成为过任何人……随着她第二次死亡，他失去了自己，这一次失去更具有决定性，更令人绝望，因为他不仅失去了马德琳，而且失去了对她的记忆，或许还失去了自己的信念——相信她的存在还是可能的。①

用黑格尔的话说，马德琳的“第二次死亡”实即“丧失之丧失”（loss of loss）：我们得到了一个客体，但失去了丧失本身具有的迷人维度（fascinating dimension of loss），正是这一迷人维度捕获了我们的欲望。没错，朱蒂最终把自己当成礼物送给了斯考蒂，但是，用拉康的话说，这个礼物“莫名其妙地变成了一堆大便”：她成了庸常的女性，甚至成了令人反胃的女性。这部电影最后那个镜头的极端暧昧性（radical ambiguity）就在这里。最后那个镜头中，斯考蒂站在钟塔的边缘，俯视下面那个刚刚吞没了朱蒂的深渊。这个结局既是“幸运”的（斯考蒂治愈了自己的恐高症，可以站在悬崖边向下俯视了），又是“不幸”的（他最终还是身心俱疲，失

---

① 莱丝利·布瑞尔（Lesley Brill），《希区柯克的罗曼司：希区柯克电影中的爱情与反讽》（*The Hitchcock Romance: Love and Irony in Hitchcock's Films*），Princeton，Princeton University Press，1988，p. 220。

去了赋予他的存在以一致性的支撑物）。精神分析过程的最终时刻也具有同样的暧昧性。那时候，幻象终被穿越了。它可以用来解释，何以在精神分析即告结束之时，“负面的治疗反应”（negative therapeutic reaction）总是一种潜在的威胁。①

斯考蒂最后能够直视的深渊就是大对体（符号秩序）中的黑洞，只是幻象客体（fantasy object）的迷人出场把它遮挡了起来。我们每次直视他人的眼睛，都会有这样的体验，都会感受到这种凝视的深不可测。在出现电影片名的镜头里，还出现了这样的深渊，那是一个女人眼睛的特写，一个噩梦般的局部客体（partial object）从中盘旋而出。我们可以说，电影结束时，斯考蒂总算能够“直视 87
女人的眼睛了”。也就是说，他总算能够直视与片名同时出现的那个场景了。这个深渊就是“大对体中的匮乏”（lack in the Other），它导致了令他烦恼的“眩晕”。黑格尔在1805—1806年间撰写的手稿《实在哲学》（*Realphilosophie*）中有一个著名的段落，可以把这个段落解读为对《眩晕》这个片名提前做出的理论注释。该手稿以他人的凝视为主题，并把他人的凝视视为言辞之前的沉默，视为“世界之夜”（night of the world）的空白。在“世界之夜”中，噩梦般的局部客体不知从什么地方冒了出来，就像从演员金·诺瓦克（Kim Novak）眼睛里盘旋而出的怪异图形一样。

① 电影快结束时，有一瞬间，由詹姆斯·斯图尔特扮演的斯考蒂似乎准备接纳“真正”的朱蒂，而不是那个“重新打造”的马德琳，并承认她为爱他而遭受的沉重苦难。但鬼魂一般的女修道院长突然出现，使这个幸福的结局立即夭折。女修道院长的突然到来，使朱蒂在慌乱下向后退却，最终从教堂钟塔坠落身亡。毋需说，“女修道院长”（mother superior）一词令人想起“母性超我”（maternal superego）。

人类就是这个黑夜，就是这个空无（empty nothing），它以一当十地囊括了一切，囊括了无穷无尽的表象和意象。这些表象和意象，人类没有想到过，也没有看见过。这个黑夜，这种人性内在的黑夜——这种纯粹的自我——就寄身于幻影般的表象之中。……这里伸出一个血淋淋的头颅，那里露出一堆白骨。……我们直视人类的眼睛，就会看到这个黑夜。这个已经变得可怕的黑夜，把与之对立的世界之夜悬置了起来。①

---

① 黑格尔，《全集》（*Gesammelte Werke*），第 8 卷，Hamburg，Meiner，1976，p. 187；英译本引自唐纳德·菲力普·沃莱尼（Donald Phillip Verene），《黑格尔回忆录》（*Hegel's Recollection*），Albany，SUNY Press，1985，pp. 7 – 8。

5 希区柯克式斑点

阳物的畸形

口唇·肛门·阳物

《海外特派员》(*Foreign Correspondent*) 中有一个简短的场景, 88
为所谓希区柯克式电影手法的基本单元和基本模版(basic matrix)提供了例证。在追击绑架外交官的绑匪时,主人公发现自己来到了田园牧歌般的荷兰乡下,那里长满了郁金香,架满了风车。他突然发现,其中一架风车正在逆风旋转。我们在此获得了拉康所谓的缝合点产生的效果,而且是最纯粹意义上的缝合点产生的效果:极其"自然"和"常见"的情景,只要我们给它添加少许补充性的特色(supplementary feature),添加一点"它本身没有的"、向外突出的、"不在其位的"、在那田园风光的框架内没有任何意义的细节,它就被非自然化了,它就变得"离奇古怪"了,弥漫着恐怖,充满着危险的可能性。对所有其他因素而言,这种"纯粹"的没有所指的能指,激发了补充性、隐喻性意义:同样的情景,同样的事件,直到目前为止,一直都被认为是极其寻常之物,现在却获得了诡异的氛围。突然间,我们进入了双重意义领域,一切似乎都包含着隐秘的意义。这意义等待希区柯克的主人公，那个“知情太多的人”（the man who knows too much）来阐释。恐怖已被内在化，它来自“知情太多”的人的凝视。①

希区柯克经常因为他的“阳物中心论”备受责备。尽管“阳物中心论”一词是用来批评他的，但如果我们能在“向外突出”的补充性特色中发现阳物之维，这个用词还是相当准确的。为了对此做出解释，且让我们详细说明展示一个事件的前后相续的三种方式，这三种方式与主体力比多精神机制中前后相续的“口唇期”、“肛门期”和“阳物期”一脉相承。

89 可以说，“口唇期”是电影制作的零度（zero degree）：我们简单拍摄一个事件，作为观众，我们“以眼睛吞噬这个事件”；在叙事的张力方面，蒙太奇毫无用武之地。“口唇期”电影的原型是滑稽的默片。当然，所谓的“天然性”，所谓的“显现现实”，全都是假的，因为即使在这个阶段，还是存在着某种“选择”。只有部分现实进入了镜头，它们是从时空连续体（spacetime continuum）

---

① 从这个角度看，《电话谋杀案》（*Dial M for Murder*）的结局极其有趣，因为它颠覆了希区柯克电影常用的情景：“知情太多的人”不是在温馨外表下面预知惊人秘密的主人公，而是凶手。也就是说，巡官（inspector）通过某种剩余知识（surplus knowledge），智取了格蕾丝·凯利（Grace Kelly）的凶手丈夫。凶手被抓，是因为他知道某件事情（藏匿公寓另一把钥匙的地方）。如果他不知道这件事情，他是不会被抓的。这个结局的反讽意味在于，导致凶手落网的，恰恰是他机智敏捷的推理。如果他的脑筋转得略慢一点，也就是说，如果在夹克中的钥匙未能打开房门之后，他因为智力迟钝而无法快速想到下一步即将发生的事情，他就永远不会落入警方之手。巡官在设置陷阱抓捕凶手时，表现得就像真正的拉康式的精神分析师：他之所以大功告成，至关重要之处并不在于他能“看透他人”，理解他人，采纳他人的推理；至关重要之处在于，他能够虑及某种客体的结构化作用（structuring role）。这样的客体在主体之间循环，并把他们卷入网络，而他们又无法控制这个网络。这样的客体便是《电话谋杀案》（以及《美人计》）中的钥匙，以及爱伦·坡《失窃的信》中的信件，等等。

中提取出来的。我们尽收眼底的，是为人“操纵”的结果，是转喻性运动镜头的延续。我们只能看到部分和片断，看不到未曾展示出来的整体。之所以说我们陷入了“已见”（see）和“未见”（unseen）的辩证、（已经进入镜头的）画面和画外的辩证，原因就在这里。这激起了我们的欲望，要去看那些未曾展示之物。尽管如此，我们依然是下列幻觉的俘虏——我们目睹了由“中立”摄影机拍摄出来的、同质的情节连续体。

在“肛门期”，蒙太奇脱颖而出。蒙太奇切割情节，搅拌情节，使之膨胀。同质的连贯性只是一个神话，它已经永远破灭。蒙太奇可以把完全不同的因素排在一起，因而能够创造隐喻性的意义。这样的隐喻性意义与其组成部分没有任何关系［参见爱森斯坦①的“知性蒙太奇”（intellectual montage）概念］。蒙太奇在传统的叙事层面上成效明显，其典型例证就是“平行蒙太奇”（parallel montage）：交替展示两个相互联系的行动过程，把事情的线性发展转化为两条行动路线的平行共存，因而创造出额外的张力。以下列场景为例：一个住在僻静之处的富裕的家庭，被一帮强盗紧紧包围。如果使下列两者形成鲜明对比，这个场景会取得事半功倍之效：一者是房内其乐融融的日常生活，一者是房外磨刀霍霍的匪徒。也就是说，如果这样安排场景，会取得事半功倍之效：房内，一家人幸福地共进晚餐，孩子们顽皮地嬉戏着，父亲慈祥地嗔怪着；房外，一个匪徒脸上挂着“虐待狂”般的微笑，另一个匪徒在检查自己的刀

---

① 谢尔盖·爱森斯坦（Sergei Eisenstein，1898—1948），苏联电影导演和电影理论家，人称“蒙太奇之父”。作品包括默片《罢工》（*Strike*，1924）、《战舰波将金号》（*Battleship Potemkin*，1925）、《十月革命》（*October*，1927）以及史诗电影《亚历山大·内夫斯基》（*Alexander Nevsky*，1938）和《伊凡大帝》（*Ivan the Terrible*，1944）。——译者注

或枪，第三个匪徒已经抓住了房子的护栏……

向“阳物期”过渡的标志是什么？换言之，同一部电影，希区柯克又会怎样拍摄？值得注意的第一件事情就是，如果一味停留在房内的温情脉脉与房外的恐怖嚣张的简单对比上，这个场景的内容就不会自动导致希区柯克式的悬疑。因此我们应该从情节水平面上的双重化，走向立体化的双重化：不应该把惊人的恐怖置于房外，使之与房内的温情脉脉并驾齐驱，应该将其置于室内。说得更准确些，应该将惊人的恐怖置于阴暗之处，使之成为“被压抑”的阴暗面。比如，我们不妨设想，要表现的还是这个幸福的家庭，但要透过他们邀请的客人（有钱的叔叔）的视角来表现。就餐时，客人
90 （还有我们这些公众）突然“看到了太多的东西”，看到不应该看到的东西，看到了某种客人不宜的细节，令客人疑心顿起——主人打算毒死他，以便继承他的财产。可以说，从主人（我们与主人一道）的视角看，这样的“剩余知识”颇有深渊的效果：从某种意义上讲，情节自动双重化了，自动以“双镜互射游戏”（double mirror play）的方式，无穷无尽地反射开来。最寻常的日常事件突然产生了令人恐惧的意味，“一切都变得可疑了”：和蔼的女主人在餐后询问我们感觉如何，其实她只是想了解，毒药是否已经生效；孩子们满怀纯真的喜悦跑来跑去、兴奋不已，或许是因为他们的父母已经发出暗示，他们很快就会有钱，可以享受豪华的旅行。……事情还是那些事情，却以完全不同的方式呈现出来，具有了完全不同的含义。

如此的“立体”双重化，导致了力比多精神机制的根本变化：“真正”的情节被压抑了，被内在化了，被主体化了。也就是说，“真正”的情节以主体的欲望、幻觉、怀疑、痴迷、罪恶感的形式

表现出来。我们实际上看到的，不过是骗人的表象而已。在骗人的表象下面，是变态的丛林和淫荡的蕴含，是被禁止的领域。我们越是身处这种纯然的暧昧状态，不知道“现实”是何时终止的，“幻觉”（即欲望）是何时开启的，这个区域就越是凶险莫测。比敌人的野蛮尖叫吓人千万倍的，是他平静、冷酷的眼神。或者，让我们把如此“逆转”置入性的领域：比公开卖弄风情的褐发女郎撩人千万倍的，是这样的金发女郎——就像希区柯克提醒我们的那样，一旦我们与她坐进出租车的后排座位，她就知道如何把我们玩弄于股掌之上。这里至关重要的是这种“逆转”，借助于它，沉默开始成为最骇人的威胁。在那里，冷漠无情的外表，预示着激情澎湃的快乐。简言之，在那里，这也不让做、那也不让做的禁令，为幻觉性的欲望开辟了空间。幻觉性的欲望一旦开启，是无法为任何“现实”所满足的。

但是，这种“逆转”与“阳物期”何干？“阳物”恰恰是那个“格格不入”的细节，它从温情脉脉的表象中“突出”出来，并使表象非自然化，使表象显得离奇古怪。它是一幅画作上的变形之处，是画作上这样的因素：直视这个因素，似乎它就是毫无意义的斑痕，但从一个确定的侧面审视整幅画作，它突然展示了清楚的轮廓。拉康不断提到的，则是小汉斯·霍尔拜因①的画作《使节》（*Ambassadors*）：② 在画作的底部，在两位使节的脚下，观众可以看

---

① 小汉斯·霍尔拜因（Hans Holbein，1498—1543），德国艺术家、德国16世纪最伟大的画家之一，创作了大量壁画、肖像画、祭坛画与图书插图，对世界图书设计史影响甚巨。由于与父亲同名（他父亲是晚期歌德派画家），故世称小汉斯·霍尔拜因。《使节》画于1533年，现由伦敦国立美术馆（National Gallery at London）收藏。——译者注

② 参见拉康，《精神分析的四个基本概念》，第92页。

到一小块形态不定、向外延伸和“勃起”的小块地方。只有在展示这幅画作的房间门口，当观众从侧面最后审视这小块地方时，它才呈现出一个骷髅的样子，因而揭示出这幅作的真正意义：除了这一
91 小块地方，填满了这幅画作其余地方的所有的世俗物质、艺术客体和知识，均属空无。拉康就是这样把“阳物能指”（phallic signifier）界定为“没有所指的能指”的。“阳物能指”呈现了所指的功效：一幅画作的“阳物”因素，就是使这幅画作“非自然化”的无意义的斑痕，它使画作的所有组成部分变得“可疑”，因而为意义的探寻开辟了空间。从此，一切都不再是它看上去的样子，一切都等待着阐释，一切都理应具有某种补充性意义（supplementary meaning）。既定的、常见的含义得以立足的根基开始动摇；我们发现自己身处绝对暧昧不明的区域，但正是这种匮乏驱使我们不断制造新的“隐含意义”：它是无穷无尽的强制性冲动的驱动力。在匮乏和剩余意义（surplus meaning）之间摇摆不定，乃主体性（subjectivity）固有的维度。换言之，正是凭借着“阳物性”的那一小块地方，被观察的画作被主体化了。这个悖论性的地方（即“阳物性”的那一小块地方），瓦解了我们作为“中立”、“客观”的观察者的身份，把我们钉在被观察客体的身上。在这个悖论性的地方，观察者已经被囊括于被观察的场景之内，铭刻于被观察的场景之上。在某种程度上，画作正是从这个悖论性的地方回过头来审视我们的。①

---

① 我们必须注意，这种“离奇”的细节以多种多样的方式呈现在希区柯克的电影中。这里仅举五种变体：

• 《夺命索》。我们在那里首先看到的是斑点（行凶这一创伤性行为），然后才看到用以掩盖斑点的温馨的日常生活（宴会）。

• 《知情太多的人》。在一个小场景中，主人公奋力寻找动物标本剥制师安布罗斯·夏贝尔（Ambrose Chappell）。主人公横穿的街道充满了浓重的

作为大对体之凝视的斑点

《后窗》(*Rear Window*) 的最后一幕完美地证明，归根结底，驱动着阐释性运动 (interpretive movement) 的迷人客体就是凝视自身。在那一幕里，詹姆斯·斯图尔特扮演的杰夫 (Jeff) 正在观察院子对面的神秘公寓里发生的一切。这时，他的凝视与另一个人(凶手) 的凝视不期而遇。杰夫顿时丧失了他作为中立的远距离观察者的身份。也就是说，他成了他的观察对象的一部分。说得更确切些，他被迫面对涉及其欲望的问题：他究竟要从这场风流韵事中得到什么？这个“你究竟想要什么?”(Che vuoi?)，在他与那个不知所措的凶手的最后对峙中，逐字逐句地提了出来。凶手再三问他：“你是谁？你究竟想从我这里得到什么?”整个最后一幕，都是以异乎寻常的、纯然“非现实”的方式拍摄出来的。在那里，当凶手走近杰夫时，杰夫借助于一通令人眼花缭乱的闪光灯的闪光，拼命阻止他。我们可能期待着飞快的运动，期待着紧张、敏捷的冲撞。

(接上页注) 诡异气氛。其实，一切都是自自然然的，毫无诡异可言 (这是伦敦郊外一条普普通通的街道)。如此说来，画面上唯一的“斑痕”就是主人公本人，就是他的草木皆兵的多疑眼神。

• 《哈利引起的麻烦》。在这部电影中，“斑痕”(尸体) 抹上了美国佛蒙特州的乡村田园风光，但没有引发创伤性的反应。人们恰巧碰上了它，只把它视为小小的不便，并继续各过各的日子。

• 《疑影》。在这里，“斑痕”就是剧中的核心人物查理舅舅。他是一个变态杀手，来到这个美国小镇，住进了妹妹家。在市镇居民眼中，他是待人友善、腰缠万贯的捐助人。只有他的甥女查理“知情太多”，看到了他的本来面目。为什么她能看到？答案要到他们共同的名字中寻找：他们是同一个人格的两个方面。在《惊魂记》中，马里恩 (Marion) 和诺曼 (Norman) 的共同性是由下列事实暗示出来的：他们的名字以反向形式相互反射。

• 最后是《群鸟》。这部电影体现了希区柯克的终极反讽。在这里，扰乱了日常生活的“非自然因素”是鸟，即自然本身。

但实际上我们看到的是受阻的、缓慢的、被拖延的运动，仿佛事件的“正常”节奏发生了某种畸变。这完美地显现了幻象客体（object of fantasy）施加于主体的固化和弱化功效：我们已经从由含混的征兆域（register of symptoms）引发的阐释性运动（interpretive movement），走入了幻象域（register of fantasy）。幻象域的惰性出场（inert presence），悬置了阐释的运动（movement of interpretation）。

92 这种迷人的力量源自何处？何以杀害自己太太的邻居，成了主人公的欲望客体？只有一种可能的答案，那便是，那位邻居实现了杰夫的欲望。主人公的欲望就是不惜代价地躲避性关系，也就是说，不惜代价地摆脱不幸的格蕾丝·凯利（Grace Kelly）。在窗子这边发生的一切，在主人公的公寓里发生的一切，即斯图尔特与凯利在爱情上经历的波折（amorous misadventures），绝非无关紧要的次要情节，绝非博人一乐的开心果，绝非与这部电影的核心母题毫无关系。恰恰相反，它正是重心之所在。杰夫（和我们）对另一个公寓里发生的一切的痴迷，发挥着这样的作用——使杰夫（和我们）忽视在窗子这边（即在我们观察对面公寓的地方）发生的事情的重要性。归根结底，《后窗》讲述了主体躲避性关系的故事。主体通过凝视，通过秘密的观察，把实际上的无能为力转化为无所不能；通过把实际上的无能为力转化为无所不能，躲避性关系。他“退化”到了婴儿状态，具有了婴儿般的好奇，目的在于逃避自己对主动投怀送抱的美女的责任。这一点在电影中是无可争辩的。注意一个场景，在那里，格蕾丝·凯利换上了透明的睡衣。我们在此遇到的，还是希区柯克式的基本“情结”之一，即凝视与强力/无力（power/impotence）这对范畴的互联。在这方面，《后窗》实际上是“圆型监狱”的反讽式颠倒。福柯曾经探讨过边沁的

“圆型监狱”。在边沁看来，圆形监狱之所以具有骇人的功效，是因为主体（囚犯、病人、学童和工人）从来都无法真正知道，全方位监视他们的中央控制塔是否正在监视他们。这种不确定性，强化了这样一种感觉：自己受到了威胁，要想逃避大对体的凝视，是根本不可能的。在《后窗》中，院子对面的公寓里的居民自始至终都受到了斯图尔特的密切监视，但丝毫都不感到恐惧，甚至完全不屑一顾，每天都忙忙碌碌，做着自己的事情。感到恐惧的却是斯图尔特，是这个圆形监狱的监视者，是圆形监狱全方位的眼睛。他不停地注视窗外，担心错过某个至关重要的细节。为什么？

后窗本质上是幻象之窗（fantasy windows）。拉康早已指出绘画中的窗口的幻影价值。因为无力采取行动，杰夫被迫无限期推迟自己的性行为。他透过窗口看到的是一种幻象配置（fantasy figurations），那里发生的一切，完全可能发生在他和格蕾丝·凯利那里。他们可能成为幸福的新婚夫妇；他可能遗弃她，那样她就会成为性格古怪的艺术家，或过上伤心欲绝的隐居生活，就像那位“寂寞芳心小姐”（Miss Lonely Hearts）那样；他们可能共度时光，就像普通夫妇那样，养一条狗，屈从于琐碎的日常生活，又无从掩藏内心深处的绝望；或者，他最终杀害了她。一句话，主人公从窗外领悟到何种意义，取决于他在窗子这边的际遇。他之所以“观察 93
窗外”，就是要从那里为自己遭遇的实际困境寻找众多的想像性解决方案。

要特别留意这部电影的声道。特别是在看完希区柯克后来拍摄的影片后，回溯性地研究《后窗》的声道。这样做明确无误地揭示出妨碍主人公“正常”性关系的能动力量，即以幻听语音的形式表现出来的母性超我。幻听语音是自由漂浮的声音，我们无法把它归之以任何载体。米歇尔·西昂已经引起了对电影声道的特异性的重视。说得更确切些，他引起了对背景音的重视：我们听到了各种各样的声音，却总是无法找到这些声音的载体（即发出者）。但有一个例外，即出现了一个来源不明的吊嗓子的女高音，而且这种声音总是能够及时出现，阻止斯图尔特和凯利共赴巫山云雨。这个神秘的声音并不来自可以透过窗子看得见的院子的另一面，摄影机也从来没有拍摄过唱歌之人。这个声音就是幻听语音，而且离我们出奇地近，仿佛它来自我们内心。① 正是由于这个特色，《后窗》成了《知情太多的人》、《惊魂记》和《群鸟》的先行者：这声音首先转化为既笨拙又可怜的歌声，桃乐丝·黛（Doris Day）凭借这歌声——即那首著名的《顺其自然》（*Que será será*）——找回了她被绑架的儿子；后转化为深深攫住了诺曼·贝茨（Norman Bates）的死去母亲的声音；最后转化为鸟的嘈杂鸣叫声。

推拉镜头

在隔离斑痕时，在隔离“突出”出来的实在界残余时，希区柯克的标准、正规的手法，当然是他著名的推拉镜头。我们只有把运用过这种手法的所有镜头纳入视野，才能把握其逻辑。我们且从《群鸟》中的一个场景开始。在那里，主人公的母亲向一个惨遭群鸟蹂躏的房间张望，看到一具身穿睡衣的尸体，眼睛已被啄去。摄影机先是展示了整具尸体，于是我们期待着镜头慢速向前推进，一

① 参见米歇尔·西昂（Michel Chion），《第四面》（“Le quatrième côté”），见《电影手册》（*Cahiers du Cinéma*）356（1984），pp. 6 – 7。

直推向具有魅惑力量的细节，即失去眼球后血淋淋的眼窝。但是希区柯克没有这样做，他使用的手法与我们的期待南辕北辙：不是缓慢推进，而是快速向前，做了两次突兀的剪接，每次剪接都使我们接近那个客体。总之，他向我们快速展示了尸体的头部。这些快速推进的镜头产生的颠覆性效果，是它以令我们沮丧的方式创造出来的。我们之所以感到沮丧，是因为这些镜头放纵了我们的欲望，让我们更近距离地审视令人感到恐惧的客体。我们接近这样的客体时速度太快，略过了“理解的时间”，略过了需要“消化”的停顿时间，因而无法整合对这一客体的残酷感知。

寻常的推拉镜头通过减缓“正常”的速度和延缓“正常”的 94
进程，赋予客体－斑点以特定的分量。与这种寻常的推拉镜头不同，在这里，恰恰在我们快速地接近它时，客体“销声匿迹”了。如果说，寻常的推拉镜头由于是缓慢的推拉运动，因而是强迫症式的，即强迫我们注视一个用来充当斑点的细节，那么，对客体的快速接近，则揭示了它的癔症根基（hysterical basis）。我们之所以“失去”客体，是因为速度的缘故，是因为这个客体本质上是空洞的，是空腹的。除了采用“过慢”或“过快”这两种方式，我们无法把握它，因为就其“正确的时间”而言，它就是空，它就是无。所以延迟或快进，是捕捉欲望的客体－成因、小客体和纯粹外表之“空无性”（nothingness）的两种方式。我们因此触及了希区柯克式“斑点”或“斑痕”的客体维度，那便是斑点的符指化维度（signifying dimension），是斑点的意义双重化（doubling meaning）之效果，是赋予每个意象因素（element of the image）以补充性意义之效果。补充性意义驱使着阐释性运动的运作。然而，所有这些都不应该使我们对它的其他方面视而不见，对惰性、不透明的客体视而不见。要想构成任何符号性现实（symbolic reality），我们都必须放弃或掩埋惰性的、不透明的客体。换言之，希区柯克式推拉镜头要在田园般的画面上制造斑点。希区柯克式推拉镜头之所以存在，仿佛就是为了证明拉康的下列命题：“现实领域（field of reality）依赖于小客体的提取（extraction of the object a），然而，小客体又框定了现实。”① 对此，雅克－阿兰·米勒做了精确的注释：

> 我们的理解是，客体被悄悄地移除，是现实得以稳定、“小块现实”（a bit of reality）得以存在的前提。但是，如果小客体不在场，它又如何框定现实？

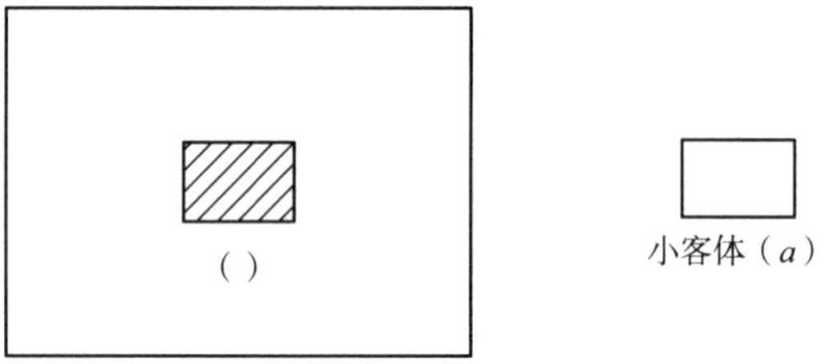

> 恰恰是因为把小客体从现实领域中移除，它才能框定现实。如果把我用阴影线方块代表的那一片从这幅图画中移除，那么，我得到的可能就是我们所谓的框架，即代表着一个黑洞的框架，但同时也是图画其余部分的框架。这样的框架可以由
> 95 任何窗口创造出来。所以小客体就是图画的碎片，正是把它从

① 拉康，《文集》（*Ecrits*），Paris，Seuil，1966，p. 554。

现实中移除，它才框定了现实。主体，作为划了斜线的主体（barred subject），作为存在之所需（want-of-being），就是这个黑洞。作为存在的形态，它只是被减去的那一小块。这才有了主体与小客体的等值。①

我们可以把米勒的概括，解读为对希区柯克式推拉镜头的概括：我们从现实的全景推向斑点，而斑点为现实的全景提供了框架（即阴影线方块）。希区柯克式推拉镜头的前推，令我们想到莫比乌斯带（Moebius strip）的结构：离开了现实这一面，我们突然发现自己和实在界站在了一起，而对实在界的提取，构成了现实。这个过程颠覆了蒙太奇的辩证（dialectic of montage）：从前，它要借助于剪接造成的非连续性，创造新意义的连续性，创造新剧情现实（new diegetic reality）的连续性，同时把分散的碎片连接起来；现在，通过向我们展示异质性因素（如果画面的其余部分要获得符号性现实的一致性，这种异质性因素就必须始终是惰性的、荒谬的"斑点"），连续的推进制造了积聚（banking）的效果，制造了彻底的非连续的效果。

我们由此可以重新审视"肛门期"和"阳物期"在组织电影材料方面的变化：如果说，蒙太奇是地道的"肛门"过程，那么希区柯克式推拉镜头就代表着这样一个时刻的到来——"肛门"的精神机制变成了"阳物"的精神机制。蒙太奇导致了剩余性、隐喻性意义的生成，而剩余性、隐喻性意义的生成源自互有联系的碎片的

---

① 雅克－阿兰·米勒，"Montré à Prémontré," in *Analytica* 37，1984，pp. 28－29。

并置。正如拉康在《精神分析的四个基本概念》中指出的那样，就其力比多精神机制而言，隐喻是引人注目的肛门过程：我们用某些东西（大便）填补空无，也就是说，我们用某些东西创造我们所没有的东西。① 除了传统叙事框架内的蒙太奇——其典型代表是“平行蒙太奇”（parallel montage），我们还有一套完整的“过剩”策略。这些“过剩”策略被设计出来，就是为了颠覆传统叙事的线性运动。这些策略包括爱森斯坦的“知性蒙太奇”，威尔斯②的“内心蒙太奇”（inner Montage）和罗塞里尼③的反蒙太奇（antimontage）。罗塞里尼打算不再操纵任何材料，允许意义来自偶然的相遇。在蒙太奇领域内，所有这些都只是变体和倒置，没有改变什么。希区柯克则不同，他借助于推拉镜头，改变这个领域自身。他舍弃了蒙太奇（蒙太奇把非连续性的碎片融为一体，进而创造新的隐喻性的连续性），引入彻底的非连续性（discontinuity）。也就是说，他从现实转入了实在界。这是由推拉镜头的连续运动创造出来的。也就是说，可以把推拉运动描述为这样一个过程——从描述现实的全景，转向描述现实的某个变形点。且让我们重回霍尔拜因的
96 《使节》，并以其为例。在拍摄《使节》这样的场景时，希区柯克会运用推拉镜头，先拍整个画面，然后向前推进，直至背景上的勃

---

①“肛门层面乃隐喻的立身之所——一个客体代替另一个客体，在阳物之处倾倒大便。”拉康，《精神分析的四个基本概念》，第 104 页。

② 奥逊·威尔斯（Orson Welles，1915—1985），美国演员、导演、编剧、制片。参与过 100 多部电影的演出或配音，创作了 42 个剧本，执导过近 40 部影片。——译者注

③ 罗伯托·罗塞里尼（Roberto Rossellini，1906—1977），意大利电影导演，意大利新现实主义电影的先驱之一，其作品《罗马，不设防的城市》（*Rome*，*Open City*，1945）是对意大利新现实主义电影的一大贡献。——译者注

起的“阳物”因素。这“阳物”因素最后必定分崩离析，只留一滩狂乱的斑痕。它便是骷髅，是惰性的幻象－客体（fantasy-object），是某种“不可能”的主体一类的东西，即 $\$\diamond a$。我们在希区柯克的作品［如《在摩羯星下》（*Under Capricorn*）和《惊魂记》］中能够找到同样的客体，这不是偶然的。在希区柯克那里，这个实在界客体（the real object），这个斑点，这个推拉镜头的终点，可以采取两种主要形式：或者是他者的凝视，或者是地道的希区柯克式客体。一旦我们作为观众的身份被铭刻在电影上，它采取的形式就是他者的凝视。他者的凝视就是这样一个点位，电影从那里注视我们这些观众。这样的凝视包括骷髅的眼窝，当然包括最著名的希区柯克式推拉镜头，即《年少无知》（*Young and Innocent*）中不断向那位鼓手的眨动着的眼睛推进的镜头。地道的希区柯克式客体，即非镜头化的交换客体（nonspecularizable object of exchange），即“一小片实在界”（piece of the real），它们从一个主体流向另一个主体，既体现了主体间的符号交换的结构网络，又保证了这个结构网络。在这方面，最著名的例证即《美人计》中的推拉镜头，它从门廊的全景向前推，一直推到英格丽·褒曼（Ingrid Bergman）手中握着的钥匙。

不过，我们可以基于正式处理过程中的各种变体，对希区柯克式推拉镜头进行分类，而不论其终端客体的性质如何。除了零度推拉（即从现实的全景向它的实在界的变形推进），我们至少还有其他三种变体：

- 快速的“癔症化”推拉镜头。例子见上述对《群鸟》的分析。在《群鸟》中，通过跳越性剪接，摄影机过快地推向斑点。

• 逆向推拉镜头。它始于某个离奇的细节，然后向后拉出，直至现实的全景。例子见《疑影》(*Shadow of a Doubt*)中的长镜头。这个长镜头从特雷莎·怀特（Teresa Wright）握着她舅舅送给她的戒指的手开始回拉，直至图书阅览室全景。在那里，她只是框架中的小小圆点。还有《狂凶记》(*Frenzy*)中著名的逆向推拉镜头。①

• 最后是“不动的推拉镜头”这个悖论。它并不移动。从现实向实在界的移动，是通过异类客体（heterogeneous object）的闯入实现的。我们不妨重新回到《群鸟》那里。在《群鸟》中，这样的转移是通过一个固定的长镜头完成的。在一个为鸟威胁的小镇上，有人往汽油上扔了一个烟蒂，引发一场大火。先是一系列简短和“动感十足”的特写和中景，把我们的注意力直接引向故事情节。然后是摄影机后拉和前推，使我们看到小镇的全景。这些镜头都是由高处拍摄的。最初时，我们把这个镜头解读为“客观”、“史诗”般的全景
97 镜头。它把我们与下面正在发生的正面冲突隔离开来，使我们置身事外。这种隔岸观火首先产生了某种“抚慰”的效果，它允许我们与之保持所谓的“元语言”距离，并在这个前提下欣赏故事情节。突然，一只鸟从右侧进入画面，仿佛它来自摄影机的后面，来自我们的背后。然后是三只鸟，最后是成群结队的鸟，纷纷进入画面。同样的镜头从完全不同的角度拍摄，经历了彻底的主体化：被摄影机高高拉起的眼睛不再是中性的、“客观”的看客，不再只注视下面的全景，

① 参见本书第74页注①。

而是突然变成了主体性的、胁迫性的鸟的凝视。那时，它们正在锁定攻击目标。①

母性的超我

鸟为什么发起进攻?

我们必须牢记在心的，是这种希区柯克式斑痕的力比多内容。尽管它的逻辑是阳物性的，它还是预示了能动力量的到来，而能动力量扰乱和妨碍了父亲名义（Name-of-the-Father）实施统治。换言之，斑痕是母性超我的物化。为了证明这一点，让我们回到上述例证中的最后一个，即《群鸟》中的那个例证。鸟为什么发起攻击?要知道，这种莫名其妙的、“非理性”的行为打乱了这个北部加州小镇的田园诗般的日常生活。对这种行为，罗宾·伍德②提出了三种解读：“宇宙论的”、“生态学的”和“家庭的”。③

根据第一种即“宇宙论”的解读，我们可以认为，鸟的进攻表

---

① 这个场景拍摄出来，仿佛真的产生了幽灵般的效果。它同样例证了下列论点：主体作为观察者，未必铭刻于幽灵般的场景，它还可能是被观察的客体之一。鸟对小镇的主体性观看（subjective view）制造了骇人的效果，尽管我们的观看（摄影机的观看）就是鸟的观看，而不是那些鸟的猎物的观看。之所以如此，是因为我们作为城镇居民，被铭刻于这个场景。也就是说，我们把自己等同于被吓坏了的居民。

② 罗宾·伍德（Robin Wood，1931—），英国电影批评家。对希区柯克、霍华德·霍克斯（Howard Hawks）和英格玛·伯格曼（Ingmar Bergman）有精湛研究。曾在英国、瑞典和加拿大工作。现为加拿大多伦多约克大学（York University）荣誉退休教授。——译者注

③ 罗宾·伍德（Robin Wood），《希区柯克的电影》（*Hitchcock's Films*），New York，A. S. Barnes and Co.，1977，p. 116。

达了希区柯克的宇宙视境（vision of the universe），表达了希区柯克的（人类）大一统视境（vision of the cosmos）。宇宙的外表甚是宁静，宇宙的运转极其普通，但纯粹偶然的干预，随时都有可能将其倾覆，使其陷入一团混乱之中。它的秩序井然，总是充满了欺骗性。不可言喻的恐怖随时可能出现，创伤性实在界随时都会爆发，结果扰乱了符号循环运动。如此解读可能获得希区柯克其他影片的支持，包括他最阴森的影片。在《伸冤记》中，纯粹出于偶然的缘故，主人公被误认为强盗。于是，《伸冤记》把日常生活转化成了巨大的羞辱，还使主人公的太太精神失常。继而进入了希区柯克作品中的宇宙论维度的演示。这是一个残暴、专断、无动于衷、随时可能降临灾难的上帝的视境。

对于第二种即“生态学”的解读来说，电影的名字本应是《全世界的鸟，联合起来!》。在这种解读中，鸟成了被盘剥的自然的浓缩物。被盘剥的自然终于对人类残暴的盘剥忍无可忍，奋起反
98 抗。为了支持这种阐释，我们可以援引一个事实：希区柯克几乎只从以老实温驯著称的鸟中挑选发起进攻的鸟，包括云雀、海鸥，还有少量的乌鸦。

第三种解读是在主要人物的主体间关系中发现了这部电影的关键。这部电影的主要人物包括梅兰尼（Melanie）、米奇（Mitch）和米奇的母亲。对于“真正”的情节而言，对于鸟的进攻来说，他们绝非只是无关紧要的陪衬性人物：进攻的鸟只是“体现”了那些关系中的根本性纷争、骚动和越轨。如果我们把《群鸟》置于希区柯克早期（和晚期）电影这一语境中加以考察，或者借用拉康的一个同音异义法（homophonies）来表述，如果我们认真对待电影，就会发现这种阐释的相关性。要认真对待（seriously）电影，我们就必

须把它们视为一个系列（serially）。①

拉康撰写有关爱伦·坡《失窃的信》的论文时，提到一种逻辑游戏：我们用0和1随机组成一串数字（比如组成100101100），一旦以三个数字为一组分割这串数字（比如分割成100，001，010），我们就会发现它们存在的规律（比如以0结尾的三位数不能跟随中间是1的三位数）。② 希区柯克的电影也是如此：如果我们把希区柯克的电影视为一个整体，我们只会得到偶然的、随机的序列。但是，一旦以三部电影为一组将其分割（当然要排除那些不属于“希区柯克世界”的电影，排除某些“例外”，排除形形色色的折衷之后的结果），我们就会发现：每组电影都是由某个主题、某个共同的结构化原则连接在一起的。且以下列五部电影为例：《伸冤记》、《眩晕》、《西北偏北》、《惊魂记》和《群鸟》。我们无法在这个序列中，找到把这些电影连接起来的单一主题。但是，如果以三部为一组将其分割，我们就会找到这样的单一主题。第一组事关“认错人”：在《伸冤记》中，主人公被误认为夜贼；在《眩晕》中，主人公弄错了假马德琳的身份；在《西北偏北》中，前苏联特工错误地把电影主人公当成了神秘的中央情报局特工“乔治·卡普兰”。至于由《眩晕》、《西北偏北》和《惊魂记》组成的重要单元，我们很容易把这三部重要的希区柯克电影看成同一种做法——填补大对体身上的裂口——的三个版本。它们面临的主要问题都是一样的，它们均涉及下列两者间的关系：其一是匮乏，其二是努力为这种匮乏做出补偿的代理人。在《眩晕》中，主人公努力为他显然已

---

① 拉康，《讲座之二十：再来一次》（*Le séminaire, livre XX: Encore*），p. 23。

② 拉康，《文集》，第54—59页。

经自杀身亡的情人的缺席做出补偿，当然这种补偿只停留在纯属想像的层面上：通过改变服饰、发型等，试图重新创造已经死去的女性的形象。在《西北偏北》中，我们处于符号的层面上：我们要处理的是一个空名，是并不存在的人的名字（“卡普兰”），一个没有载体的能指，它阴差阳错地被安在了主人公的头上。最后，在《惊
99 魂记》中，我们抵达了实在界的层面：诺曼·贝茨（Norman Bates）穿着母亲的服装，以母亲的腔调说话，但他既不想复活她的形象，也不想以她的名义行事，而是试图占据她在实在界中的位置，这显然是精神病的迹象。

如果说中间一组电影关注的是“空位”，那么最后一组电影就是围绕着母性超我这个母题聚为一体的。这三部电影的主人公都没有父亲，都有“强势”的、“占有欲强”的、破坏“正常”性关系的母亲。《西北偏北》开始时，由加里·格兰特（Cary Grant）扮演的罗杰·桑希尔（Roger Thornhill）与他那位面带轻蔑和讥讽神色的母亲一起出场。我们由此不难猜想，何以他曾四度离异。在《惊魂记》中，由安东尼·博金斯（Anthony Perkins）扮演的诺曼·贝茨是由仙逝已久的母亲的声音直接控制的。任何女人，只要为他的美貌吸引，这个声音都会指示贝茨将其杀害。《群鸟》的主人公是米奇·布莱纳（Mitch Brenner），他是由罗德·泰勒（Rod Taylor）扮演的。在他母亲那里，对儿子命运的殷切关注，取代了高傲的轻蔑。或许，这在阻挠他与女人确立持久关系方面，更加行之有效。

这三部电影还有一个共同特色：从一部电影到下一部电影，依次以鸟的形态呈现出来的恶兆形象越来越突出了。在《西北偏北》中，我们看到了或许是最著名的希区柯克式场景，即飞机这只钢鸟

的攻击。它追逐着主人公跑过一块被太阳晒焦的平坦地面。在《惊魂记》中，诺曼的房间里堆满了被制成了标本的鸟，甚至他那已经成为木乃伊的母亲的尸体，也令我们想到被制成了标本的鸟。在看过了（隐喻性的）钢鸟和（转喻性的）被制成了标本的鸟之后，我们终于在《群鸟》中看到了攻击那个小镇的真鸟。

当务之急是领悟这两种特色之间的联系：鸟的骇人形象实际上是“纷争之实在界”（the real of a discord）的体现，是主体间关系中尚未化解的张力的体现。在电影中，鸟就像俄狄浦斯王掌控的古希腊城邦底比斯（Thebes）中的那场瘟疫：它是家庭关系中根本性纷争的化身。在那里，父亲缺席，父性功能（paternal function）——即抚慰性律令（pacifying law）的功能，父亲名义（Name-of-the-Father）的功能，即被悬置起来，母性超我填补了由此造成的空白。母性超我独断专行、天性邪恶，阻碍“正常”的性关系。但只有打着父性隐喻（paternal metaphor）的招牌，母性超我才能得逞。《群鸟》真正关心的是僵局。这种僵局也是美国家庭所面临的。在美国，父性之自我理想（paternal ego-ideal）严重不足，致使律令向极为野蛮的母性超我“退化”，这直接影响了性的快感。这是“病态自恋”（pathological narcissism）的力比多结构的决定性特色。“母亲留给他们的无意识印象是如此强烈，是如此深受攻击冲动（aggressive impulses）的影响，而且母亲的关怀与孩子的需要是如此南辕北辙，以至于在孩子的幻象中，母亲似乎就是一只贪婪的大鸟。”①

---

① 克里斯托弗·拉希（Christopher Lasch），《自恋文化》（*The Culture of Narcissism*），London，Abacus，1980，p. 176。

从俄狄浦斯之旅至“病态自恋”

100 我们应该如何在希区柯克的全部作品中确定母性超我这一形态的位置？可以把希区柯克电影事业的三个主要阶段，看作围绕“性关系之不可能性”这个主题形成的三种变体。且让我们从希区柯克的第一部经典影片《三十九级台阶》谈起。这部电影曲折生动的情节丝毫都不能迷惑我们，归根结底，它的功能就是使这对情侣接受考验，使他们最终的结合成为可能。正是由于这个特色，《三十九级台阶》启动了希区柯克在20世纪30年代后半期制作的一系列电影。除了最后一部电影《牙买加旅店》（*Jamaica Inn*），他在那个时期制作的所有电影，讲述的都是同一个故事，即情爱关系的确立：一对情侣偶然连在一起，然后经历了一系列的磨难，最终走向成熟。说“连在一起”，有时是字面意义上的：注意手铐在《三十九级台阶》中扮演的角色。所有这些电影实际上都是围绕“中产阶级关于婚姻的意识形态”这个母题形成的变体，它们在莫扎特的《魔笛》那里获得了最初或许也是最高贵的表现形式。希区柯克电影和莫扎特歌剧的相似性，甚至可以扩展到细节：把任务委托给主人公的那位神秘女士（《三十九级台阶》中被杀死在汉纳公寓中的陌生人，以及同一部电影中那位失踪的善良的老妇人），不就是“夜皇后”（Queen of the Night）的再世吗？黑人莫诺斯塔托斯（Monostatos）不是再度投胎，变成了《年少无知》中杀人越货的黑脸鼓手了吗？在《贵妇失踪记》中，主人公通过演奏什么乐器引起了他未来情人的注意？当然是笛子！

在确立情爱关系的旅程上丧失的纯真，在“记忆先生”（Mr. Memory）这位著名人物的身上得到了最佳体现。记忆先生既出现在影片的开头，又出现在影片的结尾。此人“过目不忘”，是纯粹自动机器（pure automatism）的人格化，同时还是能指的绝对伦理（absolute ethic of the signifier）。在电影的最后一幕，他回答了汉纳的问题：“什么是三十九级台阶？”尽管他知道，回答这个问题会使他一命呜呼，但他还是不得不遵守自己的公开承诺，回答观众提出的任何问题。在这个善良的侏儒（Good Dwarf）身上，还有些童话的气息。为了有情人终成眷属，善良的侏儒必须死去。记忆先生代表着纯粹的、非性的、没有任何纰漏的知识，代表着绝对自动运行的符指链（signifying chain），没有任何创伤性的障碍可以阻止其脚步。令我们必须小心翼翼的，是他死亡的那一顷刻：他在回答完“什么是三十九级台阶”的问题后死去，也就是说，他在揭示了麦格芬（McGuffin）这个驱动故事情节的秘密后死去，可谓适逢其时。通过向杂耍戏院中的公众披露这个秘密（公众在此代表着“共同看法”这个大对体），他把汉纳从“被迫害的迫害者”的尴尬身份中解放了出来。警察追捕汉纳是一个圆圈，汉纳追逐真正的罪犯是另一个圆圈。现在，这两个圆圈重合了，汉纳在大对体的眼中终获清白，而真正的罪犯也被撕下了面具。故事必定此时结束，因为 101
维系故事的，只是这种中间状态（intermediary state），只是汉纳在面对大对体时的模糊身份：一方面，在大对体眼中，他有罪在身；另一方面，他正在追踪真正的罪犯。

这种“受迫害的迫害者”身份，早已展示了“罪恶感的转移”这个母题。汉纳被错误地指控，于是罪恶感转移到了他的身上。但是，应该由谁来承担罪责？当然是以间谍网的神秘头目为化身的淫荡的“肛门”父亲。在电影结束时，我们目睹了两次前后相继的死亡：第一次是间谍网头目杀害了记忆先生，第二次是警察这个大对体的工具打死了间谍网的头目，使他从戏院的包厢跌到了乐队的指挥台。这是希区柯克电影典型的终场，《谋杀》（*Murder*）、《欲海惊魂》（*Stage Fright*）和《忏情记》都是如此。记忆先生和间谍网头目代表着同一个“前俄狄浦斯综合”（pre-Oedipal conjunction）的两个方面：一是善良的侏儒，他怀揣没有纰漏、未被割裂的知识；一是卑劣的“肛门父亲”（anal father），他是幕后操纵这个自动知识机器的主人，是以淫荡方式展示其半截小指的父亲（半截小指是对阉割的讽刺性暗示）。我们在罗伯特·罗森①的《江湖浪子》（*The Hustler*）中，在下列两者的关系中遇到了类似的分裂：其一是职业台球运动员，他是纯粹的运动伦理的化身，由杰克·格里森（Jackie Gleason）扮演；其二是他堕落的老板，由乔治·斯特科（George C. Scott）扮演。《三十九级台阶》的故事始于一个使主人公主体化的“询唤”行为。也就是说，通过引入麦格芬（McGuffin），通过引入主体欲望的客体－成因，询唤行为使主人公变成了主体。在电影中，主体欲望的客体－成因，就是“夜皇后”——被杀害于汉纳公寓的神秘陌生人——传递的信息。以追寻父亲为目标的俄狄浦斯之旅，占据了电影的大部分内容，结束于“肛门”父亲死亡之时。父亲死后，他可以作为一个隐喻，作为父亲的名义，去占据父亲的位置，同时使得有情人最终结合、确立“正常”的性关系成为可能。在拉康看来，只有打出父性隐喻（paternal metaphor）的招牌，有情人终成眷属、确立“正常”的性关系才是可能的。

---

① 罗伯特·罗森（Robert Rossen，1908—1966），美国电影编剧、导演和制片。早年为戏剧编剧和导演，1937 年移师好莱坞，电影生涯持续 30 年之久。两度提名奥斯卡最佳导演，一次提名最佳改编剧本，可惜均出师未捷，英雄无奈。1949 年获金球最佳导演奖。——译者注

除了《三十九级台阶》中的汉纳和帕梅拉（Pamela），纯粹出于偶然才走到一起并历经磨难终成眷属的，还有《间谍》（*The Secret Agent*）中的亚辛顿（Ashenden）和埃尔莎（Elsa）、《年少无知》中的罗伯特（Robert）和爱瑞卡（Erica）、《贵妇失踪记》中的吉尔伯特（Gilbert）和艾瑞丝（Iris）。但有一个例外，它就是《怠工》（*Sabotage*）。在《怠工》中，西尔维娅（Sylvia）、她的罪犯丈夫维洛克（Verloc）和特工特德（Ted）结成的三角关系，预示了希区柯克向下一个阶段——塞尔兹尼克阶段（Selznick period）——过渡的特征。在这里，故事通常是透过某位女性的视角讲述的。这样的女性被两个男人所分裂：一个是年长的恶棍形象，要么是她父亲，要么是她年长的丈夫，是希区柯克电影中的一类典型人物，他知道自己身上的罪恶，并致力于自身的毁灭；另一个是年 102
轻而又略显乏味的“好人”，她最终选择了他。[①] 除了《怠工》中的西尔维娅、维洛克和特德，体现这种三角度关系的主要有《海外特派员》中的卡洛尔·费希尔（Carol Fisher）、《疑影》中的查理（Charlie）以及《美人计》中的艾丽茜娅（Alicia）。卡洛尔一方面忠于亲纳粹的父亲，一方面喜欢年轻的美国记者。查理被她的杀人犯舅舅查理（与她同名）和侦探杰克所分裂。艾丽茜娅被她年长的丈夫塞巴斯蒂安（Sebastian）和德夫林（Devlin）所分裂。《在摩羯

---

① 在这里，至关重要之处在于，注意下列两者是按照什么逻辑联系在一起的：一者是女性的透视（woman’s perspective），一者是大势已去、无能为力的主人的形象。弗洛伊德曾经提出一个问题：“（身患癔症的）女性究竟想要什么？”拉康对此问题的回答是：她想要一个主人，一个她能够支配的主人。这种癔症幻象（hysterical fantasy）的完美形象就是夏洛蒂·勃朗特的《简·爱》。在《简·爱》的结尾处，简·爱幸福地嫁给了双目失明、孤苦无助的慈父般的人物。当然，《蝴蝶梦》（*Rebecca*）也属于这一传统。

星下》是个值得注意的例外。在那里，女主人公抵制了年轻的色情骗子的诱惑，在承认她丈夫所犯罪行是她的罪行后，回到了年迈的罪犯丈夫身边。第三阶段再次把重心转向了男主人公，母性超我阻止他人接近男主人公，因而禁止“正常”的性关系。从《火车怪客》中的布鲁诺，到《狂凶记》中的“领带杀手”，都是如此。

我们应去何处寻找这种大型参照系，以把某种理论一致性（theoretical consistency）赋予这三种形态的性关系（之不可能性）的前后相续？在这里，我们禁不住冒险，匆匆忙忙地寻求“社会学”的答案。寻求答案的方式，就是借用三种形态的主体力比多结构（libidinal structure of the subject）的前后相续。这种前后相续是在19世纪的资本主义社会中展示出来的。这三个形态包括：（1）新教伦理的“自治”的个人，（2）他治的“组织人”（organization man），（3）如今获得了支配地位的“病态自恋者”（pathological narcissist）。在这里，关键之处在于强调，所谓“新教伦理的衰亡”和“组织人”的崛起，所谓以服从他人的他治的个人伦理取代个人责任（individual responsibility）的伦理，丝毫无损于潜在的自我理想的框架（frame of the ego-ideal）。变化的只是内容，而不是框架。为了满足个人所从属的社会群体的期待，自我理想被“外在化”了。道德满足的来源不再是这样一种感觉——我们顶住了周围的压力，依然忠实于自己，即忠实于父性的自我理想（paternal ego-ideal），而是另外一种感觉——忠诚于群体。主体透过群体的眼睛审视自己，并极力争取群体的爱戴和尊敬。

第三个阶段和“病态自恋者”的到来，完美地打破了前两个阶段共同具有的潜在的自我理想框架。我们不是服从一种符号律令，而是遵守众多的规则。这些规则即把“如何获得成功”的适者生存的规则传授给我们。自恋主体（narcissistic subject）只知“（社会）游戏规则”，只知如何操控他人。对自恋主体而言，社会关系只是战场而已，他在那里扮演“角色”，而不是接受正确的符号委任（symbolic mandates）。自恋主体躲避任何暗示正确符号认同（symbolic identification）的强制性承诺。自恋主体是亦步亦趋的墨守成规之人，但具有讽刺意味的是，他把自己体验为反叛者。当然，所有这些都是社会心理学的老生常谈。但通常不为人注意的是，自我 103
理想的土崩瓦解导致了“母性”超我的高高在上。母性超我并不禁止快感，相反，它把快感强加于人，并以极其严厉残忍的方式，通过不堪忍受、自我毁灭性的焦虑，惩罚“社会失败”（social failure）。一切有关“父性权威衰亡”（decline of paternal authority）的夸夸其谈，目的只有一个，就是隐藏这个极具压抑性的能动力量的复活。如今的“宽容”社会的压抑性丝毫不少于“组织人”——官僚机构的强制性公务员——的社会。它们的唯一区别在于，在“一个要求人人服从社会交往规则，却又拒绝把这些规则转化为道德行为守则的社会”里，① 即在自我理想那里，社会需要采取的形式是严厉的、惩罚性的超我。

索尔·克里普克②曾对摹状理论（theory of description）进行批判。他的前提是，无论是专有名称，还是自然名称，我们都不能把名称的意义简化成一套描述性的属性，更不能用这套属性概括名称指称的对象。我们可以基于索尔·克里普克的这一理论，对“病态

① 拉希，《自恋文化》，第 12 页。

② 索尔·克里普克（Saul Kripke，1940—），美国哲学家和逻辑学家，20 世纪 60 年代以来活跃于数理逻辑、语言哲学、数学哲学、形而上学、认识论和集合论领域。2001 年获肖克奖（Schock Prize）。最近一项民意调查把他列为近 200 年来最重要的十大哲学家之一。——译者注

自我”展开分析。名称即“固定指示词”（rigid designator）。所谓“固定”是指，即使事实证明，囊括在名称的意义中的属性都是假的，名称指称的还是那个对象。① 毋庸说，克里普克的“固定指示词”概念与拉康的“主人能指”（master signifier）概念完美地重合在了一起。主人能指并不描述对象具有的某种实证属性，而是借助于它自身的阐述行为（act of enunciation），在说者与听者之间建立一套新型的主体间关系。例如，如果我对某人说“你是我的主人！”，那么我实际上已经授予他一定的符号性“委任”。这样的符号“委任”没有囊括在他的实证属性之内，而是我的言语的述行力量（performative force）导致的结果。我因此创造了一种新的符号现实，即创造了我们之间的主奴关系这一符号现实。身在这种关系之内，我们都要有所担当。不过，“病态自恋者”的悖论在于，对他而言，语言并不依照描述理论来运作：词语的意义被简化为词语指称对象的实证属性。在这里中，属性首先是关系到他的自恋利益（narcissistic interests）的那些属性。让我们借助于下列这个永远乏味透顶的女性问题说明之：“你为什么爱我？”在正常恋爱中，这个问题当然是无从回答的，这也是女人总在开始时提这个问题的原因。也就是说，面对“你为什么爱我？”这一问题，唯一适当的答案是：“因为你身上有一种不属于你的东西，因为你身上有一个无法确定的未知数（X），它深深地吸引了我，但无法把这个未知数与任何实证的属性连在一起。”换言之，如果我在回答这个问题时历数各种实证属性（“我爱你是因为你的乳房很美，是因为你笑起

① 索尔·克里普克（Saul Kripke）：《命名与必然性》（*Naming and Necessity*），Cambridge，Mass.，Harvard University Press，1972。

来漂亮”)，那么这样的答案充其量也只是对正常爱情的嘲弄性模仿。另一方面，“病态自恋者”是这样一种人，他能够通过枚举一连串确定的属性，来回答这样的问题。对他而言，下列观念是完全无法理解的：爱情是一种担当（commitment），不能把它归之于任 104
何属性，并以之满足欲望。① 使“病态自恋者”癔症化的方式是，把某种符号性委任强加于他，而这样的符号性委任并不基于被委任者的实证属性。如此做法会导致下列癔症问题的提出：“为什么我是你说我是的那种人?”想一想《西北偏北》中的罗杰·桑希尔吧，毋庸置疑，他是一个纯粹的“病态自恋者”。突然间，他被无缘无故、莫名其妙地贴上了“卡普兰”的能指。这种遭遇形成的冲击力，颠覆了他的自恋精神机制，为他开辟了打着父亲名义的招牌逐渐建立“正常”性关系的通途。之所以说《西北偏北》是《三十九级台阶》确立的定式的一个变体，原因就在这里。②

我们现在可以看到，希区柯克电影中的三种版本的“性关系之不可能性”，与三种形态的力比多精神机制是遥相呼应的。在第一个阶段，情人初恋总是遇到重重的障碍，但障碍激发欲望，使他们

① 以这个问题为背景，我们或许能够锁定从斯坦利·卡维尔（Stanley Cavell）的《追求幸福：好莱坞的再婚喜剧》（*Pursuits of Happiness*: *The Hollywood Comedies of Remarriage*, Cambridge, Mass., Harvard University Press, 1981）中获得的教益。它是黑格尔的“历史中的重复”理论的版本之一：唯一正确的婚姻是第二次婚姻。我们最初娶了某人，以之为我们的自恋补充（narcissistic complement）；只有在他/她的神秘魅力消失后，我们才能真正步入婚姻的殿堂，依附于某人，同时超越他/她的想像性特性。

② 正是因为《西北偏北》重复了俄狄浦斯之旅（Oedipal journey）的逻辑，这部电影才为我们提供了对父亲功能所做的光谱分析，并把父亲分割为三个人物：罗杰·桑希尔的想像性父亲（在联合国大会的大厅里遇刺的联合国外交官），他的符号性父亲（虚构了“卡普兰”之名的中央情报局“教授”，桑希尔被当成了“卡普兰”），他的实在界父亲，即那个失势、变态的恶棍菲利普·旺达姆（Phillip Vandamm）。

走到一起。情人初恋是以经历磨难、终于强壮起来的“自治”主体这一意识形态为坚实根基的。在希区柯克第二阶段，大势已去的父性形象导致了“自治”主体的衰亡，得意洋洋又乏味无聊的“他治”主人公战胜了“自治”主体。最后，不难在上世纪五六十年代的典型的希区柯克主人公身上发现“病态自恋者”的影子，他们被母性超我这种淫荡形象所支配。可以说，希区柯克一再展示家庭在晚期资本主义社会中的兴衰。说到底，希区柯克电影的真正“秘密”永远都是家庭的秘密，都与家庭的阴暗的反常面有关。

智力实验：没有鸟的《群鸟》

尽管希区柯克电影中的鸟赋予能动力量以具体形态，但我们面临的基本问题并不是把已经引起我们注意的那两种特性的联系理解为“记号关系”（sign relationship），理解为“记号”与其“含义”的互联。这两种特性，一种是发起凶猛攻击的鸟，一种是借助于母性超我的干预，对“正常”性关系的阻挠。鸟并不“代表”母性超我，并不“象征”被封锁的性关系和“占有欲强”的母亲之类的东西。鸟是实在界的现身，是下列事实的客观化和形体化：在符号化的层面（symbolizing level）上，还有些东西“尚未解决”（has not worked out）。简言之，鸟是业已失败的符号化之客观化－实证化（objectivization-positivization of a failed symbolization）。鸟在发起骇人的攻击时，某种匮乏，某种失败，已经浮现出来。初看上去，如此区分似乎机械和含糊。这也是我们试图借助于一个基本的测试
105 性问题来加以解释的原因。这个基本的测试性问题是：如果鸟充当的是阻挠性关系的“符号”，这部电影当初会以怎样的方式拍摄？

答案很简单：首先，我们把《群鸟》设想为一部没有鸟的电

影。那么我们看到的将是一部典型的美国家庭剧。在这样的戏剧中，因为无力摆脱极具占有欲的母亲施加的压力，儿子走马灯似地更换女友。几十部类似的戏剧曾经出现在美国的舞台和银幕上，特别是出现在20世纪50年代的美国舞台和银幕上。那是儿子的悲剧。儿子要应对自己混乱不堪的性生活。之所以如此，是因为——就像那个时代人们说的那样——母亲无法“处理自己的生活”，不能“消耗自己的生命能量”，一旦某个女人要夺走儿子，母亲难免精神崩溃。这些戏剧和电影都老套地撒上一层“精神分析”的盐，就像尤金·奥尼尔（Eugene O'Neill）或田纳西·威廉斯（Tennessee Williams）的作品那样。而且，如果可能，它们会以心理学的风格，以演员工作室①的风格，将其表演出来。这是20世纪中期美国戏剧及电影作品的共同特色。

其次，在这样的戏剧中，我们必须把鸟的偶尔出现，特别是在情感交融的重要时刻（如儿子与未来的太太相遇，母亲精神崩溃等）在背景上的出现，设想为周围环境的一部分：电影开始时的场景（米奇与梅兰尼在宠物商店相遇，购买宠物鸟）或许可以继续保留；在母子发生激烈的情感冲突之后，伤心欲绝的母亲来到岸边，这时我们或许能够听到鸟的嘈杂叫声。在这样的影片中，即使在故事情节的发展中并不发挥直接作用，鸟也会成为“符号”，也会“象征”母亲因为放弃儿子、孤苦无助而酿造的悲剧。人人都会明白，鸟要传情达义。人人都会清楚地意识到，这部电影正在描述儿

---

① 演员工作室，美国为职业演员、导演和编剧建立的非赢利组织。1947年成立于纽约，创办人包括伊利亚·卡赞（Elia Kazan）、谢里尔·克劳福德（Cheryl Crawford）和罗伯特·刘易斯（Robert Lewis）。许多著名演员受益于该组织。——译者注

子的情绪冲突。儿子勇于面对极具占有欲的母亲，而母亲极力让儿子支付她自身失败的代价。鸟的“符号”性作用也会在电影的名称上暗示出来，而电影的名称也会一如既往，还叫《群鸟》。

现在看，希区柯克是怎么做的？在他的电影中，鸟绝对不是“符号”，它在故事中直接发挥作用。它难以理喻，它处于合乎情理的事件链（chain of events）之处，它是无法无天的不可能的实在界（lawless impossible real）。电影的剧内行动（diegetic action）是如此深受鸟的影响，以至于它们的大规模出场使家庭剧的身份变得暧昧不明，使家庭剧失去家庭的意味。“自发”的观众并不把《群鸟》理解为家庭剧，因为在家庭剧中，鸟只是主体间关系和主体间张力的“符号”。在这部电影中，重心已经完全转移到了鸟发起的创伤性进攻上。在这个框架内，私密情感只是个“托儿”，只是大同小异的日常事件的一部分（电影的上半部分就是由这类事件构成的）。
106 在这个背景上，由鸟制造出来的稀奇古怪、难以理喻的狂乱，显得特别强烈。所以，鸟绝非“符号”，我们也无法探究其“含义”。恰恰相反，凭借着大规模的出场，鸟阻塞、遮蔽电影的“含义”。其作用在于，通过令人眼花缭乱的攻击，使我们忘却我们正在关注的问题，即母亲、儿子及儿子情人的三角关系。要使“自发”的观众轻易理解这部电影的“含义”，鸟的戏份早就该从电影中彻底删除。

有一个重要细节支持我们的解读。在电影即将结束时，米奇的母亲点头同意，“认可”了梅兰尼的儿媳身份，抛弃了自己的超我角色（她与梅兰尼在车内相视一笑，暗示了这一点）。他们之所以能在这个时候离开被鸟严重威胁的房子，原因就在这里：不再需要鸟了，它们的使命已经完成。正是由于这个缘故，电影的结局（电影最后一个镜头是汽车驶离，周围是一大群安详的鸟）具有绝对的连贯性，绝非某种“妥协”的结果。希区柯克曾经传播过一个谣言，说他本来喜欢另一个结局（汽车抵达金门大桥，大批的鸟黑压压地栖息在那里），但迫于电影公司的压力，不得不忍痛割爱。这只是导演制造的众多神话之一，他在煞费苦心地掩饰自己作品中真正重要的东西。

所以，我们可以理解，何以依弗朗索瓦·勒尼奥①之见，②《群鸟》是最终构成希区柯克体系（Hitchcockian system）的一部电影：鸟在希区柯克那里，是邪恶客体（Bad Object）的化身，是母性律令统治（reign of maternal law）的副本。也正是“魔力之邪恶客体”（Bad Object of fascination）与母性律令的结合，构成了希区柯克式幻象（Hitchcockian fantasy）的内核。

---

① 弗朗索瓦·勒尼奥（François Regnault，1938—），法国哲学家和编剧。退休前在巴黎第八大学任教。——译者注。

② 参见弗朗索瓦·勒尼奥（François Regnault），《希区柯克的形式系统》（“Système formel d'Hitchcock”），见《电影手册》（*Cahiers du Cinéma*），hors-série 8。

6 色情文艺、怀旧和蒙太奇：凝视的三驾马车

性倒错短路

作为客体的施虐狂

107 迈克尔·曼①的电影《猎人者》（*Manhunter*）讲述了一个警探的故事。这位警探有一种超强的能力：透过自己的"第六感"，凭借直觉，洞察变态的施虐狂杀人犯的内心。他的任务是侦破一起特别残忍的连续杀人案。凶手连续作案，对许多居住在宁静乡下的家庭大下杀手。每个被屠家庭都留下了用超八厘米胶片拍摄的家庭电影。警探反复播放这些家庭电影，为的是寻找共同特征，看这个共同特征是如何吸引凶手，并指导他作案的。但是，只要停留在内容的层面上（即在这些家庭自身之内）寻找共同特征，他的全部努力就会付诸东流。当某种非一致性映入他的眼帘时，他发现了识别凶

---

① 迈克尔·曼（Michael Mann，1943—），美国导演、编剧和制片。读大学时看了库布里克（Stanley Kubrick）的《奇爱博士》（*Dr. Strangelove*），此后与电影结缘。20世纪60年代入伦敦电影学校，并在英国生活了7年，制作了许多商业片和纪录片。从1981年的《贼》（*Thief*）到2009年的《公敌》（*Public Enemies*），共制作16部影片。《猎人者》拍摄于1986年。——译者注

手身份的关键因素。对最后一个犯罪现场的调查表明，在进入这所房子时，凶手砸开了后门；在砸开后门时，凶手使用的工具是不适当的，甚至是不必要的。案发几周之前，老后门已经换成了某种新型的后门。在砸开新后门时，另一种类型的工具更为适当。那么，凶手是如何获得这种错误的——或者说得更确切些，这种过时的——信息的？可以在家庭电影拍摄的某个场景中清晰看到老后门。所有被屠家庭只有一个共同点，那就是都拍了家庭电影。也就是说，凶手必定能够看到这些家庭电影，这些家庭除了都有家庭电影，再无共同之处。因为这些电影属于隐私，唯一把它们联系起来的地方，就是冲洗它们的实验室。快速的核查证明，这些电影都是由同一家实验室冲洗的。凶手很快被确认，他是实验室的一名工人。这种结局的理论旨趣何在？警探只在家庭电影内容的层面上，搜寻能够帮他抓获凶手的共同特征，因而忽略了形式，即忽略了下 108
列至关重要的事实：他自始至终都在观看一系列的家庭电影。当他意识到下列一点时，决定性的转折终于出现了：正是通过放映这些家庭电影，他已经把自己等同于凶手；他的强迫性凝视，他对犯罪现场每个细节的勘测，都与凶手的凝视重合在一起。这种认同处于凝视的层面，而不处于内容的层面。一旦把我们自己的凝视体验为他人业已存在的凝视，就会令人感到极端不快和淫荡。何以如此？拉康的答案是，这样的凝视重合，构成了变态者的身份。在拉康看来，“阴性”神秘主义者和“阳性”神秘主义者的差异，特雷沙修女①和

① 特蕾莎修女（Mother Teresa of Calcutta，1910—1997），又称做德兰修女、特里莎修女、泰瑞莎修女，天主教慈善工作者，主要为印度加尔各答的穷人服务。1979 年获诺贝尔和平奖。——译者注

雅格布·伯麦①的差异，就在这里。“阴性”神秘主义者暗示了非阳物的（nonphallic）、“并非全部”的快感，而“阳性”神秘主义者之所以为“阳性”神秘主义者，恰恰在于这样的凝视重合。借助于凝视重合，他体验到，上帝就是以他看待上帝的方式看待上帝自己的：“把他的沉思的眼睛与上帝借以审视自己的眼睛混合起来，必定带有某种变态的快感。”②

主体的视点与大对体的凝视的重合，既是性变态（perversion）的定义，也能使我们概括“极权主义”意识形态运作（ideological functioning）的一个基本特征：如果说，“阳性”神秘主义的性变态之所以为性变态，在于下列事实——主体借以思考上帝的视点，同时也是上帝借以思考上帝自己的视点，那么，斯大林式共产主义的性变态之所以是性变态，在于下列事实——政党借以审视历史的视点，与历史对自身的凝视完全重合在一起。用还算不错的旧式的斯大林主义的行话说，共产主义者直接打着“历史进程的客观规律”的名义行事；借他们的嘴说话的，正是历史本身，正是历史的必然性。

这也是我们可以轻而易举地运用拉康曾在《康德同萨德》中为萨德式变态（Sadean perversion）提出的基本定式，去描述斯大林式共产主义的主体身份（subjective position）的原因。依拉康之见，

---

① 雅格布·伯麦（Jacob Boehme，约 1575—1624），德国基督教神学家。幼时放羊，跟着鞋匠做学徒，生活艰难，没有受过正规教育。青年时期有过几次神秘体验，由此领悟了人与神、善与恶的关系。1624 年出版《基督之道》（*Weg zu Christo*），研究罪、恶和救赎的性质，影响深远。——译者注

② 拉康，《上帝与女性之快感》（“God and the Jouissance of Woman”），见《女性之性：雅克·拉康与弗洛伊德学派》（*Feminine Sexuality: Jacques Lacan and the Ecole Freudienne*），朱丽叶·米切尔（Juliet Mitchell）和杰奎琳·罗斯（Jacqueline Rose）编，New York，Norton，1982，p. 147。

萨德式主体试图躲避自己的构成性分裂（constitutive split），躲避自身的割裂，而躲避的方式就是把这样的分裂、割裂转移到他的受害者身上，同时把自己等同于客体，即占据快感意志（volonté-de-jouir）的客体－工具（object-instrument）位置。这不是他本人的意志，而是大对体的意志，大对体采取了“最高邪恶存在”（Supreme Evil Being）的形式。拉康与寻常的“施虐狂”（sadism）概念的彻底决裂也在这里。根据寻常的“施虐狂”概念，“施虐狂变态”（sadist pervert）是绝对的主体（absolute subject），他获得了无限享受其受害者的躯体的权利，把受害者变成了满足他自身意志的客体－工具。但是拉康认为，占据客体－工具的位置的，正是“施虐狂”自己，他是某种绝对异质性的意志的执行者。分裂主体（split subject）恰恰是他的受害者。变态者从事其活动，并不是为了让自己获得快乐，而是为了满足大对体的快感。① 因此，我们应该明白， 109
何以在拉康那里，变态的公式与幻象的公式完全相反，不是 $\$ \diamond a$，而是 $a \diamond \$$。② 我们还应该明白，何以这个公式还可以用来描述斯

---

① 在这方面，变态者（pervert）的主体身份显然不同于强迫性的神经病患者（obsessional neurotic）和精神病患者（psychotic）的主体身份。无论是变态者，还是强迫性的神经病患者，他们全都陷入服务于大对体（the big Other）的狂热行动之中。不过，二者的差异在于，强迫性的神经病患者的行为是阻止大对体获得快感。也就是说，他担心，一旦他中止行动，“灾难”就会发生。说到底，这样的“灾难”就是大对体的快感。与此不同，变态者采取行动，是为了确保大对体的“快感意志”（will to enjoyment）得到满足。这也是变态者能够去除怀疑和坚定不移的原因，而怀疑和首鼠两端是强迫性的神经病患者的特征。变态者要以自己的行动服务于大对体的快感，并把这种行为看作理所当然的事情。另一方面，精神病患者本身就是大对体获得快感的客体，就是对大对体的“补充”。就像弗洛伊德在《施莱伯病案》（*The Schreber Case*）中分析过的施莱伯，他把自己设想为上帝的性伙伴。大对体在利用他。与变态者截然不同，精神病患者只是服务于大对体的手段和中性工具。

② 参见拉康，《文集》，第 774—775 页。

大林式共产主义的主体身份：他无休无止地折磨自己的受害者（即大众，“普通”民众），但他在这样做时，他只是大对体的工具，只是“历史的客观规律”、“历史进步的必然性”的工具。在这种大对体的背后，我们不难找到“最高邪恶存在”之类的萨德式人物。斯大林主义这一个案完美地表明，在变态中，受害者何以是分裂的：斯大林主义的共产主义者折磨民众，但他这样做时，他是民众的忠实奴仆，他打着民众的旗号，他是他们自身意志（他们“真正的、客观的利益”）的执行者。①

---

① 另一种极权主义——即对“极权主义”（严格说来是极右翼极权主义）的补充——之所以被称为极权主义，是因为在它内部出现了短路。短路并不发生在主体与客体之间（主体已经沦为大对体的客体 - 工具），而是发生在意识形态性符指（ideological signification）与幻象之间。意识形态性符指是由符号代码（symbolic code）即大对体制造出来的。而幻象只是工具，意识形态大对体以之掩盖自身的非一致性，掩盖自身的匮乏。用拉康“欲望图”中的数学式表示，这种短路介于 s（A）与$\$\diamond a$之间。［参见拉康《文集》（A Selection），第 313 页。］我们且以新保守主义（neoconservativism）为例。在所指（the signified）的层面上，这种意识形态给我们提供了一个意义领域。该意义领域是以世俗、平等的人本主义和家庭、法律、秩序、责任、自立的价值的对立为中心建构起来的。在意义领域中，自由不仅为共产主义所威胁，而且为注重福利的国家官僚制度所威胁。不过，与此同时，这种意识形态还有其“不言而喻”的一面：它在“没有言明”的层面上运作。这时，它并不直接提及这些威胁，而是暗示这些威胁的存在。存在着一套系列完整的幻象，没有这些幻象，我们无法解释新保守主义何以如此强劲，无法解释下列事实——它以某种充满激情的方式捕获了主体。这些幻象包括：男性至上主义的幻象，据此幻象，被胡乱“解放”出来的女性对男性构成了威胁；种族主义的幻象，据此幻象，祖先是英国新教徒的美国人（WASP）是“人之为人”的代表，在每个黑种人、黄种人的内心深处，都渴望成为白种美国人；以及这样的幻象——“他者”（即敌人）总是不遗余力地剥夺我们的快感，而且他们能够获得隐秘的快感，我们却无法获得；等等，等等。新保守主义以这种差异为生，更离不开那些无法用语言表述、无法融入其意识形态符指（ideological signification）的幻象。一旦符指领域（field of signification）和这些幻象发生短路，也就是说，一旦这些幻象直接侵入符指领域，一旦直接提及这些幻象（纳粹主义就是如此，它公开谈论用以支撑排犹主义的性幻象以及其他幻象的完整肌质，并将其纳入自己的意识形态意义的领域），新保守主义和极右极权主义的界限就会被打破。纳粹主义意识形态公

色情文艺

如此说来，《猎人者》的终极反讽在于，面对变态－施虐狂内容，警探只要承认，在形式层面上，他使用了“变态”的手法，他就能找到解决问题的方案。这暗示了他的凝视与他人（凶手）的凝视的重合。正是我们的视点与他人凝视的这种交叠和重合，可以帮助我们理解色情文艺。

正如常人理解的那样，作为一个文类，色情文艺就要“春光全泄”，毫无遮拦，把一切呈现于我们眼前。尽管如此，在色情电影中，由旁观获得的“快感实体”（substance of enjoyment）彻底丧失了。何以至此？且让我们回想一下拉康在《讲座之十四》中阐明的凝视与眼睛的二律背反关系（antinomic relation）：观赏客体的眼睛（eye）处于主体一边，而凝视（gaze）属于客体一边。在我观看客体时，客体永远都在凝视我，而且是从一个我无法看到的地方凝视我：

> 在视觉场域，一切都是由两个以二律背反的方式（antinomic way）运作的术语连接起来的：在事物的一边的是凝视，也就是说，事物在看我，尽管我也看它们。我们就应该这样理解在《福音书》中被极力强调的语句：它们有眼却不能看。不

（接上页注）开宣称，犹太人引诱了他们纯洁无瑕的女儿，获得了变态的快感，等等。这种意识形态不会袖手旁观，让这种意识形态的接受者自己臆测这些“事实”。普通的智慧还是包含那么一点真理的。根据这种普通的智慧，“温和”右翼和“激进”右翼的区别仅仅在于，“激进”右翼敢想也敢说，“温和”右翼只敢想却不敢说。

能看什么？当然，事物正在看着他们。①

110 凝视与视点的这种二律背反，在色情文艺中全部丧失掉了。何以如此？因为色情文艺本质上是变态的。色情文艺的变态性并不在于下列显而易见的事实——它是那样的“酣畅淋漓，一览无余，把所有的肮脏细节展示给我们”；要以严格的形式的方式来理解色情文艺的变态性。在色情文艺中，观众被迫先验地占据变态者的位置。凝视没有落在被观赏的客体上，而是落到了我们这些观众身上。这可以用来解释，何以我们观赏的屏幕形象并不包含这样的地方，这样的崇高－神秘的点位（sublime-mysterious point），屏幕形象可以从那个地方，从那个崇高－神秘的点位凝视我们。只有我们才愚蠢地凝视那个“一丝不挂”的形象。有一种老生常谈认为，在色情文艺中，他者（出现在屏幕上的人）已经沦为我们的窥阴癖客体。与这种老生常谈截然相反，我们必须强调，真正占据客体的位置的，正是观众自己。真正的主体是屏幕上的演员，他们试图令我们热血喷张，而我们这些观众则沦为瘫成一堆的客体－凝视。②

因此色情文艺丧失、减少了他者身上的客体－凝视之点（point of the object-gaze）。这种丧失采取的形式恰恰是被错过的、失败的

① 拉康，《精神分析的四个基本概念》，第109页。——作者注

拉康在这里所引《圣经》，英文为“They have eyes that they might not see”，但一般英文本为“They have eyes, but they do not see”。见《诗篇》115：5。——译者注

② 正是因为在色情电影中，画面并不凝视我们，正是因为色情电影“一马平川”，没有任何需要我们“斜目而视”的神秘“斑点”（色情电影如果要具备独特的形态，就需要我们对它“斜目而视”），决定演员的眼睛看向何方的基本律令才不再发挥作用：在色情电影中，演员（通常是女演员）在欲死欲仙之时，眼睛会直视摄影机，直面我们这些观众。

相遇（a missed，failed encounter）。也就是说，在“正常”的、非色情的电影中，爱情场景的拍摄总有其不可超越的疆界，“不能什么都一览无余”。到了关键之处，形象会变模糊，摄影机会移开，场景会被切断，总之我们永远不能直接看到“那个”（性器官的插入等）。这种可表现性之极限（limit of representability）是“正常”的爱情故事或情节剧的定义。与这一极限相反，色情文艺离经叛道，“展示一切”。然而，悖论在于，一旦越界，它就会走得太远。也就是说，它就会丧失在“正常”的、非色情爱情场景中一直隐匿之物。让我们再次引用布莱希特在《三便士歌剧》中发出的妙语吧：如果在追逐幸福时跑得太快，你就会超过幸福，幸福就会被你甩到后面。如果我们跑得太急，就会“错过关键”，如果我们展示了“那个玩意”，我们必定丧失我们正在追赶的东西。其结果是极其粗俗和沮丧的。任何看过毛片的人，都会承认这一点。因而，色情文艺只是阿基琉斯和乌龟的悖论的另一种变体。在拉康看来，阿基琉斯和乌龟的悖论界定了主体与满足主体欲望的客体的关系。自然，阿基琉斯不费吹灰之力就能大大地超过乌龟，把它远远甩到后面。但关键在于，他无法与乌龟并驾齐驱。“正常”的爱情故事（性行为）可以接近但永远无法抵达的、难以企及的/被禁止的客体，只有在被隐匿、暗示、“伪造”的前提下，才能存在。一旦我们“展示了它”，它的魅力就会烟消云散，因为我们已经“走得太远”。结果，我们没有得到崇高的原质（sublime Thing），反而身陷粗俗不堪、气喘吁吁的通奸。

由此导致的结果是，从结构上讲，电影叙事（故事的展开）与性行为的直接展示要想融洽和谐，这是根本不可能的事情：挑选一个，必定失去另一个。换言之，如果要得到一个令我们“动容”、 111

让我们感动的故事，我们就绝对不能“放浪形骸”，不能“展示一切”（性行为的细节），因为一旦“展示一切”，故事就不再被严肃地看待，就会被仅仅视作引入交媾行为的“托儿”。我们可以通过“实在界之知”，察觉这两者间存在的缝隙。“实在界之知”决定了演员在不同电影类型中的行为方式。从进入剧情现实（diegetic reality）的人物的言谈举止看，仿佛他们已经知道自己身处何种类型的电影之中。例如，在恐怖电影中，门嘎吱一声响了，演员会回过头来，焦躁不安地望着它。在家庭喜剧电影中，门嘎吱一声响了，演员还是那个演员，但他会告诫自己的孩子，不要在公寓里跑来钻去。对于更大范围的“色情”电影来说，情形也是如此：在看到性行为之前，我们需要一个简短的过渡。通常会设计一个愚蠢的情节，让它充当演员开始交媾的“托儿”，如家庭主妇叫来一个水管工，如新秘书向经理汇报什么事情，等等。关键在于，即使在表演这个过渡性的情节时，演员还是会泄露天机：对他们而言，这只是一个愚蠢而必要的手续，虽不情愿，却不得不尽快做完，以便开始着手展示“真货色”。①

完美的色情作品的幻象理想（fantasy ideal）之所以为理想，在于它要保留这种不可能的和谐，在叙事与直接描述性行为之间保持

① 这种“不可能之知”（impossible knowledge）之悖论，已经铭刻于演员在屏幕上的反应方式。它比最初看上去更为有趣。例如，它为我们提供了一条途径，供我们解释希区柯克在自己电影中客串演出所遵循的逻辑。他的哪一部电影糟糕透顶？《黄宝石》（*Topaz*）。在这部电影中，希区柯克坐着轮椅出现在机场的候机室，仿佛他要告诉我们，他的创造力已经受到致命的打击。在他最后一部电影《家庭阴谋》中，他作为一个影子，映现在登记处的窗玻璃上，仿佛他要告诉我们，他已经来日无多。他的每次客串演出，都揭示了诸如此类的“不可能之知”，仿佛希区柯克能够瞬间取得纯粹元语言的身份（position of pure metalanguage），能够对自己进行“客观的审视”，锁定自己在画面上的位置。

平衡，避免出现鱼与熊掌不可兼得的尴尬事情。且以《走出非洲》这种老式的怀旧情节剧为例。让我们假定，这部电影就是要在电影院中放映的那种电影，不包括那额外的十分钟。当罗伯特·雷德福（Robert Redford）和梅丽尔·斯特里普（Meryl Streep）第一次亲密接触时，场景（在略长的版本中）没有被切断，摄影机“展示了一切”，展示了撩人的性器官的各种细节，展示了插入和高潮，等等。不过，在这一幕过后，故事像寻常那样继续下去，我们也回到了我们全都熟悉的内容。问题是，这样的电影在结构上是不可能的。即使非这样拍摄不可，它也“不会马到成功”。那额外的十分钟会令我们心神不宁。在接下来的电影中，我们将无法保持平衡，无法追随故事的发展，因为我们不再相信剧情现实。性行为会充当实在界的入侵（intrusion of the real），它颠覆了剧情现实的一致性。

怀旧

在色情文艺中，“作为客体的凝视”（gaze qua object）落到了主体-观众身上，导致了令人抑郁的去崇高化（desublimation）之功效。这也是为什么说要提取纯粹的、正式的身份意义上的凝视-客体，我们就必须转向与色情文艺相对的另一极——怀旧——的原因。

关于电影领域中的怀旧魅力（nostalgic fascination），或许现在 112
名头最响的例子，就是20世纪40年代的美国黑色电影了。且让我们以它为例来说明问题。何以这类电影如此迷人？显然，我们不再能够与它浑然一体。现在，《卡萨布兰卡》、《爱人谋杀》（*Murder, My Sweet*）或《走过过去》（*Out of the Past*）会引得观众捧腹大笑。但是，尽管如此，这不会危及这类电影的魅力。电影与观众的距离，乃这类电影得以存在的前提。也就是说，令我们着迷的，恰恰是某个凝视，是他者的凝视，是假想和虚构出来的20世纪40年代的观众的凝视。我们假定，这些观众依然能与黑色电影描绘的世界融为一体。在看黑色电影时，我们真正看到的，就是他者的这一凝视：我们痴迷于这些神话般“天真”的观众的凝视，他们“还能严肃地看待这类电影”。换言之，他们在为我们“相信这类电影”，在替我们“相信这类电影”。职是之故，我们与黑色电影的关系总被痴迷和反讽距离（ironic distance）所割裂：痴迷即对20世纪40年代观众的凝视的痴迷，反讽距离则是与剧情现实保持的距离。

这种凝视－客体以其最纯粹的形式，出现在一系列电影中。在这些电影中，怀旧的逻辑具有自我指涉的性质。这些电影包括《体热》（*Body Heat*）、《司机》（*Driver*）和《原野奇侠》（*Shane*）。正如弗雷德里克·詹姆逊（Fredric Jameson）在其论述后现代主义的著名论文中指出的那样,[①]《体热》颠覆了寻常的怀旧手法。在那里，充当怀旧客体的历史片断是从其历史语境和其连续性中抽取出来，然后又被插入某种神话般的、永恒的现在之中的。重拍片《双重赔偿》（*Double Indemnity*）中的故事发生于现在的弗罗里达。在这部黑色电影中，现在是透过20世纪40年代的黑色电影之眼观赏的。我们没有把历史的碎片置于永恒的、神话般的现在，相反，我们观赏现在，仿佛现在是神话般历史的一部分。如果我们没有想到“20世纪40年代人的凝视”，那么《体热》就只是一部有关现代生

① 参见弗雷德里克·詹姆逊（Fredric Jameson），《后现代主义，或晚期资本主义的文化逻辑》（“Postmodernism, or the Cultural Logic of Late Capitalism”），见《新左翼评论》（*New Left Review*），146（1984）。

活的现代电影，因此也是完全无法理解的。《体热》的全部魅力都是由下列事实带来的：它在透过神话般历史的眼睛审视现在。同样的"凝视辩证"（dialectic of the gaze）还出现在沃尔特·希尔①的《司机》中。《司机》的出发点还是20世纪40年代的黑色片，但那时还没有"黑色片"这样的称谓。到了20世纪50年代，法国批评家发现了它。即使在英国，用来指称这类电影的术语也是法语"*film noir*"（黑色电影），这不是偶然的。在美国，某些低预算二类作品（B-productions）本来只有少许的批判声誉（critical prestige），但在经过法国凝视（French gaz）的干预后，神奇地变成了崇高的艺术客体，变成了可以与哲学存在主义比肩的电影类型。在最好的情况下，美国的技法熟练的导演变成了auteurs（具有自己独特风格的电影导演）。每个这样的导演都在自己的电影中呈现出独特的悲剧性宇宙视境。但有一个至关重要的事实不可忽视：法国的黑色电影观对法国电影的制作产生了巨大的影响力，以至于在法国，一种 113
与美国黑色电影类似的电影类型开始形成。它最著名的例子，或许就是让-皮埃尔·梅尔维尔②的《独行杀手》（*Samurai*）。希尔的《司机》类似于重新拍摄的《独行杀手》，它致力于法国凝视重新回到美国。这是一个悖论，一个"美国透过法国人的眼睛审视自己"的悖论。如果我们把《司机》仅仅视为一部有关美国的美国

---

① 沃尔特·希尔（Walter Hill，1942—），美国电影导演、编剧和制片，以拍摄动作片和西部片闻名，声称"我拍的每部影片都是西部片"。《司机》（*The Driver*）是他执导的第二部影片，拍摄于1978年。——译者注

② 让-皮埃尔·梅尔维尔（Jean-pierre Melville，1917—1973），法国电影制作人，本名是Jean-Pierre Grumbach，第二次世界大战期间为向美国作家赫尔曼·麦尔维尔（Herman Melville）表示敬意，改为现名。以拍摄黑色片闻名，对法国新浪潮运动影响较大。56岁时死于心脏病。——译者注

电影，它就会变得无法理解。因此，我们必须把“法国凝视”纳入我们的视野。

我们最后的例证是《原野奇侠》。它是由乔治·史蒂文斯①执导的经典西部片。众所周知，20 世纪 40 年代末，作为一种电影类型的西部片经历了它的第一次危机。一向朴素的西部片开始露出矫揉造作和机械呆板之弊。它们似乎已经走到穷途末路。作者们开始把其他电影类型的因素融入西部片，以此应对危机。于是有了黑色西部片（*film noir* westerns）。在这方面，拉乌尔·沃尔什②的《追踪》（*Pursued*）把黑暗的西部世界植入西部片，完成了几乎无法完成的任务；有了歌舞喜剧西部片（musical comedy westerns），如《七对佳偶》（*Seven Brides for Seven Brothers*）；有了心理西部片（psychological westerns），如重新拍摄的《壮志千秋》（*Cimarron*）。在 20 世纪 50 年代，安德烈·巴赞③把这种“得自他人”的崭新电

---

① 乔治·史蒂文斯（George Stevens，1904—1975），美国电影导演、制片和编剧。20 世纪 30 年代开始执导影片，20 世纪 50 年代乃其鼎盛时期。1951 年执导的《郎心如铁》（*A Place in the Sun*）获奥斯卡最佳导演奖，1953 年执导的西部片《原野奇侠》（*Shane*）使他获得当年美国电影艺术与科学学院授予的撒尔伯格纪念奖，1956 年执导的《巨人》（*Giant*）引人入胜。1955 年出任美国电影科学艺术学院院长。——译者注

② 拉乌尔·沃尔什（Raoul Walsh，1887—1980），美国电影导演，美国电影艺术和科学研究院创始人。本是纽约的舞台剧演员，后转入电影业。1914 年成为大卫·格里菲斯（David W. Griffith）的助手，同年拍摄了第一部长片《维拉将军的一生》（*The Life of General Villa*）。在《一个国家的诞生》（*The Birth of a Nation*）中扮演过杀死林肯的凶手。沃尔什于 1964 年告别影坛，其间共导演了 100 多部电影，涉及的类型广泛。——译者注

③ 安德烈·巴赞（André Bazin，1918—1958），法国战后现代电影理论家。1945 年发表论文《摄影影像的本体论》，为现实主义电影理论体系奠定了基础。创办《电影手册》杂志并担任主编。虽英年早逝，未能目睹新浪潮的崛起，但他的理论为电影带来了新气息，因此被誉为“新浪潮精神之父”。——译者注

影类型命名为“元西部片”（meta-western）。只有在“元西部片”的背景下，我们才能把握《原野奇侠》的运作方式。《原野奇侠》是西部片的悖论，是西部片自身的“元”维度。换言之，正是西部片本身暗示我们，要对西部片描述的世界保持怀旧的距离（nostalgic distance）。可以说，西部片即西部片自身的神话。要解释《原野奇侠》产生的功效，我们就必须再次提及凝视的功能。也就是说，如果我们依旧停留在常识的层面，如果我们不把凝视这一维度纳入视野，一个简明易懂的问题就会出现：如果这部西部片的元维度就是西部片自身，那又如何解释这两个层面本身保持的距离？为什么元西部片不能与西部片合二为一？为什么我们不能获得一部地地道道的西部片？这些问题的答案是：出于结构上的必要性（structural necessity），应把《原野奇侠》置于元西部片的语境之下。就其直接的剧情内容的层面而言，它当然是地地道道的西部片，是有史以来最纯粹的西部片，但它们的历史语境又使我们把它理解为元西部片。也就是说，正是因为就其剧情内容而言它是纯粹的西部片，所以，由历史语境打开的“超西部片”之维，就只能由西部片自身来延展。换言之，一旦纯粹的西部片不再可能，一旦在欣赏西部片时与它保持某种怀旧的距离，并把它视为已经丧失的客体（loss object），《原野奇侠》就是一部纯粹的元西部片。这是它明确暗示我们，故事要从一个孩子的视角讲起的原因。这部电影透过孩子的视角讲述的故事是，侠客谢恩（Shane）这位来无影去无踪的神话般的英雄奋 114
力反抗残暴的养牛人，保卫以农耕为业的农民。他者天真纯洁的凝视令我们沉醉于怀旧之中。归根结底，这种凝视是孩子的凝视。

在怀旧的复古电影（retrofilms）中，“作为客体的凝视”也遵循这样的逻辑。真正迷人的客体并不是演示出来的场景，而是被它深深吸引和陶醉的天真“他者”的凝视。例如，在《原野奇侠》中，只有通过“纯真”儿童的凝视这个中介，我们才能为谢恩的神秘幽灵所迷惑。我们无法直接为之迷惑。根据这样的魅力逻辑（logic of fascination），主体在客体（即他的观赏对象）那里看到的，只是主体自己的凝视。也就是说，根据这样的魅力逻辑，主体只能在被观赏对象身上“看见自己在看”（sees itself seeing）。拉康把这样的魅力逻辑定义为完美的自我映射（self-mirroring）之幻觉，这也是笛卡儿有关自我反射主体（subject of self-reflection）的哲学传统的特征之所在。① 但是，怎么会导致眼睛与凝视的二律背反？拉康理论的全部要义在于把下列两者对立起来：其一是哲学主体性之自我映射（self-mirroring of philosophical subjectivity），其二是“作为客体的凝视”与主体的眼睛之间无法化解的矛盾。“作为客体的凝视”绝非自足的自我映射点（point of self-sufficient self-mirroring），相反，它更像是一个斑点，降低了被观赏对象的清晰度。我从来不能恰当地观看“他者身上的视点”（point in the other），从来不能把“他者身上的视点”纳入我的视域，而他者就是从那个视点那里凝视我的。这个“视点”就像小霍尔拜因的《使节》上的大型斑点，它破坏了我视觉的和谐。

我们问题的答案是很显而易见的：怀旧客体（nostalgic object）的功能在于，借助于迷人的力量，遮蔽眼睛与凝视的二律背反，遮蔽“作为客体的凝视”产生的创伤性冲击。在怀旧中，他者的凝视在某种程度上已被驯服，已被“绅士化”。我们得到的不是像创伤性、不和谐的斑点一样喷涌而出的凝视，而是这样的幻觉——“看

① 拉康，《精神分析的四个基本概念》，第 74 页。

见自己在看”（seeing ourselves seeing），也就是说，看见了凝视（seeing the gaze）。在某种程度上，我们可以说，怀旧之魅力的功能恰恰在于，它们使我们无视下列事实——他者已经在凝视我们。在卡夫卡的寓言作品《法律之门》（*The Door of the Law*）中，① 那个等在法院门前的乡下人，没有获准进入法院，却痴迷于门后的秘密。到最后，由法院生发的魅力烟消云散了。但是法院生发的魅力何以烟消云散？守门人告诉他，这道门从一开始就是单为他一人所开。这时，法院的魅力瞬间丧失。换言之，他告诉那个乡下人，在某种程度上，令他陶醉之物自始至终都在回头凝视着他，在面对他。也就是说，那个乡下人的欲望从一开始就是“游戏的一部分”。《法律之门》中的全部景观和隐藏在景观之后的秘密，全都是用来捕获他的欲望的。如果说迷人的力量只有一个目的，即制造迷人的效果，那么这个事实就必须予以隐匿。一旦主体意识到，他者在凝视他（这门仅为他一人所设），魅力就会烟消云散。

在拜罗伊特版的《特里斯坦与伊索尔德》（*Tristan und Isolde*） 115
中，让-皮埃尔·庞奈尔②把一个极其有趣的变化引入了瓦格纳最初的情节。这个变化恰恰涉及凝视作为迷人客体（object of fascination）发挥作用的方式。在瓦格纳的剧本中，结局只是延续了神话的传统。濒死的特里斯坦在他位于康沃尔（Cornwall）的城堡内将息，同时等待伊索尔德的到来。由于对伊索尔德所乘船只的风帆的

---

① 这里的“The Door of the Law”（法律之门）英文世界一般译为“Before the Law”（《法律门前》或《法的门前》）。——译者注

② 让-皮埃尔·庞奈尔（Jean-pierre Ponnelle，1932—1988），法国歌剧导演。生于巴黎，在那里研究哲学、艺术和历史，1952年在德国进入歌剧界，1962年执导瓦格纳的《特里斯坦与伊索尔德》（*Tristan und Isolde*），此剧在拜罗伊特音乐节（Bayreuth Festival）上演出，并大受欢迎。——译者注

颜色产生了误解，他确信伊索尔德不会到来，于是在痛苦中死去。不久，伊索尔德和她的合法丈夫马可国王一起来到这里。马可国王愿意宽恕他们，尽管他们罪孽深重。不过，一切都为时已晚。特里斯坦已经离世。伊索尔德也怀抱着特里斯坦死去。庞奈尔对情节所做的改动，就在这最后一幕。在那里，仿佛“真正”的情节终结于特里斯坦之死。随后发生的一切，包括伊索尔德和马可的到来，包括伊索尔德之死，只是特里斯坦临终之前的谵妄而已。按庞奈尔修改后的情节，伊索尔德违背了她对情人的誓言，回到了丈夫身边，并向丈夫表示悔悟。《特里斯坦与伊索尔德》这个更为著名的结局，以及伊索尔德的爱与死，是按照真实的样子展示出来的。那就是男性幻象（masculine fantasy），即男性最终实现了性关系的幻象。根据这一幻象，这对情人在临终的狂喜中永结同心。或者说得更确切些，在这一幻象中，女性在心醉神迷的自我摒弃（ecstatic self-abandonment）中追逐自己的男人，至死不渝。

但是，对我们而言，至关重要之处在于，庞奈尔是以何种方式展示伊索尔德的出现的？因为她的出现对特里斯坦才有意义，所以我们期待她站在他面前，吸引他的凝视，令其陶醉。不过，在庞奈尔布置的场景中，特里斯坦直视着我们这些音乐厅里的观众，而光彩焕发的伊索尔德在他身后越发华丽起来，仿佛她“在他之内又不属于他自己”。特里斯坦痴迷地注视的客体，就是（以我们这些观众为化身的）他者的凝视。这种凝视盯着伊索尔德。也就是说，这种凝视不仅盯着特里斯坦，而且盯着他的“崇高的他者”（sublime other），盯着“在他之内又不属于他自己”之类的东西，盯着他身内的“宝藏”。在这里，庞奈尔敏捷地运用了伊索尔德的唱词。她没有投身于某种孤独的恍惚，而是持续地面对他者的凝视：“朋友！难道你不明白，难道你无法明白，他（指特里斯坦）越来越光彩诱人?”当然，在他那里“越来越光彩诱人”的东西，就是在他身后显形的她本人。

如果说怀旧魅力的功能就是隐匿、缓解“作为客体的凝视”的不协调的入侵，那么，这种凝视又是如何制造出来的？哪一种电影手法在意象的连续流动中，在“作为客体的凝视”中打开了一片空白？我们的论点是，这种空白构成了必不可少的蒙太奇残留（leftover of montage）。所以，关于“作为客体的凝视”的身份，色情文 116
艺、怀旧和蒙太奇构成了某种准黑格尔式的“三驾马车”。

希区柯克式剪切

蒙太奇

蒙太奇通常被理解为制造“电影空间”（cinematic space）之效果的手段，制造特定的剧情现实的手段。制造如此效果和现实的材料，则是“实在界的片断”（fragments of the real），包括拍摄的胶片和不连贯的单个镜头。也就是说，大家普遍承认，“电影空间”从来都不是对外在的、“实际”的现实的简单重复或摹仿。“电影空间”是蒙太奇制造出来的效果。然而，常常为我们所忽略的是，把“实在界的片断”转化为电影现实，这一行为通过某种结构上的必要性，制造了某种残余和剩余。这些残余和剩余与电影现实格格不入，但还是要由电影现实或电影现实的一部分来暗示。[1] 这种

---

① 这个问题最早是由诺埃尔·伯奇（Noël Burch）在其有关银幕外空间（off-screen space）的理论中提出的。所谓银幕外空间，就是由镜头和反镜头（counter-shot）的相互暗示构成的特定外部空间。参见诺埃尔·伯奇，《电影实践之理论》（*The Theory of Film Practice*），New York，Praeger，1973。

“实在界的剩余”（surplus of the real）最终变成了“作为客体的凝视”。这在希区柯克的作品中得到最好的证明。

我们已经指出，希区柯克电影世界的基本构成元素即所谓的“斑点”（spot）。现实围绕着“斑点”运转。“斑点”会转化为实在界，转化为神秘的细节。这些神秘细节会向外“伸展”，无法融入符号性的现实网络（symbolic network of reality），因而暗示我们“某种东西已经丧失”。“斑点”最终与他者骇人的凝视重合在一起。《火车怪客》中那个著名的网球场场景以几乎一望即知的方式证明了这一点。在那个场景中，盖伊死死盯着观看比赛的观众不放。摄影机先展示给我们一个长镜头，拍的是看比赛的观众。所有的脑袋都随着网球的运动，从左到右和从右到左地交替摇摆。只有一个人例外，他眼睛一动不动地盯着摄影机，即盯着盖伊。然后摄影机快速接近这个静止的脑袋。这个人就是布鲁诺，一纸杀人合约把他和盖伊连为一体。我们在这里看到的，是对纯真的拘谨静止的凝视。它像陌生的尸体一样向外伸展，通过引入了一个骇人的维度而破坏了画面的一派和谐。

著名的希区柯克式“推拉镜头”的功能，恰恰是制造斑点。在用推拉镜头拍摄一个细节时，摄影机从远景推向特写，但那个细节依然是模糊不清的斑点。只能借助来自变形的“旁视”（view from aside），才能看清斑点的真实形态。这个镜头慢慢把下列元素从其环境中隔离开来：它无法融入符号性现实；如果被描述的现实要保持其一致性，它就必须一直是奇异之物（strange body）。但是我们这里感兴趣的是，在某些条件下，蒙太奇干预推拉镜头。也就是说，持续推进的镜头被剪接打断了。

117 确切些说，这些条件是什么？简单说来，当推拉镜头是“主观性”镜头时，当摄影机向我们展示某个人的主观视点时（他正在接近客体-斑点），这个推拉镜头就必须被打断。也就是说，在希区柯克的电影中，无论何时何地，一旦主人公（即某个人，场景是以他为中心建构起来的）接近某个客体、某个事物、另一个人和任何变得“离奇”（即弗洛伊德所谓的“unheimlich”）的事物时，希区柯克通常交替使用“客观”镜头和主观镜头。“客观”镜头拍摄的是处于运动中的主人公，他正在接近某个离奇的事物。主观镜头拍摄的是主人公的眼中之物，即主人公对某个离奇事物的主观审视。可以说，这是基本的手法，是希区柯克蒙太奇的零度。

让我们举几个例子。《惊魂记》快要结束之时，马里恩的姐姐莱拉（Lilah）爬过一段山坡，走向神秘的旧房子，即所谓的“诺曼母亲”家。这时，希区柯克交替使客观镜头（莱拉爬坡）和主观镜头（她爬坡时看到的老房子）。在《群鸟》中也是如此。雷蒙·贝卢尔①曾对《群鸟》中的一个著名场景做过分析。② 在那个场景中，梅兰尼在乘坐租来的小船横跨海湾后，走近米奇的母亲和妹妹居住的房子。希区柯克再次交替使用客观镜头和主观镜头。客观镜头拍摄的是忐忑不安的梅兰尼，她知道自己正在侵入一个家庭的私密之地。主观镜头拍摄的是她对这所神秘、寂静的房子的主观审视。③ 在无数其他的例子中，让我们仅仅提一提《惊魂记》中一个简短而

---

① 雷蒙·贝卢尔（Raymond Bellour，1939—），法国文学理论家和电影理论家，法国国家科学研究中心资深研究员。一直在巴黎大学开设讲座。——译者注

② 参见雷蒙·贝卢尔（Raymond Bellour），《电影分析》（*L'analyse du film*），Paris，Edition Albatros，1979。

③ 在这两种情形下，主人公接近的客体都是房子。这不是偶然的。关于《美人计》，帕斯卡尔·鲍尼泽尔（Pascal Bonitzer）提出了一套有关房子的详细理论。他认为，希区柯克电影中的房子是隐藏乱伦秘密的场所。参见帕斯卡尔·鲍尼泽尔，《美人计》，见《电影手册》358（1980）。

琐碎的场景，即马里恩和汽车经销商出现的那个场景。在那里，希区柯克多次使用蒙太奇手法。比如，在马里恩走近汽车销售商时，使用了蒙太奇手法。就在这个场景即将结束时，警察走过来了（这名警察当天早晨曾经拦过她的车），这时也使用了蒙太奇手法。借助于这种纯粹的形式手法，一个极其琐碎的日常事件被赋予了令人心神不宁、惶恐不安的维度。剧情内容（即马里恩用偷来的钱购买新车并担心暴露真相）不足以解释这一维度的骇人性质。希区柯克式蒙太奇提升了日常的、琐碎的客体，使它们成了崇高的原质（sublime Thing）。通过纯粹的形式操控，希区柯克式蒙太奇成功地把焦虑和不安的气氛赋予了普通的客体。①

在希区柯克式的蒙太奇中，两种镜头是允许使用的，两种镜头是禁止使用的。允许使用的镜头之一是拍摄某人走近一个原质的客观镜头，之二是通过某人的眼睛呈现原质的主观镜头。禁止使用的镜头之一是拍摄原质和“离奇”客体的客观镜头，之二是这样的主观镜头——从“离奇”客体的角度拍摄某个正在走近的人。这一点最重要。让我们再次回到前面论及的《惊魂记》中的一个场景，即描述莱拉走近山顶上的房子的那个场景。至关重要的是，希区柯克仅从莱拉的角度展示骇人的原质（房子）。如果他要增加一些有关这所房子的“中性”的客观镜头，全部的神秘效果就会消失得一干

① 在对观众进行讽刺性和虐待性的戏弄时，希区柯克注意到了形式手法与形式手法服务的内容的分裂，并注意到了下列事实——焦虑是由纯粹的形式手法造成的。首先，通过形式上的操控，希区柯克赋予日常、琐碎的客体以神秘、焦虑的气氛。因此，很显然，这个客体实际只是一个日常的客体。在这方面，最著名的个案可在再版的《知情太多的人》中寻找。在伦敦郊外的大街上，詹姆斯·斯图尔特走近一个陌生人。他们默默地交换了眼神，紧张和焦虑的气氛骤然而起。陌生人似乎在威胁斯图尔特。但我们很快发现，斯图尔特的怀疑毫无根据。那个陌生人只是恰巧经过那里的过路人。

二净。那样，我们这些观众就不得不忍受彻底的去崇高化过程。我们会突然意识到，房子里面没有任何“离奇”的东西，它就像帕特 118
里西亚·海史密斯的短篇小说中的“黑屋子”，只是一所普普通通的老房子而已。令人心神不宁的效果就会被彻底“心理学化”。我们会对自己说，“这只是一所普普通通的房子，所有的秘密和由它导致的焦虑，都只是女主人公内心骚动不安导致的结果”。

如果希区柯克增加一个使原质“主体化”的镜头，也就是说，如果希区柯克增加一个从房内拍摄的主观镜头，那样，“离奇”的效果同样也会一去不返。我们不妨做这样的设想：在莱拉接近房子时，出现了个抖动的镜头，拍摄走近房子的莱拉；那是从房间窗帘后面拍摄的，同时还伴有沉重的呼吸声。它暗示我们，某人正在房内盯着莱拉。这种通常用于标准惊悚片（thrillers）的手法，自然会强化紧张的气氛。我们会对自己说，“这也太可怕了！房子里面竟然有人（或许是诺曼的妈妈?），她在看着莱拉。莱拉有致命的危险，却毫不知情!”但这样的主体化会再次破坏“作为客体的凝视”的身份，把“作为客体的凝视”减化为另一个剧情人物的主观视点。谢尔盖·爱森斯坦（Sergei Eisenstein）曾在《旧与新》（*The Old and the New*）的一个场景中，冒险进行了直接的主体化。《旧与新》拍摄于20世纪20年代末，是用来祝贺苏联农业集体化大功告成的。这个场景有些李森科主义的味道。① 它展示的是，大

---

① 李森科（T. D. Lysenko，1898—1976），生于乌克兰一个农民之家，曾在育种站工作。1929年提出“春化处理”育种法，并把它当成提高农业产量的灵丹妙药。在理论上，坚持生物进化中的“获得性遗传观念”，否定基因的存在，抵制西方主流的孟德尔—摩尔根（G. Mendel-T. H. Morgan）遗传学，并把西方遗传学家视为苏维埃人民的敌人。在此基础上，李森科借助政治手段打击批评者，使苏联的分子生物学和遗传工程学遭到毁灭性打击。——译者注

自然是如何通过服从集体化农耕的新规则来获得快感的。在那里，即使公牛和母牛，只要加入了集体农庄，交配起来也会更加激情澎湃。在一个快速的推拉镜头中，摄影机从后面接近母牛。在接下来的镜头中，摄影机的视点变成了正爬上母牛的公牛的视点。毋需说，这个场景造成的效果是如此的粗俗和淫荡，以至于它几乎令人作呕。我们在此看到的是某种斯大林主义的色情文艺。

如此说来，抛弃斯大林主义的淫秽，走向希区柯克的好莱坞式高雅，不失为明智之举。让我们重回《惊魂记》中的那个场景。在那里，莱拉正在走近据说是“诺曼的母亲”居住的房子。这个场景的“离奇”之维何在？我们是否可以通过重述拉康的理论，使这个场景产生的效果得到最佳的描述？也就是说，在某种程度上，那所房子是否正在凝视莱拉？莱拉盯着那所房子，但她无法看到这样的地方——房子正从那个地方凝视着她。这里的情形与拉康的回忆毫无二致。拉康曾经回忆他年轻时的一次遭遇，并把它记录在“讲座之十四”中。那时候他是一个学生，正在度假，于是与别人一起去远方钓鱼。跟一群渔夫坐在一条小船上，有个法国小孩指着一个在阳光下熠熠生辉的沙丁鱼罐头盒子问拉康：“你在看那个罐头盒子？你看到它没有？它并不看你！”拉康的评论是：“如果那孩子对我说过的话（即那个罐头盒子并没有看我）还有什么意义，那也是因为在某种程度上，它仍在看我。”正如拉康运用我们用以理解希区柯克电影世界
119 的关键概念所做的解释，之所以说它正在看他，那是因为“我仿佛就是那幅图画上的一个斑点”。[①] 在这群没受过什么教育、谋生相当不易的渔夫中间，他实在是鹤立鸡群，属于“知情太多的人”。

① 拉康，《精神分析的四个基本概念》，第95—96页。

死亡驱力

迄今为止，我们分析过的例子都相当初级。我们故意如此。既然这样，就让我们分析一个场景，并以此作结。在这个场景中，希区柯克的蒙太奇只是更为复杂的蒙太奇的一部分。这个场景来自《怠工》。在那里，西尔维娅·西德尼（Sylvia Sidney）刺死了奥斯卡·霍莫尔卡（Oscar Homolka）。两人当时正在家里吃饭。西尔维娅依然处于极度震惊之中，因为她刚刚得知，她的丈夫奥斯卡是“怠工者”，杀害了她弟弟。她弟弟是在汽车上被炸弹炸死的。西尔维娅端来一盘青菜，把它放在餐桌上。盘上的刀就像磁石一般，深深吸引着她。仿佛她的手不听使唤，非抓起它不可。不过她还没有最终下定决心。一直都在进行陈腐、庸常的餐桌会话的奥斯卡忽然意识到，她已经被那把刀深深吸引，知道这对他意味着什么。他站起来，绕过桌子，走近她。就在他们面面相觑之时，他伸手抓刀，但没有抓到，反而让她抓到了。于是摄影机靠得更近，只拍摄他们的面部和肩膀，这样我们无法看清楚，他们手都做了什么动作。突然，奥斯卡急促地大叫一声，倒了下去。我们不知道，到底是她刺中了他，还是他抱着自杀的决心，拉刀刺向自己。

第一件值得注意的事情是，谋杀行为是如何由两个执拗的威胁性姿势（thwarted threatening gestures）导致的。① 无论是西尔维娅的持刀以待，还是奥斯卡的赤手前行，都符合拉康给“威胁性姿

① 参见马拉登·多拉（Mladen Dolar），《特务：知情太多的观众》（“L'agent secret：le spectateur qui en savait trop”），见齐泽克编，《关于拉康，你想了解的一切，不过恐怕你要去问希区柯克》（*Tout ce que vous avez toujours voulu savoir sur Lacan sans jamais oser le demander à Hitchcock*），Paris，Navarin，1988。

势”所下的定义：威胁性姿势不是被中途打断的姿势，不是意在做出和完成，但总被外部障碍打断的姿势。恰恰相反，威胁性姿势是已经做出但又不想完成、不想结束的姿势。① 因而，威胁性姿势的结构就是做作的、癔症性的行为的结构，是分裂的、自我阻挠的姿势的结构。威胁性姿势之所以无法完成，不是因为某种外在的障碍从中作梗，而是因为在本质上，它是自相矛盾、自我冲突的欲望的表现。在上述情形下，西尔维娅的欲望（刺杀奥斯卡），同时也是阻止实现这种欲望的禁令。奥斯卡的举动（在意识到她有杀人之意后，他站起来，走过去，主动去满足她的欲望）也是自相矛盾的，是下列两者间的割裂：其一是他的“自保”欲望（夺过她手中的刀并控制她），其二是他的“受虐”欲望（因为心怀病态的罪恶感而主动被刀刺中）。因此，行为的成功（奥斯卡被刺中）源于两种失败的、受阻的、分裂的行为的相遇。她的欲望（刺死他）与他的
120 欲望（被惩罚和被杀死）迎头相遇。所以到最后，他们两人，究竟是谁“真正”做出了这个取人性命的姿势，究竟是她持刀主动出击还是他迎面扑了上去，已经无关紧要。“谋杀”来自她的欲望与他的欲望的交迭和重合。

谈及奥斯卡“被虐”欲望的结构性位置（structural place），我们应该提一下弗洛伊德在《一个孩子正被打》（“A Child is Being Beaten”）一文中对幻象逻辑（logic of fantasy）所做的精心阐释。② 在那篇论文中，弗洛伊德提出并回答了下列问题：最终形态的幻象

① “什么是姿势？什么是威胁性姿势？胁迫性姿势不是被打断的冲击。当然它是这样的姿势，做出这样的姿势为的是被逮捕和被中止。”（《精神分析的四个基本概念》，第 116 页。）

② 参见弗洛伊德，《一个孩子正被打》（“A Child Is Being Beaten”），《弗洛伊德全部心理学著作标准版》，第 10 卷。

场景（“一个孩子正被打”）的形成，是如何以前两个阶段的存在为前提的？在第一个阶段即“施虐”阶段，“我爸爸正在打孩子（即打我哥哥或弟弟，总之在打我的某个对手）”。在第二阶段即“受虐”阶段，“我正在被爸爸打”。到了第三个阶段，最终的幻象形态开始变得模糊，主体（谁在打人?）被中性化了。同时客体（“什么样的孩子正被打?”）也以非人格的形态呈现出来（“一个孩子正被打”）。在弗洛伊德看来，至关重要的是第二个阶段，即“受虐阶段”，因为真正的创伤形成于这个阶段，被彻底“压抑”的，也是这个阶段。在儿子的创伤化中，我们没有发现第二个阶段的蛛丝马迹。我们只能依据下列“线索”，回溯性地重建这个阶段。这些“线索”指出了下列事实：在“我爸爸正在打孩子”和“一个孩子正被打”之间，必定存在着某种东西，可惜现在找不到了。因为我们无法把第一种形式转化为第三种形式，即最后一种形式，弗洛伊德断定，必定存在着中间地带，它在进行干预：

> 在这三阶段中，第二个阶段最重要和最关键。但是我们或许会说，在某种意义上，它从来都没有真正存在过。它从来没有被回忆过，从来没有被成功地想到过。它是由精神分析建构起来的，但并不因此降低它的必要性。①

因此，第二种形态的幻象就是拉康的“实在界”。它是这样一个时刻：从来没有在“（符号性）现实”中现身，从来没有铭刻于

① 参见弗洛伊德，《一个孩子正被打》（“A Child Is Being Beaten”），《弗洛伊德全部心理学著作标准版》，第 185 页。

符号性肌质（symbolic texture）。尽管如此，它又必须被预先假定为确保我们的符号性现实（symbolic reality）具有一致性的“迷失的一环”。我们的看法是，类似的幻象逻辑所支配着希区柯克电影中的生死搏斗。除了《怠工》中的奥斯卡之死，类似的生死搏斗至少还包括《海角擒凶》中的破坏者，他是从自由女神像上坠落身亡的，以及《冲破铁幕》（*Torn Curtain*）中的赫尔曼·格罗默克（Hermann Gromek）的被杀。第一个阶段总是“施虐性”的。这表现在，我们总是认同最后得到机会与坏人一决雌雄的主人公。我们迫不及待地要看西尔维娅是如何终结坏蛋奥斯卡的，要看正派的美国人是如何把纳粹派来的破坏者推下围栏的，去看保罗·纽曼（Paul Newman）是如何干掉赫尔曼·格罗默克（Gromek）的，等
121 等。当然，在最后阶段，出现了富于同情心的逆转。一旦我们看到“坏人”真的成了孤苦无助、一蹶不振的存在，我们就会被同情心和罪恶感淹没，并因为先前的“施虐”欲而遭受自我惩罚。在《海角擒凶》中，主人公拼命拯救坏人。坏人悬在半空，死死抓住他的衣袖，袖子的接缝之处正在一点一点地撕破。在《怠工》中，西尔维娅充满怜悯地抱住奄奄一息的奥斯卡，阻止他跌向地板。在《冲破铁幕》中，持续很久的谋杀行为，保罗·纽曼的笨拙动作，受害者的拼命抵抗，彰显了整个生死搏斗过程的极端痛苦和难以忍耐。

初看上去，从幻象的第一阶段直接跳到第三阶段，即从施虐的快乐（源于坏人的即将毁灭）直接跳到内疚感和同情感，似乎完全是可能的。但是，倘若真的如此，希区柯克只能是某种道德家。他会告诉我们，因为怀有“施虐”之欲，我们必须为此付出代价：“你想让坏人呜呼哀哉，现在你终于如愿以偿了，当然你也必须忍受由此导致的后果！”不过在希区柯克那里，中间地带总是存在的。

想让坏人死得其所，这样的“施虐”之欲总是尾随着幡然悔悟：其实“坏人”自己正以自我窒息却又毫不含糊的方式，对自己的堕落表示深恶痛绝；他想通过惩罚和死亡，释放不堪忍受的压力。这是一个微妙的时刻。在这个时刻，我们意识到，主人公（以及我们这些观众）的欲望（歼灭“坏人”），已是“坏人”自己的欲望。例如，在《怠工》中，在这样的时刻，一切都已经昭然若揭：西尔维娅的欲望（刺死奥斯卡）与奥斯卡自己的欲望（以死解脱自己）重合在一起。希区柯克不断含蓄地展现自我毁灭的倾向，不断含蓄地展现由促成某人死亡获得的快感，简言之，不断含蓄地呈现死亡驱力。这使希区柯克电影中的“坏人”具有了暧昧的魅力，同时又阻止我们从最初的“施虐”直接走到最终的同情（即对坏人的同情）。我们产生同情是因为意识到，坏人深感罪孽深重，想以死自我解脱。换言之，只有当我们意识到源于坏人的主体身份的伦理态度时，我们的同情才会油然而生。

不过，所有这些又与希区柯克式蒙太奇何干？在《怠工》最后那个场景中，尽管西尔维娅是这个场景的情感中心（emotional center），但她也是这个场景的客体。奥斯卡是这个场景的主体。也就是说，正是他的主体透视控制着这个场景的节奏。开始时，奥斯卡只在进行寻常的餐桌会话，丝毫没有注意西尔维娅极度的紧张不安。当她呆呆看着那把刀时，惊讶的奥斯卡注视着她，明白了她的欲望。这引入了第一个音步分析（scansion）：空洞的唠叨停止了，因为西尔维娅在想什么，奥斯卡已经一清二楚。因此他站起来，迎着她，走上去。这部分情节是用希区柯克式蒙太奇拍摄出来的。也 122
就是说，摄影机先是拍摄奥斯卡绕过餐桌，走近西尔维娅，然后再拍摄他眼中的西尔维娅。那时的西尔维娅僵硬地瘫坐着，绝望地看着他，仿佛是在请求他，让他帮她下定决心。在他们面面相觑时，他也僵在那里，并允许她抄起了刀。然后我们看到的一个镜头是，他们交换了一下眼神。也就是说，我们没有看到他们腰部以下的动作。突然，他莫名其妙地喊了一声。下一个镜头是她的手的特写：她握着刀，刀已经深深刺进他的胸腔。她出于同情，抱住了他，然后他才倒了下去。所以说，他的确帮助了她：他走近她，他让她知道，他已经把她的欲望当成了自己的欲望，也就是说，他也想以死了之。难怪后来西尔维娅满怀同情地抱住了他。可以说，他是主动迎上去的，他已经把她从不堪忍受的紧张情感中解放出来。①

运用希区柯克式蒙太奇的时刻——奥斯卡走近西尔维娅的时刻——就是奥斯卡把她的欲望当成自己的欲望的时刻。借用拉康给"癔症患者的欲望"（hysteric's desire）所定的定义——"癔症患者的欲望"即他者的欲望，这个时刻即奥斯卡被癔症化的时刻。当我们在那个主观镜头（摄影机慢慢接近她）中透过奥斯卡的眼睛审视西尔维娅时，我们目睹了这样的时刻：奥斯卡意识到，他的欲望与她的欲望重合起来。也就是说，他渴望死去。在这个时刻，他接过了他者的毁灭性的凝视。

① 弗朗索瓦·特吕弗不仅指出这个场景"暗示的差不多是自杀而不是杀人"，而且看到了奥斯卡之死与卡门之死的一致性："仿佛奥斯卡·霍莫尔卡允许自己被西尔维娅·西德尼杀死。普罗斯佩·梅里美（Prosper Mérimée）基于同样的戏剧原则展示卡门之死。在那里，受害者迎着杀人者的利刃挺身而上。"（弗朗索瓦·特吕弗，《希区柯克》，London，Panther Books，1969，p. 120。）

第三部分　幻象、官僚体制和民主

7　意识形态征候

作为客体的凝视与声音

幻听之维

在当代理论方面受过良好教育的读者，很可能会把“凝视”和“语音”当成德里达解构的主要目标。在德里达那里，“理论”（theoria）要把握的是“事物自身”（thing itself），而“事物自身”或者以其形式来呈现（in the presence of its form），或者呈现为自身的形式（in the form of its presence）。如此说来，凝视不是这样的“理论”，还会是什么？在德里达那里，“自动感发”（auto-affection）使言说主体（speaking subject）能够向自身呈现（presence-to-itself）。如此说来，如果语音不是纯粹“自动感发”的中介，还会是什么？“解构”的目标在于展示，凝视是如何由“基础”网络决定的。这会把可见之物与不可见之物区分开来，并因此逃避凝视的捕捉，也就是说，逃避被人框定在视域之内。这是无法由“自动反射”（auto-reflexive）来解释的。面对语音，“解构”的目标在于展示，语音之自我呈现（self-presence）何以总是被书写的踪迹（trace of writing）所割裂/延异。不过，在这里，我们必须注意，千万不要把后结构主义的解构（poststructuralist deconstruction）与拉康做等量齐观。拉康以几乎完全相反的方式描述凝视和语音的功能。在拉康那里，凝视和语音并不处于主体一边，而处于客体一边。凝视乃客体（画面）上的一个点位，正在观看的主体从那里被凝视。也就是说，我观看客体，客体也在凝视我。凝视绝对不是主体及其视觉（vision）的自我呈现的保证，相反，它是画面上的某个斑点、污点。如此斑点、污点会破坏画面的清晰度，在我与画面之间开辟无法弥平的鸿沟。这样，画面透过某个点位凝视我，我却永远看不到那个点位。“作为客体的凝视”（gaze as object）就是斑点，它阻止我在观赏画面时与它保持安全、“客观”的距离，阻止我把它当成任凭我贪婪的目光摆布的某种东西。可以说，凝视就是一个点位。在这个点位上，（我用眼睛框定画面的）框架已经铭记在被观赏的画面的“内容”之上。当然，“作为客体的语音”（voice as object）也是如此。这种语音［以超我之音（superegoic
126 voice）为例，我听到了它，却找不到它的载体，不知道是谁发出来的］也是斑点，它的惰性呈现（inert presence）就像陌生的尸体一样令人心烦意乱，阻止我获得我自己的身份。

为了阐明这一点，且让我们再次回想一下希区柯克的经典电影手法（前面已做论述）。希区柯克是如何拍摄这样的场景的，在那里，主体正在接近某个神秘、“离奇”的客体，这客体通常是一所房子？他是这样拍摄的：交替使用主观镜头（拍摄的是主体正在接近的客体，即房子）和客观镜头（拍摄的是正在接近客体的主体）。何以这种形式手法本身令人感到焦虑？何以正在被主体接近的客体（房子）变得如此“怪异”？我们在此看到的，恰恰是前面提及的眼睛与凝视的辩证：主体注视着房子，但令人焦虑的是这样一种难以言表的感觉——房子不知何故，早已透过某个点位在凝视她，而且她完全看不到这个点位，并感到彻底的孤苦无助。拉康的下列语句完美地概括了这种情形："你从来都不能从我看你的那个点位看我。"①

"作为客体的语音"的身份是由米歇尔·西昂在谈及幻听语音时确立的。幻听语音是没有载体的语音。我们无法把它归于任何主体，它也只能在暧昧不明的空中游荡。这种语音无法平息。之所以如此，是因为我们无法确定它的位置。它既不是剧情"现实"的一部分，也不是解说、配乐之类的伴奏音。它属于拉康所谓"介于两种死亡之间"的神秘之域。在这里，首先涌入我们脑海的，还是希区柯克的《惊魂记》。正如西昂以其才华横溢的分析所证明的那样，要在《惊魂记》的形式层面上寻找这部电影的核心问题。这涉及下列两者间的关系：一是某种语音，即"母亲的语音"；二是这种语音正在极力寻找的躯体。② 到了最后，这个语音终于找到了躯体，但不是母亲的躯体；相反，它被不自然地"粘"在了诺曼身上。漂浮不定的语音必定导致紧张感。这可以用来解释，何以"去幻听化"（désacousmatisation）——即语音最终找到了它的载体——具有舒缓紧张的效用，甚至可以用来解释，何以"去幻听化"具有诗一

---

① 拉康，《精神分析的四个基本概念》，第 104 页。因为凝视处于客体一方，它是无法主体化的：一旦我们试图把它主体化，一旦我们试图添加在房内拍摄的主观镜头（比如从窗帘后面拍摄的一个抖动的镜头，拍摄的对象是正在走近房子的莱拉），我们就会降到普通惊悚片的层面。也就是说，我们会关切另一个主体的视点，而对作为客体的凝视漠不关心。关于电影中作为客体的凝视和语音，参见琼·柯普伊克（Joan Copjec），《机器与阴影》（*Apparatus and Umbra*），Cambridge，MIT Press，待出。

② 参见米歇尔·西昂（Michel Chion），《电影中的语音》（*La voix au Cinéma*），Paris，Cahiers du Cinéma/Editions de l'Etoile，1982，pp. 116—123。

般的美丽，如同乔治·米勒[1]在电影《疯狂的麦克斯之二：冲锋飞车队》（*Mad Max II*：*The Road Warrior*）中展示的那样。电影开始时，某个老人的声音在讲故事，同时我们看到的是一个模糊不清的场景，那是麦克斯（Mad Max）独自走在路上。只是到了最后，我们才知道，电影中的语音和凝视究竟属于何人：属于那个手持飞去来器的小野孩儿，后来他成了部落酋长，正给子孙讲故事。最后的乾坤逆转非常美丽。它的美丽在于它出人意表：凝视—语音和它们的载体，这两个因素电影开始时就已展示出来，但只是到了最后，
127 凝视—语音和它们的载体的关系才建立起来。也就是说，凝视—语音被“订”在了剧情现实中的某个人物身上。[2]

只要没有找到它的具体来源，只要无法确定它的特定方位，幻听语音就是无处不在的威胁。米歇尔·西昂曾经敏锐地指出，如果《惊魂记》的音轨是用杜比立体声（Dolby-stereo）录制的，“母亲

---

① 乔治·米勒（George Miller，1945—），澳大利亚电影制作人、编剧、制片和医生。拍摄的“疯狂的麦克斯”（Mad Max）电影系列最为著名。《疯狂的麦克斯之二：冲锋飞车队》（*Mad Max II*：*The Road Warrior*）又译《疯狂的麦克斯：开路先锋》。——译者注

② 罗尔德·达尔（Roald Dahl）的一个短篇小说《创世纪与大灾难》（“Genesis and Catastrophe”）就是以类似的效果为根基的。故事发生于1880年前后，描述的是一次艰险的难产。医生们忧心忡忡，不知道能否保住孩子。我们读这篇小说时，对孩子的生命抱以极大的同情和恐惧。但幸运的是，结局相当完满。医生把啼哭的婴儿抱到母亲跟前，说道：“一切都好，希特勒太太，你的小阿道夫会很好的！”埃里克·弗兰克·拉塞尔（Eric Frank Russell）的科幻短篇小说《唯一的解决方案》（“The Sole Solution”）把这个逻辑推向了极致：它描述的是某人的内心情感，此人满腹狐疑、犹豫不决，制定了各种方案，从一个跳到下一个，没完没了。最后，他终于下定了决心，说道：“要有光！”我们自始至终都以为这是某个头脑不清、嘟嘟囔囔的傻瓜，结果证明那是创世之前的上帝他老人家。附带说一句，这肯定了谢林（Schelling）的下列理论：“上帝为什么要创造世界？”对这个问题，唯一具有一致性的答案就是：“为了拯救他自己，使他免于疯癫。”用当代精神病医疗的术语说，创世是某种神圣的“创世性治疗”。

的语音”造成的全部效果就会彻底丧失。① 它的自由漂浮，意味着非主体化客体（nonsubjectivized object）的无孔不入，意味着未获主体支撑、来源暧昧不明的语音—客体的无孔不入。如此说来，去幻听化等于主体化，就像一向评价过低的《来电惊魂》（*When a Stranger Calls*）所证明的那样。《来电惊魂》或许是围绕着下列主题形成的最佳变体：某个陌生人通过打电话，骚扰和恐吓他人。电影的第一部分是透过一个照看婴儿的女孩的视角讲述的。当时她正在一个郊区豪宅中照看婴儿。两个孩子已经在二楼进入梦乡，她则在楼下的起居室里看电视。一个陌生人不断打来电话，总是追问同一个问题：“你去看过孩子了吗?”她报了警，警察建议关闭全部门窗，等骚扰者再打来电话，尽量拖延时间，以便警察确定来电的方位。后来，在骚扰者又打来几次电话后，警察也打来了电话：他们已经成功地锁定了骚扰者的方位——他是用这个豪宅内的另一部电话打来的。骚扰者一直都在房内，与她近在咫尺。他已经残害了两个孩子，并在他们的房间内打电话。直到此时，来路不明的凶手都是作为无形的威胁出现的，都是以脱离躯体的幻听语音的形式存在的。他是一个客体，无法确定他的身份。但是这部电影还是为我们提供了一个病态杀手的叙事视角，从而完成了漂亮的视角转换。电影的整个核心部分讲述的，都是这个孤独凄凉之人的可怜的日常生活。他一个晚上都在救世军难民中盘桓，在几家咖啡馆窜来窜去，拼命与自己的同胞套近乎。当受害者父母聘请的侦探把他迫至一隅并准备刺杀他时，我们全部的同情心都转移到了他那里。本质上，这两个叙述视角都相当一般：如果整部电影都从照料孩子的年轻女

① 参见米歇尔·西昂（Michel Chion），《电影中的语音》，第122页。

孩的角度讲述，我们会得到另一个“恐怖铃声”的故事，一个来路不明的陌生人恐吓无辜受害者的故事。另一方面，如果叙事的视角就是骚扰者的视角，我们也会得到一个庸常的心理惊悚片，并被置于病态的杀手世界之内。这部电影的全部颠覆性效果都来自视角的转换，来自下列事实：当杀手作为实在界的骇人点位（horrifying point of the real）出现在我们面前之后，也就是说，当杀手作为一个无法认同的点位出现在我们面前之后，我们发现自己已经进入杀
128 手的视角，在透过杀手的视角看世界。这种转换带来了动人心魄的体验：在此之前，客体是作为难以企及一绝不可能之物（unattainable-impossible）呈现于我们面前的；但突然间，它开始说话，开始使自己主体化。①

意识形态中的感官快感

幻听语音可对“意识形态批判”产生至为深远的影响，这方面的例证是特里·吉列姆（Terry Gillian）的电影《巴西》（*Brazil*）。“巴西”本是20世纪50年代的一首烂歌，却自始至终回荡在电影中，强迫观众聆听。这首歌的身份始终都不太明确，因为我们不知道，什么时候它是剧情现实的一部分，什么时候它只是电影配乐的一部分。通过令人痛苦、大张旗鼓的重复，它成了愚蠢快感的超我指令（superego imperative）的化身。一言以蔽之，“巴西”是这部

---

① 在犯罪小说领域，在转入“不可能”的客体的视角方面，无可争辩的大师是帕特里西亚·海史密斯。我们这里只提一下《一条狗的赎金》（*A Dog's Ransom*）。这或许是她最后一部小说。在这部小说中，一对生活在纽约的中产阶级夫妇的狗被盗了，盗贼要求他们用赎金将其赎回。这使他们的日常生活变得一团糟。稍后，我们就被转到了勒索者那里。那也是一个孤苦无助的可怜虫，一点微不足道的琐事就会令他怒气冲冲。

电影的主人公所抱幻象的内容，也是对它的支撑，是结构其快感的参照物。正是因为这个缘故，它允许我们展示幻象的彻底暧昧性。看完整部电影，不难发现，似乎“巴西”的愚蠢扰人的节奏，就是对极权主义快感的支撑。也就是说，“巴西”浓缩了这部电影描述的“疯狂”的极权主义社会秩序的幻象框架。但在即将结束时，当主人公长期忍受的残酷折磨显然消解了他的抵抗时，他开始吹奏“巴西”的曲调，以忘掉那野蛮的折磨。尽管幻象是极权主义秩序的支撑，但它同时还是实在界的残余。正是这样的实在界残余，能使我们“获得自救”，能使我们与社会符号网络（socio-symbolic network）保持必要的距离。当我们疯狂地沉迷于愚蠢的快感时，即使极权主义占尽优势，也奈何我们不得。

我们在法斯宾德的《莉莉·玛莲》（*Lili Marleen*）中遇到了同样的幻听语音现象：在这部电影中，在德国士兵中流行的情歌——“莉莉·玛莲”——被反复播放，直至令人作呕。这种无休止的重复，把亲切动人的乐曲变成了极其令人讨厌的寄生虫，使观众不得片刻安宁。它的身份也是暧昧不明的：以戈培尔（Goebbels）为化身的极权主义强权试图操纵它，以之捕获疲惫士兵的想像力，但它就像从瓶中释放出来的妖怪，终于逃出了强权的魔掌。它开始自行其是，无人能控制由此导致的后果。法斯宾德这部电影最重要的特色在于，它坚守了“莉莉·玛莲”的彻底暧昧性：一方面，它是纳粹开动所有宣传机器大肆传播的情歌；另一方面，它又差一点把自己转化成颠覆性因素，随时可能逃离它所支撑的意识形态机器，因而也永远处于被禁的危险之中。这种充斥着愚蠢快感的能指碎片，就是拉康在其最后讲座阶段提出的“征候”。“征候”不是征兆（symptom），不是通过阐释予以破解的加密信息，而是毫无意义的

字符（meaningless letter）。它使我们获得直接的快感（jouis-sense），
129 即“感官快感”（enjoyment-in-meaning，Enjoy-Meant）。[①] 如果我们要考察“征候”在建设意识形态大厦的过程中发挥的作用，那么我们就会被迫对“意识形态批判”进行重新思考。意识形态通常被视为一套话语，被视为若干因素的连接（enchainment of elements）。这些因素的意义取决于其特定的说明（specific articulation），也就是说，取决于某种“纽结点”（nodal point）——即拉康所谓的“主人能指”（master-signifier）——如何将其纳入同一个领域的。我们不妨重返拉康做过的一个经典分析。在那个经典分析中，拉康指出，特定的意识形态因素是像“漂浮的能指”那样发挥作用的。这些因素的意义是通过霸权的运作（operation of hegemony），回溯性地建立起来的。比如，“共产主义”就是像“纽结点”一样发挥作用的。作为“纽结点”，它为所有其他意识形态因素分配意义：“自由”成了“真正的自由”，而不是“徒具外表的资产阶级自由”；“国家”成了“阶级斗争的工具”，等等。[②] 不过，一旦我们注意到“征候”这个维度，仅仅抨击意识形态体验的“虚假性”，仅仅证明被意识形态体验为“自然”和“既定”的客体，其实只是某种话语建构（discursive construction），只是符号性多元决定之网络（network of symbolic over-determination）的结果，就远远不够了。一旦我们注意到“征候”这个维度，仅仅把意识形态文本置于

① 有关“意识形态感官快感”（ideological jouis-sense）一词，参见齐泽克，《意识形态的崇高客体》（*The Sublime Object of Ideology*），London，Verso Books，1989。

② 参见埃内斯托·拉克劳（Ernesto Laclau）和尚塔尔·穆菲（Chantal Mouffe），《霸权与社会主义策略》（*Hegemony and Socialist Strategy*），London，Verso Books，1985。

其语境之内，揭示它必定忽略的空白，也是远远不够的。我们必须做的（也是法斯宾德和吉列姆做过的），是把“征候”从语境中隔离出来（正是借助于语境它才能施展魔力），以便揭露这种“征候”的愚不可及的本性。换言之，我们必须把珍贵的礼物转变成一滩大便（如同拉康在其“讲座之十四”中所言①），把令人如醉如痴的、具有催眠功效的语音转变成实在界的令人恶心的、毫无意义的碎片。这种“疏离”（estrangement）或许比布莱希特所谓的“间离”（Vefremdung）更为激进。“疏离”意味着保持距离，但保持距离的方式不是将这种现象置于其历史整体性（historical totality）之内，而是使我们认识到，这种现象的直接现实（immediate reality），这种现象的愚蠢的物质呈现（material presence），是绝对无效的（utter nullity）。我们不是为它添加辩证的调停（dialectical mediation），不是为它添加语境（正是语境赋予这种现象以意义），而是为它减去辩证的调停和语境。因此，《巴西》和《莉莉·玛莲》没有展示任何“被压抑的极权主义真相”，没有使极权主义的逻辑与极权主义的“真相”相互对立。它只是把极权主义的愚蠢快感的可恶内核孤立出来，进而对作为有效社会联系（effective social bond）的极权主义进行消解。

史蒂文·斯皮尔伯格的《太阳帝国》中的一个既崇高又痛苦的场景，就是被置于这个疆界之上的。小吉姆当时被关在上海附近的日本集中营，他看见神风敢死队员在最后一次飞行前举行仪式。他们合唱，吉姆也跟着唱。不过他唱的是赞美诗，而且是用中文唱的。那是他在教堂里学会的。所有在场的人，无论是日本人还是英

---

①“我把我自己交给你……但我本人这个礼物……莫名其妙地变成了一堆大便。”见拉康，《精神分析的四个基本概念》，第 268 页。

国人，都不知道他在唱什么。这就是幻象语音（fantasy voice）。其
130 效果是淫荡的。说它淫荡，倒不是因为里面藏着什么“肮脏”的东西，而是因为吉姆通过它展露了他内心深处的自我，展露了他生命中最隐秘的领域。通过圣歌，他公开展示了他身内的客体，展示了支撑他身份的隐秘宝藏（agalma）。这是每个听到这种语音的人都尴尬不已的原因——就像某人把“过多”的自己展示给我们一样——即使怀着某种莫名其妙的尊敬，也是如此。至关重要的是吉姆的语音在性质上的变化：到了某个时刻，他那嘶哑、干燥和孤独的语音开始产生和谐的回声，并有风琴伴奏和唱诗班伴唱。很显然，这时我们的视角发生了转移：从他人聆听吉姆转向吉姆聆听自己，从现实转向幻象空间（fantasy space）。

这三部电影描述的都是极权主义世界。在那里，主体只能通过依附于某种超我语音（superego voice）而幸免于难。超我语音——主题曲“巴西”、“莉莉·玛莲”和吉姆的赞美诗——能使主体避免彻底“丧失现实”。这不是偶然的。正如拉康已经指出的那样，我们的“现实感”从来都不是只由“现实测试”（Realitätsprufung）支撑的。要想维持自己的存在，现实永远需要服从某种超我的命令，需要某种“就这样做！”。就身份而论，发出这种命令的语音既不属于想像界，也不属于符号界，而是属于实在界。

“爱汝征候，如爱己身”

超越话语的字符

拉康的晚期理论与其“标准”理论发生了彻底决裂。我们在此

看到了这一决裂的激进维度。“古典拉康”的界限即话语的界限。话语即精神分析领域，无意识被定义为“大对体的话语”（discourse of the Other）。到了20世纪60年代末，拉康借助于四种话语（主人话语、大学话语、癔症话语和精神分析师话语），为自己的理论提供了四种明确的形态。四种话语即四种可能的社会联系形态（types of social bond），或四种可能的调控主体间关系的网络说明（articulations of the network）。[①] 第一种话语是主人话语。它是某个能指（S_1），取代了别的能指，来代表主体（$\$$）。或者确切些说，它取代了所有的其他能指（S_2），来代表主体（$\$$）。当然，问题在于，不制造些烦人的剩余、残余或“排泄物”（一般称为小客体），这种符指化代表（signifying representation）的运作就是不可能的。其他三种话语只是三种尝试而已——它们尝试与这种残迹（著名的小客体）“达成妥协”，尝试“应付”这种残迹：

- 大学话语直接把这些残余当成自己的客体，当成自己的“他者”，并试图通过把“知识”网络强加于它，把它转化
为“主体”（S_2）。这就是在举办讲座的过程中遵循的基本逻 131
辑：通过灌输知识，我们把“尚未驯化”的客体（“尚未社会化”的儿童）转化为主体。关于这种话语，“被压抑”的真相是，在试图向他人传授的“中性”知识这一外在表象之下，我们总能看到主人的姿势（gesture of the master）。
- 癔症话语始于与此相反的一面。癔症话语的基本构成

① 在出版的讲座中，参见拉康，《讲座之二十：再来一次》（*Le séminaire, livre XX: Encore*）。

要素是对主人提出质疑："为什么你说我是什么，我就是什么？"在20世纪50年代初，随着癔症患者对拉康所谓"铸词"的反对，这个问题浮出了水面。作为一种行为，"铸词"即授予符号性委任（symbolic mandate）。授予符号性委任的方式就是对我进行命名，就是对我进行界定，就是确定我在符号网络中的位置："你是我的主人（我的太太，我的国王……）。"关于这种"铸词"，总是有人提出这样的问题："究竟是我身上的什么东西，使我成了主人（太太、国王）？"换言之，癔症问题总是涉及下列两者的撕裂和无可弥平的鸿沟：其一是代表着我的能指，即决定我在符号网络中处于何种位置的符号性委任；其二是我的"身在该处"（being-there）这个非符号化剩余（nonsymbolized surplus）。这是把它们分隔开来的深渊。只要符号性委任根据定义是"述行性的"（performative），它就永远无法在我的"实有属性"（effective properties）中找到，也无法由我的"实有属性"来说明。癔症患者就是这种"存在问题"（question of being）的化身：他/她的基本问题是，如何证明他/她的存在的正当性，如何解释他/她（在大对体眼中）的存在。①

- 精神分析师话语是主人话语的反转。分析师话语占据的位置是剩余客体（surplus object）的位置。他直接把自己等同于

① 这与变态（perversion）大不相同，变态是根据"没有问题"来定义的。变态者具有直接的确定性：他的活动是为大对体的快感服务的。癔症和强迫性神经症（它们是变态的"辩证"）的区别在于，它们的主体在为自己的存在的正当性进行辩解时，使用的方式不同：癔症患者把自己当成大对体的爱的客体，提交给大对体；强迫症患者则通过自己的狂热行为，努力顺从大对体的要求。癔症患者的答案是爱，而强迫症患者的答案是劳作。

话语网络（discursive network）的残余。这也是精神分析师话语比它初看上去更具悖论性的原因：它想从逃避话语网络（discursive network）的元素出发，从“逃离”话语网络的元素发现，从被当成“排泄物”制造出来的元素出发，纺织一套话语。

我们千万不能忘记的是，四种话语的基质，也是主体间交流网络中四种可能的身份的基质。我们处于作为意义的交流域（field of communication qua meaning）之内，尽管（或因为）拉康提出的这些术语包含着诸多悖论。当然，交流是像悖论性循环（paradoxical circle）那样结构起来的。在这个悖论性循环中，发信者从接收者那里收到了他自己的信息。如此信息是以其反转而真实的形态存在的。也就是说，去中心化的大对体（decentered Other）决定我们说过的话的真实意义（从这个意义上说，S_2 才是真正的主人—能指，它把意义回溯性地授予 S_1）。说到底，在符号性交流中，主体之间传播的是匮乏，是缺席。正是这种缺席，为“实证”意义的自我构 132
成开辟了空间。但是，所有这些都是悖论，而悖论都是作为意义的交流域所固有的：废话之能指（signifier of nonsense），即“没有所指的能指”，是所有其他能指可能产生意义的前提。也就是说，我们千万不要忘记，我们这里关心的“废话”处于意义领域之内，只是它从内部被“截短”了。①

不过，拉康在最后几年竭尽全力从“作为意义的交流域”中突

---

① 之所以说“交流即意义”（Communication qua meaning），是因为“交流”和“意义”最终是完全重叠的：不仅正在流通的“客体”永远都是意义（在废话这种消极形式中，“客体”意味着缺乏意义），更重要的是，意义本身永远都是主体间的，是通过交流的循环构成的（正是他人、受话人回溯性地确定他自己说过的话的意义）。

围。借助于四种话语的基质，拉康建立了权威性强、逻辑清晰的交流结构（structure of communication）和社会联系结构。然后，他开始勾勒某种“自由漂浮”的空间的轮廓。在“自由漂浮”的空间中，能指发现自己先于其话语绑定（discursive binding）而存在，先于其说明（articulation）而存在。“自由漂浮”的空间是某种“前历史”的空间，它出现于社会联系的“故事”形成之前。这是某种精神病之核置身其间的空间，躲避着话语网络（discursive network）。这可用来帮助我们解释拉康“讲座之二十：再来一次”（Seminar XX：Encore）的另一个出人意料的特色：那里出现了一个转移，它类似于从能指向记号（sign）的转移。这就是从大对体向太一（the One）的转移。直至末年，拉康仍极力描述居于太一之前的某种他者性（otherness）的轮廓。首先，在“能指即差异”（signifier as differential）的领域，每个太一都是根据它与它的大对体的一组差异性关系来界定的。也就是说，每个太一都被预先设定为“他者中的一员”（one-among-the-others）。其次，在大对体（即符号秩序）的区域内，拉康试图孤立、“隔离”其“外隐”（ex-timé），孤立、“隔离”其“不可能的—实在界的”内核（impossible-real kernel）。在一定程度上，小客体是“大对体中的他者”，是隐藏在大对体中的外部躯体（foreign body）。但是突然间，在“讲座之二十”中，具体说，在《存在着太一》（*Y a de l'Un*）中，我们无意间发现了太一。它不是“他者中的一员”，也不具有大对体的秩序（order of the Other）所固有的“说明”（articulation）。这个太一恰恰就是快感的太一（One of jouis-sense），是能指的太一。不过这里的能指还没有与其他能指连接在一起，还在自由地漂浮着，充斥着快感。阻止它与其他能指连接在一起的，正是这种快感。为了指明太一的这个维度，拉康铸造了一个新词，即“征候”。征候是一个点位。这个点位是对主体一致性的终极支撑，是“你之为你”（thou art that）的终极依据。这个点位还制造了“在主体之内而非主体”以及主体因此“爱它胜于爱己”的维度。尽管如此，这个点位既非征兆（征兆是加密的信息，在这种加密信息中，主体从大对体那里收到了他自己的以反转的形式存在的信息），亦非幻象［幻象是想像性场景，它以其迷人的外表遮蔽大对体中的匮乏，遮蔽符号秩序中的匮乏，遮蔽它的非一致性，也就是说，幻象遮蔽由符号化这一行为（act of symbolization）暗示出来的某种根本不可能性（fundamental impossibility），遮蔽“性关系的不可能性”］。

除了客体，还是客体

为了更加清晰地理解这个概念，且让我们以帕特里西亚·海史密斯的作品为例说明之。海史密斯的短篇小说常以大自然的病态 133
“痉挛”或病态扭曲为母题。大自然的“痉挛”或扭曲物化了主体的快感，成了主体的客体对应物和支撑。在《池塘》（“The Pond”）中，一个刚刚离异的女人带着年幼的孩子搬进了乡下的一所房子。房子的后院有个幽深的池塘，里面疯长着某种奇异的植物。池塘对她的孩子具有莫名其妙的吸引力。一天早晨，母亲发现儿子因被植物的根茎死死缠住，呛水而死。绝望中，母亲叫来了花园工人。工人们来了，在池塘四周撒播除草剂，要根除所有的植物。但这似乎毫无用处，植物的根茎比以前长得更强壮了。最后她亲自动手，下定决心，清除植物。现在，在她看来，那些植物依然生机勃勃，并对她奋起反抗。她越是要清除它们，它们就越是缠着她不放。最后她放弃抵抗，任其缠绕，在其吸力中听到了死去儿子的呼唤。我们在此得到了有关“征候”的一个范例：池塘是“大自然的外伤”，是既吸引我们又排斥我们的快感之核（kernel of enjoyment）。在这篇小说中，我们发现了《神秘的墓地》（“The Mysterious Cemetery”）表达的母题的一个反向变体。《神秘的墓地》讲述的故事是，在奥地利的某个小镇上，当地医院的医生们在生命垂危的病人身上从事放射性实验，病人死后就把他们埋进医院后边的墓地。墓地里开始发生奇怪的事情：墓穴里开始长出异乎寻常的肿瘤，那是一种红色的海绵体赘疣，而且长势旺盛不可阻挡。在经历了最初的惊惶失措之后，当地人终于对此习以为常了。那里甚至成了游览胜地，诗人也以“快感的萌芽”（sprouts of enjoyment）为题，吟诗明志。

不过，把这些怪异的肿瘤等同于拉康的小客体（即欲望的客体—成因），是一个理论过失。“小客体”会是帕特里西亚·海史密斯另一篇小说中的“黑房子”（参见第一章）：一个相当普通的日常客体，一旦得到“提升，并具备了原质的身份”，就会开始充当某种屏幕，充当某个空间，供主体将幻象投射到它上面；还会充当实在界的剩余（surplus of the real），驱使我们反复讲述我们与快感的创伤性遭遇。“黑屋子”这个例子清晰证明了“小客体”的纯粹的形式性：它是一张空白表格，可以把每个人的幻象写在上面。相形之下，奥地利墓地上长出的肿瘤过于充实了。从某种意义上说，它们是无形的内容，强迫我们接受其大规模的惰性存在，接受其令人恶心的、黏糊糊的状况。不难在肿瘤和黑屋子的对立中发现欲望
134 与驱力的对立：小客体为难以企及的剩余这一空白（void of that unattainable surplus）命名，它启动了我们的欲望；池塘则是存在惰性客体（inert object）的例证，是存在“快感的化身”的例证，它围

绕着驱力运转。欲望与驱力的对立还表现在：根据定义，欲望会陷于某种辩证之中，能够转化为自己的对立物，或者从一个客体滑向另一个客体；它从来不执于一个客体，而是永远“渴望在此之外的东西”。驱力则不同，它是惰性的，反对使自己陷于辩证的运动之中；它总是围绕着自己的客体运转，总把自己绕之运转的中心点固定下来。

但是，这个对立没有穷尽我们在精神分析中遇到的所有客体。也就是说，还存在着第三种客体，它或许也是最有趣的客体，躲过了我们在上面描述的欲望客体（object of desire）与驱力客体（object of drive）的对立。这样的客体可以是帕特里西亚·海史密斯短篇小说《钮扣》中的那粒钮扣。这篇小说讲述的是曼哈顿一家人的故事。这家人有个患蒙古症的孩子。这孩子又矮又胖，怪里怪气。他什么也理解不了，只会吃吃傻笑和乱吐食物。很久以来，爸爸都无法适应这个患蒙古症的孩子。在他看来，这是毫无意义的实在界的入侵，是上帝不公或命运无常的证明，是绝对不公的惩罚。儿子愚蠢的咕咕乱叫每天都令他想起世界的矛盾和冷漠，让他觉得世界毫无意义可言。后来的一天晚上，在受够了这个孩子（也够受了他的太太，她尽管也很厌恶，但还是试图培养对儿子的爱心）之后，来到一条偏僻的街道上散步。在一个黑暗的拐角外，他撞上了一个醉汉，并与他厮打起来。最后因为深感命运不公，一怒之下杀了那个醉汉。他注意到，他从那个醉汉身上撕下来一粒钮扣。他没有扔掉它，而是把它当成纪念品保留了下来。它就是一小片实在界，既提醒他命运的荒诞，也提醒他下列事实——至少曾经有一次，他以同样毫无意义的行为进行了报复。这粒钮扣赋予他力量，使他在未来保持克制和忍耐。它是某种标志，确保他有能力以怪异的行为应付不幸的日常生活。

那么，这个钮扣是如何发挥作用的？与小客体不同，钮扣并不包含任何转喻性—难以企及（metonymic-unattainable）的内容。它是一小片实在界，我们可以拿在手里，就像操纵任何客体一样，任意操纵它。与墓地长出的肿瘤不同，钮扣并非骇人的充满魅力的客体，恰恰相反，它令我们心安理得和心情舒畅。它的出场就是一个保证——保证我们能够忍耐非一致性和荒诞性。所以，它的悖论在于：它是一小
135 片实在界，证明了世界的百无聊赖；只要这个客体允许我们在它那里压缩、确定和物化世界的百无聊赖，只要这个客体可以代表世界的百无聊赖，它就能使我们维持自己的非一致性。这四种类型的客体（“黑屋子”、墓地肿瘤、钮扣和池塘）可以用拉康的一个图表来阐明。这个图表出现在拉康《再来一次》第七章的开篇处。①

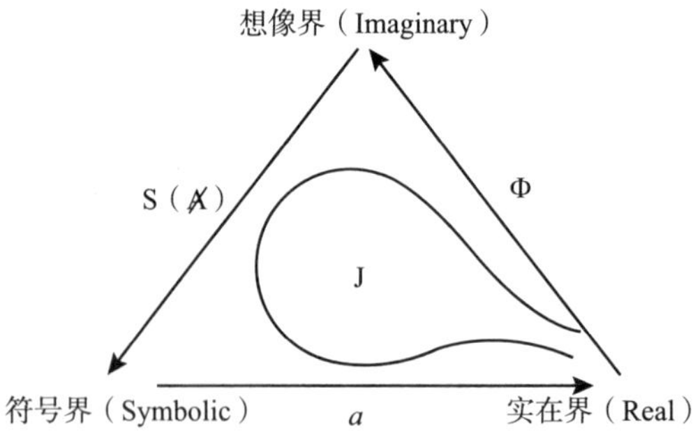

正如雅克－阿兰·米勒已经指出的那样，这个图表中的三个矢量并不暗示因果关系：想像界→符号界并不意味着“想像界决定符号

① 拉康，《讲座之二十一：再来一次》（*Le séminaire, livre XX: Encore*），第83页。

界”，它只是表明想像界被符号化（symbolization of the imaginary）的过程。小客体是“实在界中的黑洞”（hole in the real），它启动了符号化的过程。“黑屋子”就是一个屏幕，可以把我们的幻象叙事（fantasy narrations）投射到它的上面。Φ 即“实在界的想像化”（imaginarization of the real）。它是使令人恶心的快感（nauseous enjoyment）物质化的形象。奥地利墓地长出的肿瘤就是这样的客体。最后，S（$\not{A}$）标明了大对体（符号秩序）中的匮乏，标明了大对体的非一致性，标明了下列事实——“（作为封闭的、具有一致性的整体的）大对体并不存在”。它是一小片实在界，充当着某个能指，表明（符号性）世界（如钮扣）的百无聊赖。图表中间的深渊（中间有“快感”字样的气球），当然就是快感的漩涡了。它威胁着要吞没我们，就像帕特里西亚·海史密斯小说中的池塘那样：那个漩涡有其致命的吸引力。三角形的三条边上的客体，或许只是与这个创伤性的核心深渊保持相应距离的三种方式而已。我们可以把在海史密斯小说中发现的三种客体的名字，插入拉康的这个图表：①

① 通俗文化中最著名的小客体当然是希区柯克的麦格芬（McGuffin）。它是启动情节的“秘密”，但它本身绝对无足轻重，“一无是处”，而只是一个空白（包含秘密信息的乐曲和客套话等）。上面描述的三种客体可以由希区柯克电影中的三种客体来完美地例证：第一种是作为小客体的麦格芬，第二种是骇人的快感化身（鸟和巨型雕像等），用 Φ 来表示；第三种是正在流通的“实在界碎片”（结婚戒指和打火机等），用 S（$\not{A}$）来表示。参见齐泽克，《意识形态的崇高客体》第五章。借助于这三种客体，我们可以概括三种不同类型的“失踪女性”关系：第一种是《三妻艳史》中的艾迪·罗斯，她属于“其他女性”（the Other Woman），展示的是“普通”婚姻的失败和僵持。难道她不是 S（$\not{A}$）的某种化身，是大对体非一致性（Other's inconsistency）的能指？第二种是《贵妇失踪记》中那位迷人的老女士，难道她不发挥着小客体的作用，不是激发我们下列欲望的客体—成因——使秘密符号化，即揭露秘密？第三种是《眩晕》中的马德琳，难道她不是 Φ，一个代表着致命快感的迷人形象？最后，难道这三种客体不正是使我们与图表中间的快感保持距离，以免被其吞没的三种方式？

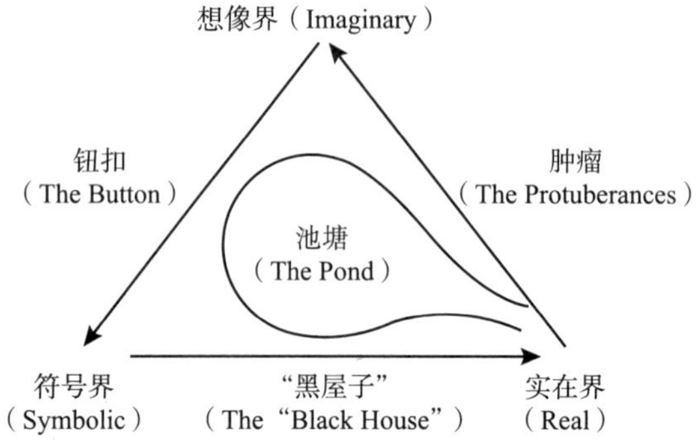

认同症候

这些处于普通现实之外的实在界肿瘤［S（Ⱥ）、Φ 或 a］的本体
136 论身份，绝对是暧昧的。在面对它们时，我们无法避免这样的感觉：它们既是“现实”，又是“非现实”。好像它们既“存在”又“不存在”。这种暧昧与拉康所谓的“存在”（existence）包含的两种相互对立的意义，是完全一致的。

- “存在”的第一种意义是“对存在进行判断”。通过“对存在进行判断”，我们在符号的层面上肯定某个实体的存在：在这里，存在与符号化同义，存在即融入符号秩序。只有被充分地符号化，存在才是可能的。当拉康坚称“女性并不存在”或“没有性关系”时，他就是在这种意义上使用“存在”一词的。无论是女性还是性关系，都没有属于自己的能指，都无法铭刻于符号化网络（signifying network）。它们抵抗符号化。这里的关键是拉康在弗洛伊德和海德格尔的影响下提出的“原初肯定”（the primordial Bejahung）。“原初肯定”是先于否定的肯定，是“认可真实本来面目”的行动，它使得实在界免于“清除自身的存在”(clearance of its being)。[1] 在拉康看来，我们在面对某种现象时遇到的著名的“非现实之感”(sensation of irreality)就处于这个层面：它表明，客体已经在符号世界中丧失自己的位置。

● “存在”的第二种意义与第一种意义完全相反。在这里，“存在”即“离开存在”(ex-sistence)，即“不可能的—实在界的”内核(impossible-real kernel)。它抵抗符号化。这样的“存在”概念最早见于“讲座之二”。在那里，拉康强调“有些事物不太可能完全存在，因此永远有人就其存在表示怀疑。”[2] 当然，被符号秩序排除在外的，正是这种实在界之“离开存在”(ex-sistence of the real)，正是这种原质之“离开存在”(ex-sistence of the Thing)。原质是不可能的快感之化身。 137
我们可以说，我们总是陷于非此即彼的选择之中，总是被迫在意义(meaning)和“离开存在”之间做出选择。要获得意义，我们就必须付出代价——把“离开存在”排除在外。或许，现象学悬置(phenomenological epoche)的隐秘精神机制就在这里：只有悬置“离开存在”，只有把“离开存在”置于括号之内，我们才能进入意义领域。如果我们运用“离开存在”一词，我们可以说，女性是作为超越意义、抵抗符号化的快感的残余而“存在”的。这也是(拉康)说女性是“男性的症候”(the *sinthome* of man)的原因。

---

① 拉康，《文集》，第387—388页。

② 拉康，《拉康讲座之二：弗洛伊德理论中和精神分析技巧中的自我》(*The Seminar of Jacques Lacan*, *Book II*: *The Ego in Freud's Theory and in the Technique of PsychoAnalysis*)，第229页。

因此，“离开存在的症候”（ex-sisting *sinthome*）的维度，远比征兆或幻象的维度激进：症候是精神病之核，它既不能（像征兆）那样被阐释，也不能（像幻象）那样被“穿越”。如此说来，究竟如何处置它？拉康的回答（同时也是拉康给“精神分析的终结时刻”所下的最后一个定义）是认同症候。这种症候代表着精神分析过程的最后限度。症候是精神分析得以立足的暗礁。但是，另一方面，对于症候的根本不可能性的这种体验，不就是证明精神分析过程已经结束的终极证据吗？这是拉康在论及“征兆乔伊斯”（symptom Joyce）时的看法：

> 提及乔伊斯的精神错乱，绝非暗示我们，存在着某种实用的精神分析（applied psychoanalysis）。相反，这里的关键在于，借助于征兆乔伊斯，对精神分析师的话语提出质疑，直至主体认同自己的征兆，拒绝精神分析师的诡计。或许再也没有比这更好的精神分析结局了。①

一旦到了隔离这种快感之核（kernel of enjoyment）的时候，我们就走到了精神分析的尽头。可以说，快感之核没有符号功效（symbolic efficacy），也不遵守话语的运作模式。这也是拉康对弗洛伊德的下列格言所做的最后解读——“无论它去何处，我必随之而去”（Wo es war，soll Ich werden）：你必须在你的征兆的实在界中，找到你的生命的终极支撑。无论你的征兆现在何处，你都必须认同

---

① 雅克－阿兰·米勒，“序言”，见《乔伊斯同拉康》（*Joyce avec Lacan*），Paris，Navarin，1988，p. 12。

它，你都必须在它的“病态”异常中，找到能够确保你的一致性的元素。现在，我们可以看到，拉康最后十年的讲座与“标准”的拉康理论，存在着多大的距离。在20世纪60年代，他依然把征兆设想为“主体放弃自己欲望的方式”，设想为某种妥协性的构成，这种妥协性构成（compromise formation）证明，主体没有坚守自己的 138
欲望。之所以说只有通过阐释消解征兆，才能发现欲望的真相，原因也在这里。一般而言，我们可以说，“穿越幻象——认同征兆”与我们本能地认定的“本真的生命身份”（authentic existential position）完全相反，即与“消解征兆——认同幻象”完全相反。一个既定的主体身份的“本真性”，难道不是由下列行为来衡量的吗：我们能在多大程度上使自己与病态的“痉挛”保持距离，我们能在多大程度上认同幻象，认同我们“根本性的生命规划”（fundamental existential project）？与此相反，在拉康的晚期理论中，一旦我们与幻象拉开了距离并认同了病态的异常（我们快感的一致性就依赖于这种病态的异常），精神分析即宣告结束。

只是在这最后阶段，我们才恍然大悟，何以我们必须把拉康的下列观点纳入视野（我们是在他的“讲座之十四”的第一页找到这个观点的）：“精神分析师的欲望并非纯粹的欲望。”① 先前拉康有关精神分析过程的终结时刻的所有看法，先前拉康有关从被分析者向精神分析师“过渡”的所有看法，一直都在暗示我们，欲望的“净化”是可能的，“最纯粹状态的欲望”是存在的。首先，我们必须摆脱征兆（在这里，征兆即妥协性构成）。其次，我们必须“穿越”幻象（在这里，幻象即框定我们的快感的坐标）。因此，

① 拉康，《精神分析的四个基本概念》，第276页。

“精神分析师的欲望”是彻底剔除了快感的欲望。也就是说，要了解“纯粹”的欲望，就必须付出代价——放弃快感。不过，在最后阶段，整个透视都被彻底颠覆了：我们必须认同我们快感的特定形式。

但是，既然清除使我们癔症化的因素的唯一方式就是认同它，既然“如果你无法打败他们，那就加入他们”，那么，这里所谓的“认同征兆”与我们通常理解的“认同征兆”有何不同？也就是说，这里的“认同征兆”与典型的直接由癔症恶化为“疯癫”有何不同？为了以实例展示认同征兆的第二种模式（即认同征兆的癔症模式），且让我们再次提及露丝·蓝黛儿和她才华横溢的短篇小说《旋花时钟》（*Convolvulus Clock*）。特里克茜（Trixie）是一位老处女，她去一个小镇拜访朋友。在那里，她从当地的古玩店偷走了一个精致的旧时钟。刚一到手，时钟就不断地令她不安和内疚。别人随便说点什么，她都疑神疑鬼，觉得那是人家在含沙射影。一位朋友提及，古玩店有一只与她的时钟类似的时钟，被人偷走了。闻听此言，慌作一团的特里克茜竟然把这位朋友推进地铁的轨道，那时一辆地铁正在快速驶来。时钟的滴答声令她寝食难安。她觉得自己再也不堪忍受，于是跑到乡下，从桥上把它扔进小溪。可惜小溪太浅，特里克茜觉得，不管是谁，只要从桥上向下张望，一眼就能看到。于是她跳进水里，捞起时钟，用石头把它砸碎，再把它的部件撒到河里。但是，她撒得越远，她眼里的钟表就越多，仿佛整条小溪里流淌的，不是溪水，而是钟表。不久，在溪边做活的农夫把
139 她捞了上来。她像个落汤鸡，浑身颤抖，到处是伤，挥动着手臂，作时钟的指针状，口中还念念有词：“滴答，滴答，滴答。旋花植

物时钟。"①

为了把这种认同与标志精神分析过程结束的那种认同区别开来，我们必须引入"付诸行动"（acting out）与拉康所谓"过渡行动"（*passage à l'acte*，passage to act）的区分。一般说来，"付诸行动"依然是符号性行动，是面向大对体的行动，而"过渡行动"则中止大对体的维度，转入实在界的维度。换言之，"付诸行动"通过行动努力打破符号性僵局［破除符号化之不可能性（impossibility of symbolization），破除言说之不可能性］，尽管这种行动依然是加密信息的载体。通过这种行动，我们试图（以"疯狂"的方式）尊敬（honor）某种债务，消除某种罪恶，体现对大对体的谴责，等等。通过最终认同时钟，不幸的特里克茜试图向大对体证明，自己是无辜的，摆脱那不堪忍受的内疚重负。与此不同，"过渡行动"要逃离符号网络，消除社会联系。我们可以说，通过"付诸行动"，我们认同征兆，但这里所谓征兆，是拉康在20世纪50年代设想的征兆，即面对大对体的加密信息。通过"过渡行动"，我们认同症候，这里所谓症候即病态的"痉挛"，它结构快感的真正内核，就

① 一部唐老鸭卡通片的结构与此类似。在那里，唐老鸭和一群游客来到原始森林中的一片空地。导游引导他们观赏美景，同时警告他们注意在空地周围游荡的一只坏鸟，说它会破坏游客的摄影兴致。就在游客拍摄眼前美景的瞬间，那只坏鸟会飞进镜头，愚蠢地呱呱乱叫一通。它的入侵当然毁坏了唐老鸭的照片。唐老鸭气不打一处来，先是驱赶它，后要消灭它，但那只鸟避开了他所有的陷阱。唐老鸭越来越绝望，终于精神崩溃，无助地大喊大叫。这部卡通片的最后一幕是：一群新游客来到空地，导游警告他们注意那只坏鸟。但是，就在第一个游客拿出相机准备拍摄时，唐老鸭进入了镜头，他胡乱地挥舞着上肢，呱呱乱叫一通。那叫声，是他从那只坏鸟那里学来的。

像赛乔尔·莱昂①的《西部往事》(*Once Upon a Time in the West*)中由查尔斯·布朗森（Charles Bronson）扮演的“口琴人”一样。年轻时，他目睹了一个创伤性的场景。确切些说，他是那个场景的非自愿的参与者。一伙强盗们把他哥哥吊起来，然后让他哥哥站在他的肩膀上。强盗让弟弟一边支撑哥哥不被吊死，一边吹口琴。由于过度疲劳，他终于体力不支，哥哥则悬在空中，最后惨死。弟弟从此行尸走肉，与“活死人”无异，既无力建立“正常的性关系”，也丧失了普通人的激情与恐惧。唯一允许他保持些许一致性的，唯一能阻止他“发疯”的，阻止他陷入孤独紧张症(autistic catatonia）的，就是他自己的特定形态的“疯癫”，即认同他的征兆——口琴。他的朋友切尼恩（Cheyenne）说他“该说话时吹口琴，该吹口琴时说话”。没人知道他的名字，人们总是叫他“口琴”。为最初的创伤性场景负责的强盗弗兰克（Frank）
140 曾经问及他的名字，他只能用那个他要为之复仇的人的名字来代替。用拉康的话说，“口琴人”经历了“主体性贫困”(subjective destitution)，他没有名字［或许赛乔尔·莱昂最后一部西部片题为《无名之辈》(*My Name Is Nobody*）并非偶然］，没有代表他的能指，所以他只能通过认同自己的征兆来维持自己的一致性。因为“主体性贫困”，他与真相的关系经历了彻底的变化：在癔症以及癔症的“辩证”(即强迫性神经症）中，我们总能看到真相的辩证运

① 赛乔尔·莱昂（Sergio Leone，1929—1989），意大利电影导演、编剧和制片，以拍摄“意大利美国西部片”(Spaghetti Western）闻名。《西部往事》(*Once Upon a Time in the West*)、《革命往事》(*Duck, You Sucker!*)、《美国往事》(*Once Upon a Time in America*）是赛乔尔·莱昂拍摄的“美国三部曲”。其“镖客三部曲”亦相当著名。——译者注

动（dialectical movement of truth），① 这也是处于癔症危机巅峰的“付诸行动”始终受制于真相的协调（coordinates of truth）的原因；与“付诸行动”不同，“过渡行动”则中止了真相之维（dimension of truth）。只要真相具有（符号性）虚构的结构，真相与快感之实在界（real of enjoyment）就是水火不容的。

或许政治领域中也有促成某种“认同征兆”的事例，这就是众所周知的悲惨的“我们全是……”的事例。我们有时面对某种现象，而这种现象就是不堪忍受的真相的入侵，就是社会机制“彻底失效”这一事实的索引。这时，政治领域就会出现认同的事例。且以迫害犹太人的骚乱为例。整个谋略网络（network of strategies），包括朴素的无知，包括把迫害犹太人的骚乱视为应受严厉谴责的恐怖活动（不过我们并不真的关心这一点，因为它只是野蛮的仪式，我们可以与之保持距离），包括对受害者的“真诚同情”，所有这些都允许我们不必面对下列事实：迫害犹太人本是我们这个文明的被压抑起来的真相。只有当我们获得这样的经验——在某种意义上这绝对没有性质的变化——“我们全是犹太人”时，我们才能确立本真的态度（authentic attitude）。对于所有的创伤性时刻来说（一旦侵入了这样的社会领域——它里面包含着反抗融入符号秩序的

---

① 最初的癔症身份（hysterical position）是以“以撒谎的形式讲述真相”为特征的：从（“字”与“物”相符的）字面之“真”来看，癔症患者无疑在“撒谎”，但正是通过这种事实上的“谎”，有关他的欲望的真相才会呈现出来。只要强迫性神经症属于“癔症的辩证”（弗洛伊德语），它就会暗示与这种关系完全相反的一面——强迫性神经症患者“以说真话的形式撒谎”。强迫性神经症患者总是“坚守事实”，这样一来，他极力消除自己的主体身份的踪迹。最后，在“成功地撒谎”后，在以口误的形式“伪造事实”（falsifies the facts）后，他终于“癔症化”了，也就是说，他的欲望终于爆发了。

“不可能”的内核——这样的时刻就会不期而至)，情形也是如此：“我们全都住在切尔诺贝利!”“我们全都是船民!”，等等。关于这些事例，我们应该已经知道，“认同征兆”是如何与“穿越幻象”连在一起的：借助于认同（社会）征兆，我们穿越和颠覆了幻象的框架（幻象的框架决定着社会意义这一领域，决定着对于某个既定社会对自身的意识形态理解)，也就是说，我们穿越和颠覆了这样的框架，正是在那个框架内，“征兆”显现为某种异化的、烦人的入侵，而没有显现为有关现存社会秩序的隐秘真相的爆发点。

8 后现代性之淫荡客体

后现代主义裂变

“现代主义”对“后现代主义”

在“解构主义”（deconstructivist）的圈子里讨论“后现代主义”（postmodernism）这一话题，以否定的口吻提及哈贝马斯，以对他敬而远之的态度开场，是必须的。也可以说，这是彬彬有礼的标志。在遵守这种习俗时，我们不妨再做些扭曲，即认为哈贝马斯是一位后现代主义者（postmodernist），尽管怪异的是，他自己并不知道自己是后现代主义者。为了证明这一点，证明哈贝马斯是一位后现代主义者，我们将质疑哈贝马斯所谓的现代主义与后现代主义的截然对立。在哈贝马斯那里，现代主义的特征是：现代主义声称存在着“理性的普遍性”（universality of reason），它否定传统的权威性（authority of tradition），它认为理性论证（rational arguement）是保卫信仰的唯一方式，它以公共生活（communal life）为理想，但公共生活必须以相互理解和相互认可（mutual understanding and recognition）为指引，以消除强制（absence of constraint）为指引。后现代主义的特征是：后现代主义是对“理性的普遍性”的“解 141

构”（deconstruction），而且自尼采至“后结构主义”（poststructuralism），一直如此；它致力于证明，“理性的普遍性”必定“虚假不实”，它掩盖着特定的权力关系网络（network of power relations）；它认为“普遍的理性”（universal reason）本质上是“压抑性”和“极权性”的；它相信现代主义所谓的真理，不过是一系列修辞效果而已。① 使现代主义与后现代主义势不两立，是没有根据的：哈贝马斯所谓的“后现代主义”，只是现代主义固有的一个面向而已；哈贝马斯所谓的现代主义与后现代主义的对立，只是他所谓的现代主义自诞生之日起就具有的内在张力而已。个人把自己的生命塑造成一件艺术品，这种唯美主义的、反普遍主义的伦理学（aestheticist, antiuniversalist ethics）不正是现代主义的一部分？对普遍范畴和普遍价值（universal categories and values）的系统揭露，对理性的普遍性（universality of reason）的质疑，不正是典型的现代主义手法？理论现代主义（theoretical modernism）的这一精华部分，对隐藏在（意识形态的、道德的、自我的）“虚假意识”背后的“实际内容”（effective contents）的揭露，难道没有被马克思—尼采—弗洛伊德组成的三巨头所例证？这个颇具讽刺意味的自残姿势［理
142 性借此姿势在自身之内发现了自己一直都在奋力反抗的压抑（repression）和支配（domination）］，这个从尼采到阿多诺再到霍克海默的《启蒙的辩证》一直都在摆的姿势，不正是现代主义的至高无上的行动？一旦不容置疑的传统的权威性（authority of tradition）出现缝隙，普遍理性（universal reason）与避免落入普遍理性之掌的

① 参见尤尔根·哈贝马斯（Jürgen Habermas），《现代性之哲学话语》（*The Philosophical Discourse of Modernity*），Cambridge，Mass.，MIT Press，1987。

具体内容之间的对峙，就是无法避免和无以挽回的了。

因此说，现代主义与后现代主义的分界线不在这里。具有讽刺意味的是，由于哈贝马斯的理论具有的某种至关重要的特质，他本人就属于后现代主义阵营：法兰克福学派的第一代与第二代的断裂，即阿多诺、霍克海默、马尔库塞（为一方）与哈贝马斯（为另一方）的断裂，与现代主义和后现代主义的断裂完全同步。在阿多诺与霍克海默的《启蒙的辩证》（*Dialectic of Enlightenment*）中，①在马尔库塞的《单向度的人》（*One-Dimensional Man*）中，②在他们对“工具理性”的压抑性潜能（repressive potential）的揭露中，在他们的下列目标中——致力于在当代世界的历史整体（historical totality of the contemporary world）中推动彻底革命，致力于乌托邦式地消除“被异化”的生命领域之间的差异，消除艺术与“现实”的差异，现代主义在自我批判方面取得了至高无上的成就。之所以说哈贝马斯是后现代性的，是因为他在现代主义所谓的“异化”（审美领域的自治和社会领域的功能分工等）中，发现了获得自由和实现解放的积极条件。对现代主义乌托邦的摒弃，对下列事实的认可——自由只有立足于某种彻底的“异化”才是可能的，证明我们已经进入后现代主义世界。

在现代主义与后现代主义的断裂方面导致的这种混乱，在哈贝马斯的“后结构主义解构主义”（poststructuralist deconstructionism）中达到了临界点。哈贝马斯的“后结构主义解构主义”是当代的哲

---

① 阿多诺（Theodor Adorno）、霍克海默（Max Horkheimer），《启蒙的辩证》（*Dialectic of Enlightenment*），London，Allen Lane，1973。

② 马尔库塞（Herbert Marcuse），《单向度的人》（*One-Dimensional Man*），Boston，Beacon Press，1964。

学后现代主义（philosophical postmodernism）的主要形态。“后”这一前缀在上述两种情形下的使用，不应该使我们误入歧途。特别是当我们注意到下列至关重要却又常被忽略的事实时，更是如此：“后结构主义”一词尽管用来指称法国理论学派，却是英国人和德国人的发明。这个术语的使用只能表明，英语世界是如何理解德里达、福柯、德勒兹的理论的，是如何对他们的理论进行定位的。在法国，无人使用“后结构主义”一词。解构主义是一种地道的现代主义手法；或许它展示了最为激进的“揭露”逻辑，职是之故，对意义的体验的一致性（unity of the experience of meaning）被视为符指化机制（signifying mechanisms）的效果，而且，只有当符指化机制忽略了自己制造的文本运动（textual movement）时，才会产生这样的效果。可以说，只是到了拉康那里，“后现代主义”的断裂才真正形成。之所以这么说，是因为拉康对某种来自实在界的、创伤性的内核（a certain real, traumatic kernel）进行了专题探讨。来自“实在界的、创伤性的内核”的身份一直暧昧不明：
143 它抵抗符号化，但同时又是符号化的回溯性产物（retroactive product）。在这个意义上，我们甚至可以说，解构主义者（deconstructionists）基本上还是“结构主义者”，唯一的“后结构主义者”是拉康。拉康断言快感是来自“实在界的原质”（the real Thing），它是核心的不可能性（central impossibility）。任何一种符指化网络（signifying network）都是围绕着这种“核心的不可能性”结构起来的。

作为后现代主义者的希区柯克

那么，后现代主义的断裂究竟“断裂”于何处？让我们从安东尼奥尼[1]《放大》（*Blow Up*）说起，或许它是最后一部伟大的现代主义电影。主人公在冲洗他在公园里拍摄的照片时，深为照片边缘上的一个黑点所吸引。放大之后，他发现那个黑点貌似一具尸体。尽管已是子夜时分，他还是匆匆跑到公园，果然在那里找到了一具尸体。第二天他重返现场，结果发现尸体已经销声匿迹。这里要注意的第一件事情是，根据侦探小说的写作惯例，尸体是地道的欲望客体（object of desire），是开启侦探（和读者）的阐释性欲望（interpretive desire）的成因。他要问，这一切都是怎么发生的？谁干的？不过，只有到了最后一幕，我们才能把握这部电影的关键。主人公最后走进了死胡同，他的调查无疾而终。他在一个网球场附近散步。网球场上，一群人在没有网球的情况下，假装进行一场网球赛。在这场假想的比赛中，假想出来的球被击出了边线，停在主人公脚下。主人公犹豫了一下，接受了这场游戏：他弯下腰，假装拣起球，并将球扔回场内。当然，对于电影的其他部分而言，这个场景的功能是隐喻性的。它表明，主人公认可了下列事实："即使没有客体（object），也不会影响比赛"。也就是说，即使没有网球，假装的球赛照样能够如常进行。如此说来，即使没有尸体，他的探险也可以继续下去。

"后现代主义"是对这个过程的颠覆。后现代主义之为后现代

---

① 安东尼奥尼（Michelangelo Antonioni，1912—2007），意大利现代主义电影导演。生于富裕之家，幼年时喜欢绘画和音乐，九岁时举办了第一个个人音乐会。后入意大利博洛尼亚大学（University of Bologna）学习经济学，1935年毕业后成为专门采访电影新闻的报社记者。后学过电影，当过兵。1972应邀来中国，制作了纪录片《中国》，此片于2004年11月25日第一次在中国放映。2007年7月30日死于罗马。英格玛·伯格曼（Ingmar Bergman）也死于当日。——译者注

主义，并不在于它要证明：即使没有客体，比赛也能照常进行；游戏是由核心的缺席（central absence）开启的。后现代主义之为后现代主义，在于它直接展示那个客体，展示客体的冷漠和专断的品性。同一个客体，既可以成功地充当令人恶心的被弃之物，也可以成功地充当崇高的、具有超凡魅力的特异景象。它们的差异（严格说来，是结构上的差异）并不在于客体的“实际属性”，而在于它在符号秩序中占据的位置。

我们可以通过分析希区柯克电影中的恐怖效果，来把握现代主义与后现代主义之异。最初的时候，仿佛希区柯克只尊重古典原则［埃斯库罗斯在《奥瑞斯提亚》（*The Oresteia*）中早已使之发扬光大］。根据这一法则，我们必须把骇人的客体或事件置于场景之外，
144 倘若非在舞台展示不可，也只能展示其影像与效果。人们没有直接看到客体，就会用幻象投影（fantasy projections）填充其空白（人们觉得这比它本来的样子还要可怕）。因此，制造恐怖的基本手法，就是只看骇人客体在其目击者或受害者那里引起了怎样的反应。

众所周知，这也是著名制作人瓦尔·卢顿①在 20 世纪 40 年代完成的恐怖电影革命的主要贡献。瓦尔·卢顿制作过《豹妹》（*Cat People*）、《第七个牺牲品》（*The Seventh Victim*）等影片。这些电影没有直接展示骇人的怪物（吸血鬼、嗜血野兽），而是通过画外音、阴影等手法加以暗示，因而使本来已经可怕的东西变得更加可怕。不过，真正的希区柯克式拍摄手法颠覆了这一切。且以《救生艇》

---

① 瓦尔·卢顿（Val Lewton，1904—1951），美国电影制片和剧作家，20 世纪 40 年代制作了九部血腥的恐怖片，并以此闻名。生于乌克兰，五岁时随妈妈移民美国，在纽约郊区长大。入哥伦比亚大学学习新闻。出版了 18 部著作，包括小说、诗歌及非虚构类作品。1932 年创作了畅销小说《她没有自己的床》（*No Bed of Her Own*），并将其改编为电影。——译者注

(*Lifeboat*) 中一个小小的细节为例。那里有这样一个场面，一群属于盟军的海难幸存者在船上迎接一个德国海员，他来自一艘被摧毁的潜艇。当他们发现获救之人是敌人时，他们感到惊讶。拍摄这一"惊讶"场景的传统方式，无外乎是使我们听到呼救声，显示出牢牢抓住船的一侧的一只手，接下来不是去表现德国海员，而是把摄影机的镜头转向盟军的海难幸存者：他们脸上露出的表情充满困惑。这会告诉我们，他们从水里拉出来的东西完全出乎他们的意料。到底把什么拉出来了？悬念最终建立起来后，摄影机会在最后转向德国海员。但是，希区柯克的手法截然相反：他没有拍摄的，恰恰是盟军的海难幸存者；他拍摄的，恰恰是那个德国海员。德国海员攀上了小船，面带友善的微笑说道："Danke schön!"（非常感谢!）之后也没有表现盟军海难幸存者的惊讶面孔，摄影机一直停留在德国人身上。

即使他的突然出现导致了恐怖的效果，我们也只能通过他对那些盟军幸存者的反应所做的反应来察知：他的微笑逐渐消失，脸上的表情困惑不解。这展示了帕斯卡尔·鲍尼泽尔①所谓的"希区柯克的普鲁斯特式一面"(Proustian side of Hitchcock)②，因为这个手法与普鲁斯特在《斯万之恋》(*Un amour de Swann*) 中使用的手法如出一辙。在《斯万之恋》中，当奥黛特（Odette）在向斯万坦诚自己的同性恋经历时，普鲁斯特使用了这一手法。普鲁斯特只对奥黛特展开描述。她的故事显然在斯万那里造成了恐怖的效果，但这效果只能通过她语调的变化显现出来；她的语调之所以发生了变化，是因为她注意

① 帕斯卡尔·鲍尼泽尔（Pascal Bonitzer，1946—），法国电影批评家、编剧和演员。自 1967 年以来编剧 48 部，出演过 30 个角色。——译者注

② 帕斯卡尔·鲍尼泽尔（Pascal Bonitzer），"Longs feux"，*L'Ane* 16（1984）。

到，她的故事产生了灾难性后果。我们展示的只是某个普通的客体或行为，但突然间，通过周围的人对该客体的反应，通过周围人的表情的变化，我们意识到，我们正面对着难以言表的恐怖的源泉。下列事实进一步强化了恐怖感：这个客体实在貌不惊人。也就是说，瞬间之前还是极为普通之物，突然成了魔鬼的化身。

这样的后现代主义手法似乎远比寻常的现代主义手法更具颠覆性，因为后者并不展示原质，这为透过“不在场的上帝”（absent God）的视角捕获“核心空白”（central emptiness）留下了可能性。
145 现代主义的教益在于，即使没有原质，即使机器围绕着空洞性（emptiness）旋转，那个结构，那个主体间机器（intersubjective machine）也会照常运转。颇具颠覆性的后现代主义则把原质视为具体化、物质化的空洞性，并把它展现出来。它是这样完成的：先是直接展示骇人的客体，然后寻找它的骇人效果的来源，把它的骇人效果归之于它在结构中占据的位置。骇人的客体本是日常的客体，只是因为意外地填充了大对体（符号秩序）中的洞穴，它才成了骇人的客体。现代主义文本的原初形态是贝克特（Samuel Beckett）的《等待戈多》（*Waiting for Godot*）。

这个戏剧所有琐碎的、愚蠢的行动都发生于等待戈多到来之时。我们期待着，一旦戈多到来，“或许会发生什么事情”。但是我们很清楚，“戈多”永远不会到来，因为他只是一个名字，代表着“空无性”（nothingness）和“核心缺席”（central absence）。如果对这个故事进行“后现代主义”改写，会写成什么样子？会不得不把戈多送到舞台上。他将是与我们一样的俗人，会像我们一样过着空虚无聊的生活，享受着愚不可及的快乐。唯一的差异在于，最初连他自己都不知道，只是到了后来，他偶然间发现自己已经处于原质的位置；他将是原质的化身，人们一直等待着这个化身的到来。

弗里茨·朗有一部不怎么知名的电影，名为《门后的秘密》(*Secret Beyond the Door*)。这部电影以纯粹（我们甚至禁不住说，以极为纯粹）的形式，展示了占据原质位置的客体的逻辑。年轻女商人西莉亚·巴雷特（Celia Barrett）在哥哥去世后去墨西哥旅行，在那里邂逅了马克·兰菲尔（Mark Lamphere），两人喜结连理并生活在一起。没过多久，这对夫妻接待了马克的几位密友。马克领他们看了他的历史陈列室，那是由其公寓的地下室改建的。马克禁止朋友进入七号房间，把那里锁得严严实实。西莉亚深深为这个禁忌所吸引，偷偷配制了钥匙并进入了房间。原来那个房间是对她的房间的精密复制。当我们发现自己最为熟悉的事物出现在另一个地方时，特别是出现在一个"不对劲"的地方时，这些事物便具有了"离奇"的维度。令人战栗的效果来自下列事实：我们在这个原质的禁地（Thing's forbidden place）发现的事物，竟然具有熟悉的、家常的特性。在这里，我们还得到了一个完美的例证，它展示了弗洛伊德的"离奇"(*das Unbeimliche*）一词的极端含混性。

因此，我们绝对不能把现代主义与后现代主义的对立化简化为纯粹的历时过程（diachrony)。我们甚至要说，在某种程度上，后现代主义出现在现代主义之前。和卡夫卡一样（卡夫卡不仅在时间上，而且在逻辑上，均早于乔伊斯)，后现代主义的非一致性被现代主义的凝视（modernist gaze）回溯性地感知为现代主义的未完成性（incompleteness)。如果说乔伊斯是一位纯粹的现代主义者，是一位描写征兆的作家（writer of the symptom）——拉康称之为"征 146
兆乔伊斯"（the symptom Joyce)，是描写"阐释性精神错乱"（interpretive delirium）的作家，是描述时间的作家［在他那里，每个固定的瞬间都不过是多元符指过程（plural signifying process）的“浓缩”]，那么，卡夫卡在某种程度上就是一位与乔伊斯相向而立的后现代主义者，是描述幻象的作家，是描述令人作呕的、惰性的在场（nauseous inert presence）的作家。如果说乔伊斯的文本刺激了阐释，那么卡夫卡的文本则遏制了阐释。

对卡夫卡的现代主义解读所误认的，正是非辩证性、惰性的在场（nondialecticizable，inert presence）这一维度。对卡夫卡的现代主义解读，把重点放在了难以企及的、不在场的、超验的能动力量（城堡和法庭）上了。这样的能动力量占据了匮乏之位置（place of the lack），占据了纯粹的缺席（absence as such）的位置。

从现代主义的视角看，卡夫卡的秘密在于，在官僚政治机器的中心，只存在着空洞（emptiness）和空无（nothing）：官僚政治是“自动运转”的疯狂机器，如同在《放大》中那样，即使没有尸体—客体，游戏照样能够进行下去。可以以两种相反的方式解读此一联合，不过这两种方式享有共同的理论框架。两种方式，一种是神学的，一种是内在主义的（immanentist）。一种解读是把核心（城堡和法庭）神秘莫测、不可企及、超越经验的特性，理解为“不在场的上帝”的标志（即把卡夫卡的世界理解为令人苦恼的世界，它已被上帝遗弃）；另一种解读把这种超验具有的空洞性（emptiness of this transcendence）理解为“透视幻觉”（illusion of perspective），理解为显现内在欲望（apparition of the immanence of desire）的另一种形式。①

这两种解读尽管相互对立，却都遗漏了一点：这个缺席，这个

① 吉尔·德勒兹（Gilles Deleuze）和费利克斯·瓜塔里（Félix Guattari），《卡夫卡：走向小文学》（*Kafka：Toward a Minor Literature*），Minneapolis，University of Minnesota Press，1986。

空位，总是已经被某个惰性的、淫荡的、令人厌恶的在场（presence）所填补。《审判》中的法庭并非单纯的缺席（absence），它是以淫荡法官的形象展现出来的——在夜间审讯时，这位法官翻看了色情图书；《城堡》中的城堡是以阿谀逢迎、淫荡成性、腐化堕落的公务员形象显现出来的。这也正是在卡夫卡那里，“不在场的上帝”根本不发挥作用的原因。卡夫卡的问题在于，在这个世界上，在种种淫荡不堪、令人作呕的现象的伪装下，上帝是无处不在的。卡夫卡笔下的世界是这样的世界，在那里，上帝——在此之前他一直与我们保持着相当的距离——离我们太近了。卡夫卡的世界是“焦虑的世界”（universe of anxiety）。它能不是“焦虑的世界”吗？不过，这样说的前提是，必须注意拉康给“焦虑”所下的定义：造成焦虑的，并非乱伦客体的丧失（loss of the incestuous object），而是过于接近乱伦的客体。我们离原质（das Ding）太近了。这是后现代主义提供给我们的神学教益（theological lesson）：卡夫卡的疯狂、淫荡的上帝，这个“至高无上的邪恶存在”（Supreme Being of Evil），恰恰就是“作为至善的上帝”（God qua Supreme Good）。两者唯一的区别在于，我们离他太近了。

官僚体制与快感

两种法律之门

为了进一步详细说明卡夫卡式淫荡快感（Kafkaesque obscene enjoyment）的身份，让我们从《审判》中有关“法律之门”（door of the law）的著名寓言说起。那是牧师向 K 讲述的一则轶事，目的 147

是向他解释，他现在在法律方面面临着怎样的局势。对这个寓言所做的全部重要阐释均以失败告终。这似乎只能证明牧师的下列观点是正确的："评论常常只能表达评论者的困惑。"不过，还有一种方式，可以用来破解这则轶事的秘密：不是直接追寻它的意义，而是像列维－斯特劳斯处置神话那样处置这则轶事，这样做也更为可取。列维－斯特劳斯是这样处置神话的：确立这个神话与其他神话的关系，详细阐释它们的转化所遵循的规则。那么，在《审判》中，我们在什么地方寻找另一个"神话"，而且这个"神话"必须是有关法律之门的寓言的变体和反例？

我们不必跑得太远就能找到。在第二章（"首次审讯"）的开篇，约瑟夫·K发现自己站在另一道法律之门的前面（那是审问室的入口）。在这里，看门人还是要让他知道，这道门只为他一个人所设。洗衣妇对他说，"你进去后，我得把门关上，谁都不能进去了"。这显然是牧师讲述的轶事中，看门人对乡下人说过的最后一句话的变体，那句话是："只有你能获准进入这道门，因为这道门是只为你一人开的。我现在就要关上它。"与此同时，可以通过一系列的区别性特征（distinctive features），使有关法律之门的寓言（让我们按列维－斯特劳斯的方式，称之为 m^1）与第一次审讯（m^2）相互对立。在 m^1 中，我们站在华丽的法庭门前，在 m^2 中，我们身处工人的居住区，那里充满了污秽之物和蠢蠢欲动的淫荡欲望；在 m^1 中说话人是男的，在 m^2 中说话人是女的；在 m^1 中，看门人阻止乡下人穿过那道门进入法庭，在 m^2 中，洗衣妇在他半推半就的情形下把他推进了审讯室。简言之，在 m^1 中，把日常生活与法律的神圣位置（sacred place of the law）分割开来的分界线是无法逾越的，但在 m^2 中，跨越疆界易如反掌。

m^2 的至关重要的特色已经由它所处的位置表明：法庭位于嘈

杂不堪的工人聚居区。赖纳·施塔赫（Reiner Stach）在这个细节中发现了卡夫卡世界的区别性特质（distinctive trait），理由相当充分。这区分性特质即“跨越生命领域（vital domain）与司法领域（judicial domain）的疆界”。① 当然，其结构与莫比乌斯带（Moebius strip）的结构无异：如果在向社会底层滑落时滑得太快，我们就会发现自己突然走向了另一面，走进了庄严和高贵的法律。从一个领 148
域转向另一个领域的关键，就是由那位令人心荡神驰的普通洗衣妇把守的那道门。在 m^1 中，看门人一无所知，近乎白痴，但在 m^2 中，洗衣妇颇有先见之明。她对 K 的天真的诡计（他声称自己正在寻找一个名叫兰茨的工匠）不屑一顾，而是使他明白，他的到来已被期待良久，尽管 K 只是偶然地进入她的房间，那是 K 在经历了长久无益的努力之后，最后一次绝望的尝试。

> 他在小房子里看到的第一样东西，是时针快要指向十点的大挂钟。“一位名叫兰茨的工匠住在这儿吗？”他问道。“请穿过那道门。”一位长着一双闪闪发光的黑眼睛的年轻女人答道。她正在浴盆里为孩子洗衣服，用一只湿手指着隔壁房间敞开着的门……“我在找一位工匠，他叫兰茨。”“我知道，”女人说，“直接进去就行。”如果不是她走到了前面，抓住了门把手，并对他说“你进去后，我得把门关上，谁都不能进去了”，他是不会乖乖就范的。②

① 赖纳·施塔赫（Reiner Stach），《卡夫卡的色情神话》（*Kafkas erotischer Mythos*），Frankfurt，Fischer Verlag，1987，第 38 页。

② 卡夫卡（Franz Kafka），《审判》（*The Trial*），New York，Schocken，1984，第 37 页。

这情形与《一千零一夜》（*The Arabian Nights*）中发生的那个著名事件如出一辙：某人相当偶然地来到某地，而且获悉，他的到来已经被期待许久了。洗衣妇悖论性的未卜先知，无论如何都与所谓的“女性直觉”毫无关系。她未卜先知，是因为她与法律关联在一起。说到法律，她的地位比小职员重要百倍；是K自己发现了这一点，那是他在法官席前发表激情澎湃的论辩时，突然被一个“淫荡的入侵”（obscene intrusion）打断后才明白过来的。

> 这时K被大厅那头发出的一声尖叫打断；大厅里烟雾弥漫，灯光昏暗，两者合在一起，结成的雾团令人眼花缭乱。他只好抬起手来，遮在眼睛上方，想看清楚到底发生了什么事情。原来是那个洗衣妇，从她进来的那一瞬间起，K就认定，她是骚乱的潜在根源。至于骚乱是不是她造成的，还不清楚。K所看到的，是一个男人把她拽到了门边的角落，紧紧抱着她。发出大声尖叫的不是她，而是那个男人；他嘴巴大张，眼睛死死盯着天花板。①

149 那么，这个女人与法庭的关系如何？在卡夫卡的作品中，作为一个“心理类型”（psychological type），这个女人与华宁该尔②的

① 卡夫卡（Franz Kafka），《审判》（*The Trial*），New York，Schocken，1984，第46页。

② 华宁该尔（Otto Weininger，1880—1903），奥地利哲学家。23岁时自杀身亡。著有《性与性格》（*Geschlecht und Charakter*），具有强烈的厌女主义（misogynistic）和排犹主义色彩。在此书中，他自称要重新审视性别关系。鲁迅曾经两次提到他（《热风·随感录二十五（1）》和《华盖集·“碰壁”之余（1）》），说他“痛骂女人”、“短命”。——译者注

反女权主义意识形态（anti-feminist ideology）毫无差异：女人是一种存在，但没有恰当的自我（self）；女人无法确立任何伦理态度（ethical attitude），即使表面看来，她的行动是有伦理根基（ethical grounds）的，那她也在算计，她能从行动中获得多少快感；女人是一种存在，但她与真相之维（dimension of truth）无缘，即使她说的话句句为实，但她依然是满口谎言。这是由她的主体身份所决定的。说女人这种存在（being）在勾引男人时伪造浓情蜜意，是不够的，因为真正的问题在于，仿真的面具（mask of simulation）之后空空如也……只有某种黏黏糊糊、污秽不堪的快感，那才是她的本质。面对这样的女性形象（image of woman），卡夫卡没有屈从于寻常的“批判性的女权主义”（critical-feminist）的诱惑，去证明这种女性形象是特定社会条件的意识形态产物，并拿它与另一种类型的女性特质（femininity）做对比。卡夫卡的姿态更具颠覆性，他全盘接受了华宁该尔勾勒出来的女性形象，把女人视为一个“心理类型”，但同时又使她闻所未闻、前所未有地占据某个位置，即法律的位置。或许就像赖纳·施塔赫所说的那样，这是卡夫卡的基本做法——使女性“本质”（“心理类型”）与法律位置（place of the law）形成短路。因为被涂上了淫荡的生命力量，法律——传统上它拥有纯洁、中立的普遍有效性——现在具有了异质性的、不一致的、渗透着快感的拼凑之物（bricolage）才有的特性。

淫荡的法律

在卡夫卡的世界里，法庭首先就是无法无天的。当然，这是就“法”的本来意义而言的。在卡夫卡的世界里，仿佛“正常”的因果链已被悬置，已被置于括弧之中。以逻辑推理推动法庭的正常运作，每一次这样的努力都注定必败无疑。K看到，在法官的愤怒与听众的爆笑之间，在坐在右侧的欢快听众与坐在左侧的冷脸听众之间，似乎存在着对立。但是，一旦K要以这些对立为根基制定自己的策略，这些对立就会变得虚假不实了。K每次做出寻常的回答，公众都会报之以大笑。

> “那么好吧，”地方预审法官翻动着笔记本，以权威的口吻问K，“你是油漆匠？”“不，”K说，“我是一家大银行的襄理。”这个回答使坐在右侧的人如此的开怀大笑，以至于K也不得不跟着笑了。他们双手按膝，抖动着身体，仿佛是在剧烈地咳嗽。①

当然，这种非一致性（inconsistency）具有的另一面（实证面）是快感：当K的论辩被公开的性交行为打断时，快感公然喷发了。这个因为过于暴露而难以理解（K不得不“抬起手来，遮在眼睛上
150 方，想看清楚到底发生了什么”）的行为，是创伤性实在界（traumatic real）的爆发。K的失误在于，他忽略了一点：这场淫荡的骚乱与法庭是齐心协力的。他认为，人人都急于恢复秩序，人人都急于把那对情人赶出去。但是，当他冲过大厅时，人群挡住了他的去路。有人从后面抓住了他的衣领。这时，游戏结束了：大惑不解的K大脑一片空白；他满怀着无助的愤怒，离开了法庭。

K的致命错误在于，在面对法庭这个法律大对体（Other of the law）时，他把它当成了由前后一致的论证（consistent argument）

---

① 卡夫卡，《审判》，第50页。

来维持的同质实体（homogeneous entity），但法庭只能以混合着困惑的淫荡微笑（obscene smile）来回应他。简言之，K 期待着法庭采取行动（法律契约、司法判决），结果得到的却是公开性交这种行为。卡夫卡对“跨越生命领域与司法领域的疆界”的敏锐感受，源于他信奉的犹太教：在犹太教那里，生命领域与司法领域是楚河汉界，势不两立。我们在以前的所有宗教中，都能找到供教徒满足神圣快感（sacred enjoyment）的地方或区域，比如仪式性狂欢（ritual orgies），就是如此。但在犹太教中，生命活力的所有踪迹都被抹除得一干二净，生命实体必须屈从于早已失效的父亲律令。卡夫卡再次以快感跨越了他继承来的宗教的分界线，以快感浇灌了司法领域。

卡夫卡的世界之所以是超我的世界，原因也在这里。作为符号秩序这个大对体的大对体（the Other as the Other of the symbolic law）不仅早已死去，而且它甚至不知道自己已经死去（就像弗洛伊德分析过的那个噩梦中的骇人人物一样）：只要它对活生生的快感实体（substance of enjoyment）毫无感觉，它就无法知道自己已经死去。与此相反，超我展示了法律的悖论。在雅克－阿兰·米勒看来，法律的悖论“早在大对体尚未死去时就已经存在了，超我这个当时的幸存残余（surviving remainder）证明了这一点”。超我的指令“享受!”，把死去的法律转变成淫荡的超我形象，暗示了一种令人不安的经历：我们突然间意识到，此前我们认为已经死去的法律，实际上还活着，它的嘴在呼吸，它的心在跳动。让我们回忆一下电影《异形》（*Alien*）中的一个简短场景：一群人正在穿过长长的隧道，隧道的石墙扭来扭去，就像梳好的辫子；突然，辫子开始蠕动，并分泌黏液——僵尸复活了。

因此，我们必须颠覆大家常说的一个隐喻——“异化”。因为

“异化”，已经死去的正式法律（formal letter），某种寄生虫或吸血鬼，正在吮吸活生生的生命力量。活生生的主体不再被视为蜘蛛网的囚徒。法律具有的死亡属性（dead character），现在成了我们获得自由的前提条件。只有当法律不想再处于死亡状态时，才有形成真正的极权主义的危险。

因此，m^1 造成的结果就是，关于真相，没有真相可言（there is
151 no truth about truth）。每份法律文件都是假象。法律尽管不真实，却是必不可少的。引用以 m^1 表示的牧师的话说，“不必把每件事情都当成真实的事情来接受，我们只需把它当成必须接受的事情来接受”。

K 与洗衣妇的相遇也强化了这一点，但这一点通常被默默忽略了。这一点就是，只要法律不以真相为根基，它就必定沉浸在快感之中。m^1 与 m^2 相互补充，代表着两种匮乏模式（modes of lack）：一种匮乏是非完整性之匮乏（lack of incompleteness），一种匮乏是非一致性之匮乏（lack of inconsistency）。在 m^1 中，法律大对体（Other of the law）是不完整的。在它内部存在着某种缝隙，我们永远无法走到最后一道法律之门。m^1 支撑着下列做法：把卡夫卡说成“描写缺席的作家”（writer of absence），也就是，对他笔下的世界进行消极的神学解读（negative theological reading），把他笔下的世界视为疯狂的官僚机器，而这样的官僚机器正围绕着不在场的上帝（absent God）这一核心空白（central void）盲目地运转。在 m^2 中，法律大对体是不一致的：没人想从中获得什么，它也应有尽有，并不缺少什么，但尽管如此，它依然不是“整体/全部”（whole/all），它依然是不具有一致性的拼拼凑凑（inconsistent bricolage），是一堆杂物，遵循的逻辑是快感的偶然逻辑（aleatory logic of enjoyment）。这又把卡夫卡展示为“描写在场的作家”（writer of presence)。在场？什么的在场？当然是盲目机器（blind machinery）的在场。这样的盲目机器天天沉溺于快感，自然应有尽有。

如果说现代文学（modern literature）的特征是“不堪卒读”(unreadable)，那么卡夫卡证明了这一点。但他证明这一点的方式与乔伊斯不同。《为芬尼根守灵》当然是一部“不堪卒读”之作，我们无法以阅读普通“现实主义”小说的方式阅读它。为了追寻这个文本的思路，我们需要某种“读本指南”之类的东西，需要有人加以注释，以帮助我们透过无穷无尽的加密典故网络（network of ciphered allusions)，看清脚下的道路。不过，这种“难以解读”(illegibility）是一纸邀请——邀请读者进入永无止境的解读过程。想一想乔伊斯开的那个笑话吧：他想让文学科学家（literary scientists）为《为芬尼根守灵》至少再忙活四百年。与此相比，《审判》相当“可读”，故事的梗概清晰可辨。在风格上，卡夫卡崇尚简洁，喜欢谚语般的纯净。但是，由于曝光过度（overexposed)，这种“易读性”（legibility）反而导致了严重的晦涩，妨碍了对它们的解读。仿佛卡夫卡的文本是高度凝固的、被披以恶名的、符指化的链条（coagulated, stigmatized, signifying chain)，但它又以过多的黏黏糊糊的快感与符指化分庭抗礼。

超我知情太多

在卡夫卡的小说中，官僚体制是一架毫无用途、麻木不仁、盲目运转的巨大机器，时时在我们身上激发难以忍受的“非理性”的罪恶感。卡夫卡小说中描述的官僚体制，就是“超我之知”（superegoic knowledge)。它在拉康数学图中，用 S_2 来表示。这一事实与我们本 152
能的理解背道而驰。根据我们本能的理解，超我与拉康 S_1（即主人能指）的联系，再明显不过了。超我难道不是只以自身的阐述过程（its own process of enunciation）为根基，只要求服从而毋需深入辩解的“非理性”禁令的模型？不过，拉康的理论与我们这种本能的直觉大相径庭：S_1 和 S_2 的对立，即主人能指（master signifier）和知晓链（chain of knowledge）的对立，与自我理想——即“单一特性”（unitary trait）、符号性认同点（point of symbolic identification）——和超我的对立是完全一致的。超我处于 S_2 那一边，它是知晓链的碎片，其最纯粹的形式就是我们所谓的“非理性的罪恶感”（irrational feeling of guilt）。我们深感罪孽深重，却不知道何以我们罪孽深重。我们没有做过那样的事情（这一点我们可以确定），却要承担这样的后果——深感罪孽深重。这是一个悖论。弗洛伊德对此悖论提出的解决方案是，这种犯罪感的产生是有根有据的：我们深感罪孽深重，是因为我们的无意识欲望受到了压抑。关于这些无意识欲望，我们的“意识自我”（conscious ego）并不（想）深入了解，但是超我却“看见了一切，知道了一切”，并因此抓住主体不放，让他为连他自己都一无所知的欲望（unacknowledged desires）承担罪责：“关于无意识的本我（unconscious id），超我远比自我知道得更多。”①

所以，我们应该放弃我们习以为常的“无意识观”，不再把无意识仅仅视为野蛮成性、作奸犯科的“蓄水池”。无意识还是（我们不禁要说，首先是）创伤性的、残忍的、多变的、“难以理解的”、“非理性”的法律文本，是一套禁令和指令。换言之，我们必

① 西格蒙德·弗洛伊德（Sigmund Freud），《自我与本我》（“The Ego and the Id”），见《弗洛伊德全部心理学著作标准版》，第 19 卷，第 51 页。弗洛伊德《自我与本我》这个标题的最大讽刺在于，它遗漏了第三个至关重要的概念，而这个概念包含了这篇论文真正的理论创新之点：它的标题应该是《超我与自我、本我的关系》（“The Superego in its Relations to the Ego and the Id”）。

须“指出这样的悖论性身份：正常人相信自己是不道德的，但实际上，他比自己相信的还要不道德；不仅如此，正常人知道自己道德，但实际上，他比自己知道的还要道德。”① 把“相信”和“知道”区分开来，意义何在？把“相信”与“知道”区分开来，似乎是由在一条注释中出现的失误造成的。那条注释是对来自《自我与本我》（“Ego and the Id”）的上述引文的补充。在这条注释中，弗洛伊德重述了自己的命题。他说，这个命题“只是表明，无论向善还是向恶，人性都远比自我（ego）认为（相信）的复杂，也就是说，远比自我通过意识性感知（conscious perceptions）所获知的复杂。”② 拉康告诉我们，要特别留意这些区分。这种区分是突然出现的，然后就无影无踪了。之所以要特别留意这些区分，是因为，正是通过这些区分，我们发现了弗洛伊德的至关重要的洞识。这种洞识的全部维度，连弗洛伊德本人也没有意识到。这里我们不妨只回忆一下，拉康从类似的区分，即对自我理想（ego-ideal）和理想自我（ideal ego）所做的“敏锐”区分中取得的收获。那么，昙花一现般地把“相信”与“知道”区分开来，意义何在？归根结底，只有一个答案才是可能的：如果人类比他（在意识层面上）相信的更不道德，如果人类比他（在意识层面上）知道的更道德，换句话说，如果他与本我（即非法驱力）的关系就是他与“相信”（或“不相信”）的关系，如果他与超我（即超我的创伤性禁令）的关系就是他与“知道”（或“不知道”）的关系，那么，我们是否必须得出这样的结论：本我已经包括了无意识的、被压抑的“相

① 西格蒙德·弗洛伊德（Sigmund Freud），《自我与本我》（“The Ego and the Id”），见《弗洛伊德全部心理学著作标准版》，第19卷，第52页。
② 同上。

信”，超我包括了无意识的“知道”，包括了不为主体所知的悖论
153 性“知道”？正如我们已经看到的那样，弗洛伊德把超我视为一种“知道”，因为他说过，“关于无意识的本我，超我远比自我知道得更多。”不过，我们能在什么地方，以能够触摸的方式，抓住这种“知道”？或者说，这种“知道”在什么地方成了物质性的、外在性的存在（material，external existence）？答案是，在妄想狂（paranoia）那里——这种“看见了一切，知道了一切”的能动力量体现在了妄想狂身上，在那个无所不知的迫害者那里——他能“看穿我们的思想”。关于本我，我们只需牢记拉康向其听众发起的那个著名挑战。当时，有听众向他展示了某个人，该人并没有在无意识的层面上相信自己长生不老，相信上帝。在拉康看来，无神论惯用的语句就是：“上帝即无意识。”存在着基础性的信仰，即对大对体的基本一致性的信仰，这样的信仰只属于语言。通过纯粹的言说行为，我们就认定了作为我们的意义的保证者的大对体的存在。即使在最为克制的分析哲学（analytical philosophy）那里，这种基础性的信仰也是以唐纳德·戴维森（Donald Davidson）所谓的“慈善原则”（the principle of charity）的形式来维持的。“慈善原则”被视为成功交流的前提条件。[①] 唯一能够真正拒绝“慈善原则”的主体（如此主体与符号秩序这个大对体的关系有一个特征，那就是，他不相信符号秩序这个大对体），是精神病患者（psychotic），是这样的妄想狂——他在自己四周的符号性意义网络（symbolic network of meaning）中，看到了由某个邪恶的迫害者策划的阴谋。

---

① 参见唐纳德·戴维森（Donald Davidson），《精神事件》（“Mental Events”），载《行动与事件论文集》（*Essays on Actions and Events*），New York，Oxford University Press，1980。

9　形式民主及其不满

幻象伦理刍议

对幻象空间的冒犯

帕特里西亚·海史密斯的一个短篇小说《疯货》（“The Stuff of Madness”），读起来就像“宠物墓地”这一母题的变体。克里斯托弗·瓦戈纳（Christopher Waggoner）的太太佩内洛普（Penelope）对宠物有一种病态的依恋，宠物死后都被制成标本，摆放在房子的后花园里。有位记者闻知她有如此怪癖，就想去那里一探究竟，这样不仅可以写篇文章介绍她，还能拍些花园的照片。对此，克里斯托弗极力反对，他认为这是对家庭隐私的侵犯，但最后被迫服从妻子的决定。他不甘心，要对她进行残忍的报复。他秘密制作了前女友路易丝（Louise）的蜡像，把她摆放在花园中间的石凳上。第二天上午，佩内洛普带着记者来到花园，看到了路易丝的塑像，心脏病立即发作。她心里很明白，克里斯托弗从来都没有爱过她，路易丝是他唯一的真爱。佩内洛普被送进医院，家里只剩克里斯托弗一人。翌日上午，他死在了花园里——像个玩偶一样，直挺挺地躺在他的路易丝的腿上。 154

这个故事在围绕着一个幻象旋转。当然，这幻象不是克里斯托弗的，而是佩内洛普的。花园空间是由标本宠物组成的幻象世界。它是佩内洛普建立起来的。佩内洛普建立这个空间，旨在遮掩她的婚姻的彻底失败。克里斯托弗行为的轻率残忍表现在，他把某个必须排除在外的客体放进了这个幻象空间。也就是说，把这个客体置于幻象空间，会使幻象土崩瓦解。这个客体是“另一个女性”，它是克里托多弗和佩内洛普的性关系失败的化身。当然，克里斯托弗此举导致的结果是佩内洛普精神崩溃：她欲望的整个精神机制被彻底打乱；为她的人格提供一致性的支撑物，使她的生活变得“有意义”的坐标系，全都分崩离析。或许，这是精神分析给“罪孽”
155 (sin) 提供的唯一可能的定义：罪孽即入侵他人的幻象空间，毁灭“他人的梦想”。之所以说克里斯托弗最后的行为具有严格的伦理性(ethical nature)，原因也在这里。也就是说，他把情人塑像置于太太的幻象空间，也为自己打造了一个小环境，在塑像旁边为自己预留了一个位置。他考虑欠周的行为不仅将他置于操纵者的位置，使他在某个客观距离以外控制游戏，而且不知不觉地使他在他操纵的空间内为自己指定了一个位置。他现在唯一要做的事情，就是以自己的血肉之躯去占据这个位置，填补那个空白。可以说，他必须以死相报。或许，这能帮助我们澄清一个问题：拉康说过，归根结底，自杀是唯一的本真行为（authentic act）。他这话究竟是什么意思？

我们在马克斯·奥菲尔斯①的《一个陌生女人的来信》（*Let-*

① 马克斯·奥菲尔斯（Max Ophüls，1902—1957），电影导演。生于德国，一直在美国和法国拍片。执导过近30部电影。《一个陌生女人的来信》拍摄于1948年。——译者注

ter from an Unknown Woman）中，遇到了同样的“伦理性自杀”（ethical suicide）。这部电影是根据斯蒂芬·茨威格（Stephan Zweig）的同名短篇小说改编的。故事的主人公是维也纳的一位钢琴师，天性乐观。一日深夜，他匆匆回到家中，急命仆人迅速打点行装，第二天一早要离开这座城市。有人向他挑战，要与他决斗。他照例要逃之夭夭。就在仆人忙着收拾行李时，他看到桌上有一封信。信是一位陌生女人写给他的。他开始阅读。那是一个悲惨女人的告白。她爱他，但他并不知道，他在她的生活中有多么重要。她在十几岁时就爱慕他，但他只把她的爱当成年轻人一时的爱情冲动。后来，为了接近他，她扮成了风尘女子，但他并没有发现，这位风尘女子就是他以前的情人。对他来说，她只是一堆战利品中的一件而已。与他一番温存之后，她怀孕了。现在孩子已交修女收养，她则自杀身亡。所以现在，在他读信时，她已经死去。这封信深深打动了钢琴师。拂晓时分，他告诉仆人，打开已经打包的行李。他决定参加决斗，尽管他很清楚，此去必死无疑。这里特别有趣的，是电影与小说的差异。这个差异证明，电影的确略胜一筹，同时驳斥了一个老生常谈——总是有人认为好莱坞把文学经典“庸俗化”了。在短篇小说中，钢琴师收信，读信，只记得那个女人的朦胧身影。对他来说，她毫无意义可言。至于有人挑战，要与他决斗，以及他最后欣然接受挑战，前往决斗，这些情节都是电影所加。从伦理的视角（ethical point of view）看，主人公最后的姿势具有高度的一致性：意识到自己在另一个人的世界中有多么重要，意识到自己给别人造成了不堪忍受的痛苦，他深

感罪孽深重，而赎罪的唯一方式就是以死相报。[1]

西德尼·波拉克[2]的惊悚片《高手》（*The Yakuza*）为这个母题提供了另一个变体。在这部电影中，赎罪的方式不是直接自杀，而是一种可敬的行为——仪式化牺牲（ritualized sacrifice）。罗伯特·
156 米彻姆（Robert Mitchum）扮演一位美国侦探，他爱上了一个漂亮的日本女人。这个日本女人与她哥哥生活在一起。成为她的情人后，他得知，那个扮成她哥哥的男人，其实是她丈夫。他之所以扮成她哥哥，是因为他担心，一旦阻止米彻姆满足欲望，就会失去他的资助。米彻姆意识到，自己轻率的爱情给这位丈夫造成了巨大的痛苦，令他蒙羞，于是以日本传统的方式向他道歉。他切下一节小指，包在手帕里送给他。米彻姆的这个姿势并不表明，他接受了日本的伦理法则（ethical code），并据此行事。在他眼中，日本世界的怪异一如从前。这个姿势只是表达了他的悔意：因为对他人的符号世界的轻率无知，他给他人造成了巨大的羞辱和痛苦，他为此深感后悔。

或许我们可以冒一冒险，把这当成精神分析伦理（psychoana-

---

① 在希区柯克的《眩晕》中，情形与此颇为相似：尽管主人公（詹姆斯·斯图尔特饰）并没有忽略女人，而是为她所迷，但他依然把她的视角全然排除在考量之外。她对他有意义，仅仅是因为她进入了他的幻象框架。朱蒂真的爱他，但对朱蒂来说，要想获得他的爱，唯一的方式就是与他的幻象完全相符，装扮成那个死去女人的样子。这也是在斯图尔特与俗不可耐的红发女郎朱蒂（金·诺瓦克饰）首次相遇后出现的那个闪回镜头颇具颠覆性的原因：我们由此获得了一种洞识，那就是，女人不得不忍受的无穷无尽的苦难，这是她为成为男人绝对的、致命的爱意的化身而付出的代价。

② 西德尼·波拉克（Sydney Pollack，1936—2008），美国电影导演、制片和演员。俄国犹太人后裔，生于美国。早期执导电视，后转向电影。1985年执导的《走出非洲》令他获得奥斯卡最佳导演奖，也最为我国观众熟知。——译者注

lytic ethic）的格言，当成对拉康的著名格言“不要放弃你的欲望”的补充（这里的补充涉及主体间的关系）：尽量不要冒犯他人的幻象空间，也就是说，尽量尊敬他人的“特定的绝对”（particular absolute），尊敬他人以他自己绝对特定（absolutely particular）的方式组织他自己的意义世界的方式。这样的伦理既不是想像性的（因为关键并不在于，只要邻居与我们相像，只要我们在邻居身上看到了我们自己的影像，就要“爱邻如己”），也不是符号性的［因为关键也不在于，我们尊敬他人，是因为他的尊严是由他的符号性认同（symbolic identification）授予的，是因为他属于跟我们完全一样的符号性共同体（symbolic community），即使我们在最宽泛的意义上设想这种共同体，即使我们尊敬他是因为他“也是人”，也是如此］。授予他人以“人”的尊严的，不是任何普遍性—符号性的特质（universal-symbolic feature），而是他的“绝对特定”，是他的幻象，是他的我们肯定无法分享的那一部分东西。用拉康的话说，我们尊敬他人，不是因为我们每个人都怀有普遍的道德律令，而是因为我们每个人都有极为“病态”的内核，是因为我们每个人都以绝对特定的方式“梦想自己的世界”、组织自己的快感。

但是，瓦解被分析者的基础性幻象（fundamental fantasy）的根基，努力造成“主体性贫困”，难道不是精神分析的目标？要知道，只有经历了“主体性贫困”，主体才能与他基础性幻象拉开距离，而基础性幻象是他的（符号性）现实的终极支撑。精神分析过程本身难道不就是一种精致而残忍的羞辱方式，一种动摇主体脚下的根基的方式，一种迫使主体体验全部“神圣细节”（主体的所有快感都是围绕着这些“神圣细节”形成的）的纯然无效的方式？幻象 157
作为掩饰缺点的“伪装”，作为符号秩序中的非一致性，总是特定的。它的特定性是绝对的，它抵抗“调停”，它无法成为更大的、普遍的、符号性的中介（symbolic medium）的一部分。正是因为这个缘故，只有与我们自己的幻象保持一定的距离，只有充分体验幻象的极端偶然性，只有把幻象理解为我们每个人均以自己特有的方式隐匿自己欲望的僵局的方式，我们才能尊敬其他人的幻象。幻象的尊严来自它的“幻觉”、脆弱和无力等特性。

自由主义的僵局

在《偶然性、反讽和团结》（*Contingency*，*Irony and Solidarity*）一书中，理查德·罗蒂（Richard Rorty）在提出下列问题时面临着同样的难题：在普遍—理性的根基（universal-rationalistic foundations）破产之后，我们怎么可能建立自由—民主的伦理（liberal-democratic ethic）把自由—民主的伦理建立在什么基础之上?① 在罗蒂看来，我们如今正在目睹启蒙运动下列努力的最终崩溃：将人权和自由置于某种超验的基础上，使人权和自由脱离历史进程的彻底偶然性（“天赋人权”和普遍理性等）；将人权和自由置于某种理想之上，置于某种康德式的管制观念（regulative idea）上，这样的理想能够指导历史的进程［哈贝马斯的没有限制的交流理想（ideal of a communication）］。即使是事件的历史进程，也不能再由支配性的元叙事（controlling metanarration）阐释为一元化的过程（unitary process）了。马克思主义把历史说成是阶级斗争的历史，就已经不再成立。历史总是要回头重写的，每个新生的叙事透视

---

① 理查德·罗蒂，《偶然性、反讽和团结》（*Contingency*，*Irony and Solidarity*），New York，Cambridge University Press，1989。

(narrative perspective) 都要重构过去，改变其意义。采取中性立场，已经成为绝对不可能的事情。但只有基于中性立场，才有可能协调和整合四分五裂的叙事符号化（narrative symbolizations）。如此说来，我们岂不是要不可避免地得出下列结论：所有的伦理方案(ethical projects)，包括公开宣扬的反民主的伦理方案，包括种族主义的伦理方案，只要我们能够通过采纳某种纯属偶然的叙事透视选择其中之一，也就是说，只要每个论点显然是循环的，同时预先假定了自己的视点（point of view），它们就肯定是等效的？与“形而上学家”（metaphysician）相对的“反讽家”（ironist）特有的伦理态度会是怎样的？这里的“反讽家”是罗蒂意义上的：“我用‘反讽家’指这样一些人，他们勇于面对自己最核心的信仰和欲望的偶然性。”①

> 形而上学家认为，其他人的与道德相关的属性（morally relevant feature），来自他们与更大的共享力量——如理性、上帝、真理或历史——的关系；反讽家则认为，一个人、一个道德主体的与道德相关的界定（morally relevant definition），来自“某种可被羞辱之物”（something that can be humiliated）。他们的人类团结感（sense of human solidarity）是建立在共同危险感 158
> (sense of common danger) 上的，而不是建立在共同财产(common possession) 和共享力量（shared power）上的。……他认为，知识分子的使命就是围绕大型话题提出真命题，以此

① 理查德·罗蒂，《偶然性、反讽和团结》(*Contingency, Irony and Solidarity*), New York, Cambridge University Press, 1989, p. xv。

> 支持自由主义，进而保存、保护自由主义；但她认为，知识分子的使命就是增强我们识别和描述不同种类的小东西的本领，个人或共同体就是围绕这些小东西汇聚自己的幻象和生活的。①

这些“不同种类的小东西”，即符拉迪米尔·纳博科夫（Vladimir Nabokov）所谓的“神圣细节”，当然是指基础性的幻象，指“特定的绝对”。“特定的绝对”充当着某个框架，只有在这个框架内，事物和事件对我们才有意义可言。因此罗蒂认为，能够成为团结之基础（basis of solidarity）的，不是对某些共同的财产、价值、信仰、理想的占有，不是把其他人视为这样的人——他们相信、欲求我们所相信、欲求的东西，而是把其他人视为这样的人——他们可以忍耐苦难和遭受痛苦。在这里，痛苦主要还不是生理痛苦，它首先是“心理痛苦”②，是由于入侵他人的幻象而给他人带来的羞辱。在奥威尔的《一九八四》中，奥布莱恩（O'Brien）征服了温斯顿（Winston），因为他用老鼠进行恐吓，进而破坏了温斯顿与朱莉娅（Julia）的关系。温斯顿发出了绝望的呐喊：“不要这样对待朱莉娅！”他这样做，瓦解了他的存在（being）的根基。“我们每个人都会与某个语句、与某个东西结成与此完全一致的关系”③——这种关系，拉康想用他的幻象定式 $\$\diamond a$ 来表示。

不过，正是在这一点上，罗蒂的某些概括的精确性变得可疑起

① 理查德·罗蒂，《偶然性、反讽和团结》（*Contingency, Irony and Solidarity*），New York，Cambridge University Press，1989，pp. 91 – 93。
② 同上，p. 179。
③ 同上。

来。他说，“最终的羞辱”在于发现我们处于这样一种状态：“我一直在向我自己讲述的有关我自己的故事，我勾勒出来有关我自己的图景——诚实、忠诚或虔诚，已经没有任何意义。”① 罗蒂把“精神痛苦”简化为主体的符号性认同/想像性认同的崩溃。我们在这里得到的只是这样一个实例，在这个实例中，我们的行动无法融入（偶然的）符号叙事，而这样的符号性叙事描述了我们的自我理解的范围。这种失败促成了那个画面的崩溃。在那个画面上，我们觉得自己颇为可爱，对自己颇为满意。不过，“与某个语句、某个东西”结成的神秘兮兮的关系，处在比符号性认同和/或想像性认同更激进的层面上：它关切的是与欲望的客体—成因（object-cause of desire）结成的关系，即调控我们的“欲望机能”（desiring faculty）的基本坐标。这种混淆绝非无足轻重，它在罗蒂的理论大厦中发挥着积极的作用：只有以这种混淆为基础，他才能概括自己的“自由主义乌托邦”方案：“在这个乌托邦中，反讽主义……是普遍性的。”②

这种“自由主义乌托邦”何在？罗蒂的基本前提是，我们必须“不再寻求把公与私统一起来的理论”，必须“满足于把自我创造 159
的要求与人类团结的要求视为同样有效，但同时它们又是不可比的”。③ 理想的乌托邦社会将是这样的社会：在那里，“公”与“私”两个领域无法截然分开，它会使每个人和每个共同体自由地追求“不同种类的小东西”成为可能，而“个人或共同体就是围

---

① 理查德·罗蒂，《偶然性、反讽和团结》（*Contingency, Irony and Solidarity*），New York，Cambridge University Press，1989，p. 179。

② 同上，p. xv。

③ 同上。

绕这些小东西汇聚自己的幻象和生活的”；在那里，社会法律被简化为一套中性的法则，它保护每个人的私人空间，使其不被暴力侵犯，进而保卫自我创造的自由。这种自由主义梦想的问题在于，不制造一定的剩余，公与私是永远无法分开的。我们不想在此罗列马克思主义对自由主义个人主义（liberalist individualism）的批判。这种批判以大无畏的勇气向我们表明：公/私的分裂取决于社会的条件，因而是特定社会结构的产物；即使最隐秘的主体性自我体验的模式（modes of subjective self-experience），也要永远为主要的社会关系形态（form of social relations）所“调停”。自由主义者可以从容接受上述看法，但依然维持自己的身份不变。真正的僵局与此背道而驰：社会法律作为一套中性规则，会以团结为托辞，限制我们的审美自我创造（aesthetic self-creation），剥夺我们的部分快感；这样的社会法律总是已为淫荡的、“病态的”、剩余的快感所渗透。因此，关键并不在于，公/私的分裂是不可能的；关键在于，公法（public law）的领域已经被“涂上”了“私”的快感的淫荡之维：公法为了对主体施压，总是在它从主体那里剥夺的快感中汲取“能量”；它是通过打着禁令这种能动力量（agency of prohibition）的旗号剥夺主体的快感的。在精神分析理论中，这样的淫荡法律有一个精确的名字——超我。

弗洛伊德曾经指出，超我是以本我的力量为能源的。它压抑本我，从本我那里获取了它淫荡、邪恶和傲慢的品性——仿佛主体被剥夺的本我的力量，在超我的禁令得以阐述的地方汇集起来。① 在

① 弗洛伊德，《自我与本我》（“The Ego and the Id”），见《弗洛伊德全部心理学著作标准版》，第 19 卷。

语言上把“陈述主体”（subject of the statement）与“阐述主体”（subject of the enunciation）区分开来，这种做法在这里获得了完美的应用：在强迫我们放弃快感的道德律令的背后，总是隐藏着淫荡的“阐述主体”，汇集着它偷来的快感。可以说，超我是拥有豁免权的法律能动力量：它可以做它禁止我们做的任何事情。我们可以这样解释它的基本悖论：我们越是清白无辜，越是俯首听命，越是 160
放弃快感，我们就越是感到自己罪孽深重，就越是对超我心悦诚服，它积聚起来的快感就越是日见其多，它因此对我们施加的压力就越是登峰造极。① 要想一窥如同超我一般运作的社会能动力量究竟如何，只需回忆一下卡夫卡在自己的杰作（《城堡》和《审判》）中使主体面对的官僚机器，就完全可以了。这架巨型机器浑身上下充斥着淫荡的快感。

康德同麦卡洛

我们现在可以精确指出罗蒂的“自由主义乌托邦”的缺陷了：它预先设定了这样的可能性——存在着不受“病态”的斑点污染的普遍社会法律，即从超我之维释放出来的普遍社会法律。换言之，它预先假设了这样的义务——它不会是“最下流的迷恋”（most indecent of all obsessions）。“最下流的迷恋”一语，是从当下的媚俗畅销书作者（kitsch bestseller）那里借来的。康德这个专论“绝对服从义务”（unconditional duty）的哲学家所不知道的，粗俗的感伤文学、如今的媚俗作品却一清二楚。如果我们发现，正是在这类文

① “归根结底，主体唯一为之内疚的东西是放弃了自己的欲望。”拉康这一论断为我们展示了对超我这个悖论的精确倒置，因而是极为弗洛伊德化的论断。

学作品描述的世界里，把爱恋淑女视为最高天职的“骑士之爱”（courtly love）还依然大行其道，千万不必大惊小怪。这类骑士之爱的一个典型个案，要到科琳·麦卡洛的《下流的迷恋》中去寻找。这部小说绝对不堪卒读，也正是因为这个缘故，在法国，它是以 J'ai lu（我已读过）的合集本形式出版的。它讲了一个护士的故事。时值第二次世界大战之末，在位于太平洋的一个小医院里，她负责照料那里的精神病病人。她爱上自己的一个患者，这使她在义务与爱情的问题上处于两难之境。小说结束时，她终于弄清了自己的欲望，放弃了爱情，回到了岗位。初看上去，这只是最平淡不过的道德说教：义务战胜了柔情蜜意，为了义务放弃了“病态”的爱情。不过，小说对主人公放弃爱情的动机所做的描述，倒是颇为精致。这是小说的最后一段话：

> 她有义务在身。……这不仅是个职业——她的心在那里，完全在那里！这是她真正想要的东西。……护士朗特莉（Langtry）再次开始走来走去，活泼轻快而不带一丝忧虑，她最后理解了自己，明白了一个道理：义务这个最下流的迷恋，只是爱情的别名而已。①

这里涉及真正的黑格尔式的辩证逆转（dialectical Hegelian in-
161 version）：一旦觉得义务“只是爱情的别名而已”，爱情与义务之间的对立即被“扬弃”。借助于这种逆转，即借助于“对否定的否

① 科琳·麦卡洛（Colleen McCullough），《下流的迷恋》（*An Indecent Obsession*），London and Sydney，Macdonald and Co.，1981，p. 314。

定”，在第一次否定爱情时，义务即“至高之爱”（supreme love），而“至高之爱”是消除了所有的对世间客体的“病态”之后的爱情，它充当着所有其他“普通之爱”的“缝合点”（拉康语）。一旦体验到了义务具有的极端淫荡品性之后，义务与爱情之间的张力，义务的纯洁与激情之爱的下流或病态淫荡之间的张力，即告消解。

在小说的开始处，义务是纯洁的、普遍的，而激情之爱则是病态的、特殊的和下流的；不过，到了小说的结尾处，义务却成了“最下流的迷恋”。我们就应该以这种方式理解拉康的下列论点：善（Good）只是极端的、绝对的恶（Evil）的面具，是对残暴、淫荡的原质（Das Ding）的“下流迷恋”的掩饰。在善的后面，隐藏着极端的恶。善“只是恶的别名而已”，它不具有特殊的、“病态的”身份。只要还以下流的方式令我们迷恋，只要还在充当扰乱事物的寻常进程的创伤性的、怪异的躯体，原质就有可能使我们解放自己，使我们摆脱对具体的世间客体的“病态”依恋。“善”只是与这种邪恶的原质（evil Thing）保持距离的方式。只有保持距离，原质才是可以忍受的。

与我们这个世纪的媚俗文学不同，康德并不了解义务具有的另一面，即它淫荡的一面。之所以说康德只能在消极的意义上使用“原质”一词，把它视为荒诞的可能性或不可能性，原因就在这里。在有关消极属性（negative quantities）的论文中，在谈及逻辑矛盾（logical contradiction）与真实对立（real opposition）时，他就是这样做的。逻辑矛盾是并不具有任何真实存在的逻辑关系，而真实对立则是平等的实证存在的两极之间的关系。后一种关系不是某物与其匮乏的关系，而是两个实证实体的关系。一个例子［这个例子不是偶然的，因为它展示了在谈及真实对立（即快乐原则）时我们所处的那个层面］是快乐与痛苦的关系：“快乐与痛苦是不能像‘所得’（gain）和

'不得'（absence of gain）那样做一正一负的互比。换言之，快乐与痛苦不仅矛盾［矛盾或逻辑对立（contradictoire s. logice oppositum）］，而且相反［相反或现实对立（contrarie s. realiter oppositum）］。"①

快乐和痛苦是真正对立的两极，本身都是可以实证的事实，都是"正"。只有一个与另一个结成关系时，其中一方才处于"负"的状态。而善与恶是矛盾性的，它们的关系就是"正"与"负"的关系。之所以说恶不是"正"的实体，原因就在这里。它是善之匮乏，是善之缺席。把矛盾的这个"负"极视为"正"的实体（以"负"为"正"），或者"想到一个特定的客体，并称之为'负'物"（以"正"为"负"），② 都是荒唐的做法。然而，在拉康的概念体系中，原质恰
162 恰就是这样的"'负'物"，它是悖论性的，是匮乏的物化和化身，是大对体或符号秩序上的黑洞的物化和化身。作为"恶之化身"的原质的确是一个客体，它逃避快乐原则，逃避快乐与痛苦的对立。它是严格的康德意义上的"非病态"客体，因而对康德来说，也是一个不可思议的悖论。这也是像拉康暗示的那样，要把康德与萨德放在一起思考的原因。至少也要把康德与麦卡洛放在一起思考。

民族—原质

民主的剥离

所有这些都对"民主"一词产生了深远影响。拉康早在 20 世

① 康德，《人类学》（"Anthropologie"），见《全集》，Akademie-Textausgabe，Berlin，1907—1917，vol. 7，p. 230。

② 康德，《试图……》（"Versuch..."），见《全集》，第 2 卷，第 175 页。

纪60年代就曾预言，在未来的几十年内，种族主义会卷土重来，种族之间紧张会加剧，种族的特殊性会再获肯定。尽管拉康首先着眼于西方社会，但近期“真正社会主义”国家间的民族主义的大爆发，证明他所言不虚，而且这比他当初所能预期的还要强烈。种族事业（ethnic Cause）、种族原质（ethnic Thing）的突然出击是从何处获得的动力？（要在严格的拉康意义上理解“种族原质”一词，把它理解为用来固定我们欲望的、创伤性的真实客体。）拉康把这种动力视为对力求普遍性的逆转，而对普遍性的寻求构成了我们的资本主义文明的根基。马克思把各种特殊的、“实质性”的种族世袭关系的解体，视为资本主义的决定性特质。最近几十年间，一系列经济、技术和文化的进程，为普遍性的寻求提供了新的动力。这些进程包括：国家边界在经济区域内的撤销，新媒介（计算机革命、信息的卫星传播）带动的技术、文化和语言的同质化，全球政治事务的兴起（对人权和生态危机的关心），等等。在推进全球“融合”的形形色色的运动中，主权民族国家（sovereign nation state）和民族文化等概念，似乎在缓慢而又无可奈何地失去自己的分量。当然，局部的“种族特殊性”（ethnic particularities）都被保存了下来，但又都被淹没在普遍的融合之中。它们不再独自发展，而是被设置为普遍多元化（universal many-sidedness）的特殊方面。“民族菜肴”在当代大都会的命运就是如此：每个角度里都隐藏着中国、意大利、印度、墨西哥、希腊的餐厅，但这个事实只能说明，这些菜肴固有的种族之根已经全部丧失。

当然，这是当代保守的“文化批判”的老生常谈。不过，难道 163
拉康没有把种族主义与普遍化的过程（process of universalization）联系起来，进而把自己的看法与下列意识形态之论并置一处：这种意识形态之论警告我们，当前的普遍化已经致使人们丧失了安身立命的根基，丧失了对某个特殊共同体的归属感，因而促成了民族主义的猛烈反击？拉康在这种怀旧保守的态度中看到了这个重要时刻的到来（从这个意义上说，他是马克思的追随者），但与此同时，他彻底颠覆了它的全部观点。

我们应该从一个基本问题问起：民主的主体是谁？拉康的答案斩钉截铁：民主的主体不是拥有丰富的需要、兴趣和信仰的“人”。与精神分析的主体类似，民主的主体是笛卡儿式主体。笛卡儿式主体是全然抽象的，是我们在剥离了他全部的具体内容后剩下的空洞守时性（empty punctuality）。换言之，在下列两者间存在着结构一致性：其一是笛卡儿的激进怀疑手法，它使“我思”（cogito）这个空洞的存在或反射性的自我指涉（reflective self-reference）变成了剩余物（remainder）；其二是每种民主宣言的序言——“所有的人，不论种族、性别、宗教、财产、社会地位……”我们不应忽略，在这种“所有人，不论……”的表述中，剥离主体的实证属性是一种暴力行为；对全部实证属性的剥离，所有实体性的、固有的联系的解体，导致了与笛卡儿的“我思”（即纯粹的、非实体性的主体）密切相关的那个实体。拉康认为这种实体与精神分析的主体类似，此言使某些人惊诧不已。这些人已经习惯于这样的“精神分析的人类形象”——人类拥有极其丰富的“非理性”驱力。拉康用划了斜线的 S（$\cancel{S}$）来表示主体。他要以此表明，任何为主体提供实证性的、实体性的身份（substantial identity）的支撑物（support），都有其构成性匮乏（constitutive lack）。正是因为这种身份的匮乏，“认同”这个概念才在精神分析理论中发挥着如此重要的作用：主体通过使自己认同某个主人能指（主人能指可以确保他在符号网络中占有一席之地），弥平自己的构成性匮乏。

剥离是一种暴力行为，它没有展示出在意识形态方面被严重扭曲的民主形象。作为“我们在现实生活中从未遇到过的夸大其词”，它属于一旦我们接受了形式民主的原则（principle of formal democracy）就会遵循的逻辑：“民主”本质上是“反人类的”，它不是“为（具体的、现实的）人定做”的，而是为形式上的无情的剥离行为定做的。在民主观念中，丰富的、具体的人性内容和真正的共同体联系（community links）是没有立足之地的。民主是抽象个体在形式上的联系。以“具体内容”填补民主的所有努力，或早或迟都会屈从于极权主义的诱惑，无论这些努力的动机如何。[1] 在某种程度上，批评民主的人所言极是：民主意味着抽象的公民（citoy- 164
en）与具体、“病态”利益的资产阶级载体的分裂；两者间的任何调和，在结构上都是不可能的。或用“法理社会”（Gesellschaft，由原子化的个人凑在一起形成的机械的、外在的社会）与“礼俗社会”（Gemeinschaft，根据有机联系凝聚而成的共同体）的传统对立来解释：民主绝对与法理社会密切相关，它是以“公”与“私”的割裂为生的，它只有处于我们一度称作的“异化”（那时还能听到马克思主义的声音）的框架中，才是可能的。

---

① 在这里，人格主义（personalism）的奠基人玛努埃尔·墨尼埃（Emmanuel Mounier）的命运颇具启示意义。在理论上，他致力于对人的尊严和独特性的认可，反对来自自由个人主义（liberal individualism）和极权集体主义（totalitarian collectivism）的威胁。不过，他在传记中，有一个细节通常都被默默忽略了。法国1940年沦陷后，墨尼埃有整整一年的时间，把希望放在了贝当（Henri Philippe Petain）的“合作主义”上，把它当成了恢复有机共同体精神的独特机会。只是到了后来，在对维希的“无度”（excesses）幻灭之后，他才参加了抵抗运动。简言之，墨尼埃力争“带着人性面孔的法西斯主义”，想要没有其肮脏一面的法西斯主义。只是在这种希望幻灭之后，他才毅然将其放弃。

今天，我们可以在所谓“新社会运动”（生态学、女权主义与和平运动）中，领悟民主与“被异化的”法理社会的密切关系。通过某种自我限制（自我限制的反面即某种剩余），“新社会运动”保持着与传统的政治运动（政党）的差异；它们既想“少”于传统政党，又想“多于”传统政党。也就是说，“新社会运动”不愿意进入常规性的政治斗争领域，他们再三强调，他们不愿意成为其他政党那样的政党，他们不想进入权力斗争之域。不过，与此同时，他们说得很清楚，与普通政党的目标相比，他们的目标更为激进：他们正在奋斗的，是从根本上转化行动与信仰的模式，改变影响我们最隐秘的态度的“生活范式”（life paradigm）。例如，他们要改变对待自然的态度，对待自然的态度不再是支配的态度，而是对话互动的态度；他们反对好勇斗狠的“男性”理性，他们代表着多元的、“柔软”的、“女性”的理性，等等。换言之，在西方形式民主制度中，不可能像成为保守党党员或社会民主党党员那样，成为一个生态主义者和女权主义者。在前一种情形下，不仅政治信仰举足轻重，人生态度也至关重要。这样的方案（即彻底地改变“生活范式”）一旦被概括成政治纲领，必定破坏形式民主的根基。形式民主与“新社会运动”的对抗是不可调和的。这也是必须借助有关“具体民主”的乌托邦方案（该方案会同化所谓“生活世界”的多样性），来完全接纳而不是躲避这种对抗的原因。

因此，民主的主体是纯粹的单一性（pure singularity），它没有任何内容，脱离了所有的实体性联系。这种主体存在的问题，新保守主义曾经指出过。但在拉康看来，新保守主义在无的放矢。问题并不在于，这种民主制度特有的剥离行为消解了所有的实体性联系，而在于它从来都没有消解过它们。因为民主的主体空空如也，他才会被涂以某种“病态”的斑痕。“民主的突破”（democratic break）类似于“认识论突破”。通过“民主的突破”，大量的具体 165
内容被抛弃，因而造就了民主的主体。通过“认识论突破”，科学脱离了意识形态观念域（realm of ideological notions），进而构成了自己。“民主的突破”不派生某种剩余，是不会发生的。不过，不能把这种残留物理解为经验上的限制（empirical limitation），认为它令“突破”失败。正相反，这种残留物拥有先验的身份，它是“民主的突破”的积极条件，是对“民主的突破”的支撑。只要民主还在声称自己是“纯粹的”和“形式的”，它就会永远依赖实证性的偶然契机（contingent moment of positivity），依赖物质“内容”的偶然契机：通过丧失这种物质支撑，形式消解了自己。

……及其残余

形式民主所依附的残留，使得剥离所有实证内容成为可能的残留，当然就是被视为“民族”的种族契机（ethnic moment）了——民主总是依赖于民族—国家这种“病态”的手法。以为全体人民都是“世界公民”，以为立足于由人民组成的共同体，就可以建立“全球”民主，这样的想法和努力很快就宣告了它自身的徒劳无益，也无法诱发政治热情。拉康有所谓的“并非全部”的逻辑，根据这一逻辑，普遍性功能的发挥，是以例外为根基的。我们在这里再次看到了这一逻辑：对于所有的社会差异的彻底消除，民主的主体（公民）的生产，只有通过对某个具体的民族事业的效忠，才是可能的。如果我们把这项事业理解为弗洛伊德式原质，即物质化的快感，那么下列问题的答案就不言自明了：何以快感在选择爆发的社会领域时，选择了“民族主义”这个特定领域？归根结底，民族事业成了一个既定的民族的主体通过民族神话来组织其集体快感（collective enjoyment）的方式。在种族的紧张不安中，总是存在着对民族原质（national Thing）的占据："他人"想偷走我们的快感（其方式就是毁灭我们的"生活方式"），以及/或者他获得了某种神秘、变态的快感。简言之，"他人"真正令我们坐立不安的，真正使我们心烦意乱的，是他组织自己快感的奇特方式，这包括他的食物的味道，他的"聒噪"的歌曲和舞蹈，他奇异的举止，他对待工作的态度。从种族主义的视角看，"他人"既是偷走我们职业的工作狂，又是靠我们的劳动养活的大懒汉。这里的基本悖论在于，我们的原质被设想为他人不可接近之物。但是，与此同时，它又受到了他人的威胁。这类似于阉割。在弗洛伊德看来，阉割被体验为"绝对不会发生"的事情，但是，想一想被阉割的情景，还是令人不寒而栗。

民族原质极其猛烈的爆发，总是令那些献身于国际团结（international solidarity）的人大吃一惊。在这方面，或许最具创伤性的个案就是第一次世界大战爆发时，国际工人运动在面对"爱国"欣
166 快症时的一败涂地。现在，很难想像这给各个国家的社会民主主义领导人——从爱德华·伯恩斯坦到列宁——造成了多大的创伤性冲击。那时候，所有国家的社会民主党（只有俄国和塞尔维亚的布尔什维克算是例外）都屈从于盲目的爱国激情，摆出了"爱国"的姿态，成了各自政府的后盾，完全忘却了自己的宣言——"没有祖国"的工人阶级团结起来。这种冲击证明了与快感实在界（real of enjoyment）的相遇。在某种程度上，这些"爱国情感"的爆发绝对没有出人意料：早在大战爆发若干年前，社会民主主义就提请工人们注意，帝国主义势力正在准备发动新的世界大战，同时警告大家不要屈从于"爱国"的激情。即使在大战爆发之时，也就是在萨拉

热窝发生暗杀后的几天里，德国社会民主党还在警告工人，统治阶级会以暗杀为借口宣告开战。而且，当时的社会党国际（Socialist International）还通过了一个正式决议，责成所有的成员投票反对为开战准备的军事信贷（war credits）。但是，战局一开，国际主义团结立即土崩瓦解。这一夜间的逆转令列宁惊诧莫名：他当时读报，上面说社会民主党在议会中的代表投票赞成军事信贷，他的第一个反应是，这绝对是德国警察的捏造，目的在于使工人误入歧途！

因此，只说“纯粹”民主是不可能的，还是不够的。至关重要的是，我们要理解，何以“纯粹”民主是不可能的。“纯粹”民主是不可能的，不是因为存在着某种经验惰性（empirical inertia），它阻止“纯粹”民主的完全实现，但它会被民主的进一步发展逐渐消除。恰恰相反，民主只有立足于它自身的不可能性，才是可能的。它的局限，它无法解除的“病态”剩余，是它得以成立的积极条件。在某个层面上，马克思已经发现了这一点（这也是拉康认为，要到马克思那里寻找“征兆”这个概念的起源的原因）：市场的“形式民主”，它的等价交换，意味着“剥削”，意味着占有剩余价值，但这种非平衡性并不表明，等价交换原则的实现是“不完美”的。相反，这种非平衡性表明，等价市场交换是“剥削”的形式，是占有剩余价值的形式。也就是说，形式上的等价是内容上的非等价的形式。小客体、剩余快感与马克思的剩余价值观的联系就在这里（拉康以“剩余价值”为模型，创造了“剩余快感”一词）：剩余价值是“物质性”的残余，是内容的剩余，资本家通过资本与劳动力的等价交换这种形式占有了它。 167

不过，我们不需要等待马克思去发现这种非平衡，不必等待马克思去发现资产阶级的形式平等原则存在的悖论。困难早就摆在了萨德侯爵（Marquis de Sade）面前。萨德侯爵曾经写过一篇短文，题为“法国人，如果你想成为共和党人，就必须再做进一步的努力……”，此文后来收入《卧室里的哲学》。① 在那里，他提出了“快感民主”（democracy of enjoyment）的方案。他发现，民主只能是（能指的）主体的民主，根本不存在客体的民主。幻象和符号律令各自的区域是绝对不可比的。也就是说，抵抗符号化，正是幻象的天性之所在。幻象是绝对特殊的方式，我们每个人都以之与创伤性原质（traumatic Thing）结成“不可能”的关系。借助于想像性场景（imaginary scenario），我们每个人都以之消解和/或隐匿不一致的大对体（inconsistent big Other）这个基础性僵局（fundamental impasse）。与此不同，法律、“权利”和“义务”本质上属于普遍性之维（dimension of universality），它们属于由等价交换和互利互惠带来的普遍均等（universal equalization）之域。因此我们才把小客体，把已经成为剩余快感之化身的客体—成因界定为剩余之物，它逃避普遍交换的网络（network of universal exchange）。正是因为这一点，无法归入普遍性之维的幻象的数学式是 $\$\diamond a$。这表明，主体面对着“不可能”的剩余。

萨德方案的“英雄气概”之所以为“英雄气概”，在于它做出了不可能的努力（impossible endeavor）：他要把资产阶级形态的普遍合法性（universal legality）、等价交换、权利与义务的对等，置于快感领域（我们在这个领域结构自己的快感）。在法国大革命宣扬的“人权”列表上，萨德添加了“快感的权利”（right to enjoy-

① 参见萨德（D. A. F. de Sade），《卧室里的哲学及其他论著》（*Philosophy in the Bedroom and Other Writings*），New York，Grove Press，1966。

ment)。这是一个令人尴尬的补充。“快感的权利”要进入具有普遍性的权利领域，但又秘密地颠覆了这一领域。我们再一次目睹了“并非全部”的逻辑：普遍“人权”领域的成立，是以排除某种权利（快感权利）为前提的；一旦我们把这种被排除在外的特定的权利囊括进来，普遍权利领域就会失去平衡。萨德开门见山地宣称，法国大革命已经半途而废，因为在快感领域（domain of enjoyment）内，法国大革命依然是大革命之前的、父权制的、尚未得以解放的价值观念的囚徒。但正如拉康在《康德同萨德》一文中指出的那样，要把与“绝对命令”（categorical imperative）相符的普遍规范（universal norm）提供给“快感权利”，在这方面做出的所有努力，必定都以陷入僵局告终。这样的萨德式规范会断言，不论性别、年龄和社会等级，任何人都有权利去自由支配自己身体的任意部分，以任何可以想像的方式满足自己的欲望。拉康对此所做的虚构性重建是这样的：“我有权利享受你的躯体。任何人都可以这样对我说。 168
而且，我会不受任何限制地享用这一权利。任何限制都不能阻挡我反复无常的强求。我有一种趣味，它要获得充分的满足。”① 拉康指出，尽管这样的普遍规范已经达到康德的绝对命令的标准，但只要把互惠排除在外，它就会不攻自破：归根结底，人总是觉得自己的给予多于自己的索取，也就是说，人人都觉得自己是受害者。出于这个原因，不可能以下列语句的形式正式颁布快感的权利：“人人都有权利享受自己特定的幻象！”或早或迟，我们总会卷入某种自我掣肘（self-obstruction）之中；根据定义，不同的幻象是无法在某种中性介质（neutral medium）中和平共处的。例如，因为根本

① 拉康，《文集》，pp. 768 - 769。

不存在性关系，所以女人只有进入男人的特别变态的幻象，男人才能与她确立持久的关系。对于某些男人来说，只有女方割去了阴蒂，才能与之确立性关系，对于这种男人，我们能说些什么？更有甚者，有些女人接受了这种变态的想法，要求享用这一权利，经历割去阴蒂的痛苦仪式，对于这种女人，我们又能说些什么？难道这也是她的“快感权利”的一部分？或者，我们是否应该以西方价值观念的名义，把她从这种组织快感的“野蛮”方式中解放出来？关键在于，没有摆脱困境的出路：我们可以说，只要没有违背她自己的自由意志，女人完全可以自取其辱，但尽管如此，我们还是能够想像出这样一种幻象：她在遭受屈辱，而且这违背了她的自由意志。

面对民主的这个根本性僵局，我们该怎么办？“现代主义”的处理方案（马克思也坚持这一方案）始于撕去形式民主的“面具”，即展示这种民主形式隐藏其内容的非平衡的方式，最终发布下列告示：必须铲除形式民主（formal democracy），并以具体民主（concrete democracy）这一高级形式取而代之。与此不同，“后现代主义”的处理方案是要求我们接纳民主的这个构成性悖论（constitutive paradox）。我们必须接受这个符号性虚构，继而进行某种“主动的健忘”（active forgetfulness），就是使我们知道“事情其实并非那样”。民主的心态总是建立在某种恋物式分裂（fetishistic split）上的：我心里一清二楚（民主形式已被“病态”非平衡的斑痕所损坏），但依然初衷不改（我做起事的时候，仿佛民主是完全可能的）。这种分裂不是民主的致命弱点，而是民主的力量之源：民主能够认识到下列事实——它的局限在于它自身，在于其内在的“对抗”。这是它能够逃脱“极权主义”命运的原因。“极权主义”马不停蹄地创造外部“敌人”，以此解释自己的失败。

因此，我们不能把弗洛伊德的“哥白尼式转向”（Copernican turn），把他对自私自利的人类形象的颠覆，理解为对启蒙理想的抛 169 弃，理解为对自治主体（autonomous subject）这一概念的解构，即对不受外在权威制约的主体这一概念的解构。弗洛伊德的“哥白尼式转向”的关键并不在于，它要证明，主体归根结底是未知力量（如无意识驱力等）玩弄于股掌之上的傀儡，主体无法控制自己。以更为复杂的无意识观，取代这种朴素的自然主义的无意识观，即把无意识理解为“大对体的话语”，把主体置于语言自我言说之处，也就是使主体成为屈从于“已被去中心化的符指机制”（decentered signifying mechanisms）的能动力量，并无补益。尽管拉康的某些命题与这种结构主义观念相呼应，这种“去中心化”（decentering）并没有认识到拉康“回到弗洛伊德”的意图。在拉康看来，弗洛伊德并没有像生命哲学（Lebensphilosophie）那样，把人类打扮成“非理性”驱力的牺牲品。他毫无保留地接受了启蒙运动的基本姿势：拒绝传统这个外在的权威，把主体简化为消极的自我关联（negative self-relation）的形式存在。问题在于，通过“围绕自身运转”，作为自己的太阳，这个自治主体遇到了某种“不属于他自己”的东西，遇到了一具怪异的躯体。拉康之所以创造了“外隐”（extimité）这个新词，意图就在这里。他要用“外隐”指称处于我们内心深处的这个陌生物。恰恰是通过“只围绕自身运转”，主体才围绕着某种“在他之内又不属于他自己”的东西运转，围绕着快感的创伤之核（traumatic kernel of enjoyment）运转。拉康用德文单词“das Ding”（原质）来指称快感的创伤之核。主体或许只是这种循环运动的名字而已，只是与原质保持距离的名字而已。原质

"太烫"，无法靠得太近。正是因为这种原质的缘故，主体才抵抗普遍化，我们才不能把主体视为符号秩序中的某个位置，即使这个位置只是空位，也是如此。正是因为这种原质的缘故，到了某个时刻，对邻居的爱必定转化为具有破坏力的仇恨。这与拉康的下列格言一致：我爱你，但在你的内部，存在着某种不属于你的东西，即存在着小客体，它是我要把你废掉的原因。

中外译名对照与索引

（条目后数字为原书页码，即本书边码）

一　电影

Batman，Tim Burton（《蝙蝠侠》，导演：蒂姆·伯顿），172n2（即中文版第37页脚注①）

Being There，Hal Ashby［《富贵逼人来》（《无为而治》/《妙人奇迹》/《身在该处》），导演：海尔·艾希比］，176n11（即中文版第101页脚注②）

Betrayal，David Jones（《危险女人心》，导演：戴维·琼斯），70

The Birds，Alfred Hitchcock（《群鸟》，导演：阿尔弗雷德·希区柯克），18，93，96—98，99，104—106，117，178n3（即中文版第156页脚注①）

Blade Runner，Ridley Scott（《银翼杀手》，导演：雷利·史考特），173n3（即中文版第37页脚注③）

Blow Up，Michelangelo Antonioni（《放大》或《春光乍泄》，导演：米开朗基罗·安东尼奥尼），143

Body Heat，Lawrence Kasdan［《体热》（《要命的吸引力》/《焚身》），导演：劳伦斯·卡斯丹］，112

Brazil，Terry Gillian［《巴西》（《异想天开》/《妙想天开》），导演：特里·吉列姆］，128，129

Casablanca，Michael Curtiz［《卡萨布兰卡》（《北非谍影》），导演：迈克尔·柯蒂斯］，69

City Lights，Charles Chaplin（《城市之光》，导演：查理·卓别林），75

Creepshow，George A. Romero（《鬼作秀》，导演：乔治·罗梅罗），22

Desperately Seeking Susan，Susan Seidelmann［《拼命寻找苏珊》（《神秘约

会》)，导演：苏珊·塞德尔曼]，173n13（即中文版第54页脚注①）

Dial M for Murder, Alfred Hitchcock（《电话谋杀案》，导演：阿尔弗雷德·希区柯克），177n1（即中文版第152页脚注①）

Driver, Walter Hill［《司机》（《胆大生毛》/《虎口拔牙》），导演：沃尔特·希尔］，112—113

Duck Soup, Leo McCarey（《鸭羹》，导演：列奥·麦卡雷），73

Elephant Man, David Lynch（《象人》，导演：大卫·林奇），40

Empire of the Sun, Steven Spielberg（《太阳帝国》，导演：史蒂文·斯皮尔伯格），29—30，129—130，173n12（即中文版第51页脚注②）

Family Plot, Alfred Hitchcock［《家庭阴谋》（《大巧局》），导演：阿尔弗雷德·希区柯克］，173n13（即中文版第54页脚注①），180n7（即中文版第192页脚注①）

Field of Dreams, Phil Robinson［《梦幻之地》（梦幻成真），导演：菲尔·鲁滨逊］，171—172n6（即中文版第14页脚注①）

Foreign Correspondent, Alfred Hitchcock（《海外特派员》，导演：阿尔弗雷德·希区柯克），88，102

Frenzy, Alfred Hitchcock（《狂凶记》，导演：阿尔弗雷德·希区柯克），96，102，174n23（即中文版第74页脚注①）

Friday the Thirteenth, Sean S. Cunningham［《十三号星期五》（《黑色星期五》），导演：肖恩·坎宁汉］，22

The Great Dictator, Charles Chaplin（《大独裁者》，导演：查理·卓别林），75

Halloween, John Carpenter［《万圣节》（《月光光心慌慌》），导演：约翰·卡彭特］，22

The Hustler, Robert Rossen（《江湖浪子》，导演：罗伯特·罗森），101

Confess, Alfred Hitchcock（《忏情记》，导演：阿尔弗雷德·希区柯克），74，78—79，101

The Invasion of the Body Snatchers, Philip Kaufman［《人体异形》（《人体入侵者》/《天外夺命花》/《天外魔花》），导演：菲利普·考夫曼］，40

Lady in the Lake, Robert Montgomery［《湖中女》（《湖底女人》/《湖上艳尸》），导演：罗伯特·蒙哥马利］，41，42

The Lady Vanishes, Alfred Hitchcock（《贵妇失踪记》，导演：罗伯特·蒙哥马利），79，81，100，101，182n13（即中文版第233页脚注①）

Letter from an Unknown Woman, Max Ophuls（《一封陌生女子的来信》，导演：麦克斯·欧弗斯），155

A Letter to Three Wives, Joseph L. Mankiewicz（《三妻艳史》，导演：约瑟夫·曼凯维奇），82，182n13（即中文版第 233 页脚注①）
Lifeboat, Alfred Hitchcock［《救生艇》（《怒海孤舟》），导演：阿尔弗雷德·希区柯克］，144
Lili Marleen, Rainer W. Fassbinder（《莉莉·玛莲》，导演：赖纳·法斯宾德），128—129
Limelight, Charles Chaplin［《舞台春秋》（《舞台生涯》），导演：查理·卓别林］，75
Mad Max II: *The Road Warrior*［《疯狂的麦克斯之二：冲锋飞车队》（《疯狂的麦克斯：开路先锋》），导演：乔治·米勒］，126—127
Manhunter, Michael Mann［《猎人者》（《孽欲杀人夜》/《捕凶人》/《1987 大悬案》），导演：迈克尔·曼］，107—108，109
The Man Who Knew Too Much, Alfred Hitchcock［《知情太多的人》（《擒凶记》），导演：阿尔弗雷德·希区柯克］，93，178n3（即中文版第 156 页脚注①），180n13（即中文版第 204 页脚注①）
Mississippi Burning, Alan Parker［《密西西比在燃烧》（《烈血暴潮》），导演：艾兰·帕克］，174n23（即中文版第 74 页脚注①）
Monsieur Verdoux, Charles Chaplin［《凡尔杜先生》（《杀人狂时代》），导演：查理·卓别林］，75
Mr. and Mrs. Smith, Alfred Hitchcock［《史密斯夫妇》（《谍网情鸳》，导演：阿尔弗雷德·希区柯克］，74—75，76
Murder, Alfred Hitchcock［《谋杀》（《谋杀者》），导演：阿尔弗雷德·希区柯克］，101
My Name Is Nobody, Sergio Leone［《无名之辈》（《无名小子》），导演：尔乔·莱昂内］，139
Nightmare on Elm Street, Wes Craven［《猛鬼街》（《半夜鬼上床》/《夜半鬼上床》），导演：韦斯·克雷文］，23
The Night of the Living Dead, George A. Romero［《活死人之夜》（《恶夜活跳尸》），导演：乔治·罗梅罗］，22
North by Northwest, Alfred Hitchcock（《西北偏北》，导演：阿尔弗雷德·希区柯克），75—76，98—99，104
Nosferatu, Werner Herzog［《吸血鬼诺斯费拉图》（《夜晚的幽灵》），导演：维尔纳·赫尔措格］，23
Notorious, Alfred Hitchcock（《美人计》，导演：阿尔弗雷德·希区柯克），

73，96，102

The Old and the New，Sergei Eisenstein（《旧与新》，导演：谢尔盖·爱森斯坦），118

Once upon a Time in the West，Sergio Leone［《西部往事》（《狂沙十万里》/《万里狂沙万里愁》），导演：赛尔乔·莱翁］，139

Out of Africa，Sydney Pollack［《走出非洲》（《非洲之旅》/《远离非洲》），导演：西德尼·波拉克］，111

Out of the Past，Jacques Tourneur［《走出过去》（《漩涡之外》），导演：雅克·特纳］，66

Psycho，Alfred Hitchcock（《惊魂记》，导演：阿尔弗雷德·希区柯克），74，93，96，98—99，117，118，126，127

Rear Window，Alfred Hitchcock（《后窗》，导演：阿尔弗雷德·希区柯克），91—93

Reds，Warren Beatty［《赤色分子》（《乱世情天》/《烽火赤焰万里情》），导演：沃伦·比蒂］，174—175n23（即中文版第74页脚注①）

Robocop，Paul Verhoeven［《机器战警》（《铁甲威龙》），导演：保罗·维尔霍文］，22

Rope，Alfred Hitchcock［《夺命索》（《夺魂索》），导演：阿尔弗雷德·希区柯克］，41，42，74，78

Sabotage，Alfred Hitchcock［《怠工》（《破坏》），导演：阿尔弗雷德·希区柯克］，101，102，119—120，121—122

Saboteur，Alfred Hitchcock［《海角擒凶》（《触目惊心》），导演：阿尔弗雷德·希区柯克］，71—72，120

Samurai，Jean-Pierre Melville（《独行杀手》，导演：让－皮埃尔·梅尔维尔），113

The Secret Agent，Alfred Hitchcock［《间谍》（《密使》/《间谍末日》/《秘密间谍》），导演：阿尔弗雷德·希区柯克］，101

The Secret Beyond the Door，Fritz Lang（《门后的秘密》，导演：弗里茨·朗），145

Shadow of a Doubt，Alfred Hitchcock［《疑影》（《辣手摧花》），导演：阿尔弗雷德·希区柯克］，96，102，178n3（即中文版第156页脚注①）

Shane，George Stevens（《原野奇侠》，导演：乔治·史蒂文斯），112，113—114

Stage Fright，Alfred Hitchcock（《欲海惊魂》，导演：阿尔弗雷德·希区柯

克), 101

Strangers on a Train, Alfred Hitchcock [《火车怪客》(《列车上的陌生人》/《追魂记》), 导演: 阿尔弗雷德·希区柯克], 42, 74, 78, 102, 116

The Terminator, James Cameron (《终结者》, 导演: 詹姆斯·卡梅隆), 22

The Thief, Russell Rouse (《小偷》, 导演: 罗素·罗斯), 41—42

The Thirty Nine Steps, Alfred Hitchcock [《三十九级台阶》(《国防大秘密》/《国防大机密》), 导演: 阿尔弗雷德·希区柯克], 100—101, 104

Tom Curtain, Alfred Hitchcock (《冲破铁幕》, 导演: 阿尔弗雷德·希区柯克), 120, 121

The Trouble with Harry, Alfred Hitchcock [《哈利引起的麻烦》(《怪尸案》), 导演: 阿尔弗雷德·希区柯克], 26—27, 178n3 (即中文版第156页脚注①)

Under Capricorn, Alfred Hitchcock [《在摩羯星下》(《历劫佳人》), 导演: 阿尔弗雷德·希区柯克], 96, 102

Vertigo, Alfred Hitchcock [《眩晕》(《迷魂记》), 导演: 阿尔弗雷德·希区柯克], 83—87, 98, 182n13 (即中文版第233页脚注①), 183n1 (即中文版第268页脚注①)

When a Stranger Calls, Fred Walton [《陌生来电》(《来电惊魂》/《惊呼狂叫》), 弗雷德·华尔顿], 127—128

Woman in the Window, Fritz Lang (《绿窗艳影》, 导演: 弗里茨·朗), 16—17

The Wrong Man, Alfred Hitchcock (《伸冤记》, 导演: 阿尔弗雷德·希区柯克), 76, 97, 98

Yakuza, Sydney Pollack (《高手》, 导演: 西德尼·波拉克), 155—156

Young and Innocent, Alfred Hitchcock [《年少无知》(《年轻与纯真》/《无真与无知》/《无辜的年轻人》/《年轻少女》/《年轻姑娘等》), 导演: 阿尔弗雷德·希区柯克], 96, 100, 101

二 通俗文学、戏剧和歌剧

艾萨克·阿西莫夫 (Isaac Asimov),《编笑话的人》("Jokester"), 18;《上帝的九十亿个名字》("Nine Billion Names of God"), 45

塞缪尔·贝克特 (Samuel Beckett),《等待戈多》(*Waiting for Godot*), 145

乔治·比才 (Georges Bizet),《卡门》(*Carmen*), 30, 63—64

贝托尔特·布莱希特（Bertolt Brecht），《三便士歌剧》（*The Threepenny Opera*），4，110

约翰·狄克森·卡尔（John Dickson Carr）和亚德里安·柯南·道尔（Adrian Conan Doyle），《海格特奇事》（"The Adventure of the Highgate Miracle"），55—56

雷蒙德·钱德勒（Raymond Chandler），《红风》（*Red Wind*），61—62

阿加莎·克里斯蒂（Agatha Christie），《ABC 谋杀案》（*The ABC Murders*），55；《东方快车谋杀案》（*Murder on the Orient Express*），176n12（即中文版第 103 页脚注②）

罗尔德·达尔（Roald Dahl），《创世纪与大灾难》（"Genesis and Catastrophe"），181n3（即中文版第 218 页脚注②）

阿瑟·柯南·道尔，《退休的颜料商》（"The Adventure of the Retired Colourman"），175—176n10；《斑斓的带子》（"The Adventure of the Speckled Band"），54；《巴什克维尔的猎犬》（*The Hound of the Baskervilles*），48；《红发会》（"The Red-Headed League"），54—55；《银色马》（"The Silver Blaze"），57—58

达希尔·哈米特（Dashiell Hammett），《马耳他之鹰》（*The Maltese Falcon*），8，65，66

罗伯特·海因莱茵（Robert Heinlein），《他们》（"They"），80—81；《乔纳森·霍格的倒霉职业》（*The Unpleasant Profession of Jonathan Hoag*），13—15，19，29

帕特里西亚·海史密斯（Patricia Highsmith），《黑屋子》（"The Black House"），8—9，118，133，136；《钮扣》（"The Button"），134—136；《神秘的墓地》（"The Mysterious Cemetery"），133，135—136；《池塘》（"The Pond"），133，135—136；《火车怪客》（*Strangers on a Train*），176n14；《疯货》（"The Stuff of Madness"），154—155

威廉·艾里什（William Irish），真名：康奈尔·伍尔里奇（Cornell Woolrich），《幻影女郎》（*Phantom Lady*），79

詹姆斯·乔伊斯（James Joyce），《为芬尼根守灵》（*Finnegan's Wake*），151

弗朗茨·卡夫卡（Franz Kafka），《审判》（*The Trial*），15，18，114，146—151，160

斯蒂芬·金（Stephen King），《宠物坟场》（*Pet Sematary*），25—26

科琳·麦卡洛（Colleen McCullough），《下流的迷恋》（或《孽障》）（*An Indecent Obsession*），160

尼古拉斯·迈耶（Nicholas Meyer），《百分之七的溶液》（*The Seven-per-cent Solution*），50

玛格丽特·米勒（Margaret Millar），《眼中的猎物》（*Beast in View*），176n14（即中文版第110页脚注①）

莫扎特（Wolfgang Amadeus Mozart），《唐璜》（*Don Giovanni*），34；《魔笛》（*The Magic Flute*），100

雅克·奥芬巴赫（Jacques Offenbach），《霍夫曼的故事》（*The Tales of Hoffman*），177n7（即中文版第141页脚注②）

乔治·奥威尔（George Orwell），《一九八四》（1984），158

埃德加·爱伦·坡（Edgar Allan Poe），《被窃之信》（"The Purloined Letter"），50，61，72，98

约翰·普里斯特利（John B. Priestley），《危险的转角》（*The Dangerous Corner*），17；《时代与康威一家》（*Time and the Conways*），70

马塞尔·普鲁斯特（Marcel Proust），《斯万之恋》（*Un amour de Swann*），144

露丝·蓝黛儿（Ruth Rendell），《旋花时钟》（"Convolvulus Clock"），138－139；《仪式》（*A Judgement in Stone*），71；《与生人说话》（*Talking to Strange Men*），30—31；《树枝如手》（*The Tree of Hands*），32

萨基（Saki［H. H. Munro］），《窗》（*The Window*），171n6（即中文版第14页脚注①）

罗伯特·希克利（Robert Sheckley），《星球商店》（"Store of the Worlds"），6—7

威廉·莎士比亚（William Shakespeare），《哈姆雷特》（*Hamlet*），23，27；《李尔王》（*King Lear*），12；《理查二世》（*Richard II*），9—12；《雅典的泰门》（*Timon of Athens*），12

玛丽·雪莱（Mary Wollstonecraft Shelley），《弗兰肯斯坦，或现代普罗米修斯》（*Frankenstein, or the Modern Prometheus*），172n6（即中文版第14页脚注①）

索福克勒斯（Sophocles），《安提戈涅》（*Antigone*），23，25—26，27，63

理查德·瓦格纳（Richard Wagner），《特里斯坦与伊索尔德》（*Tristan und Isolde*），30，115

三　其他作者、作家和艺术家

狄奥多·阿多诺（Theodor Adorno），142

雷蒙·贝卢尔（Raymond Bellour），117
沃尔特·本雅明（Walter Benjamin），vii
杰里米·边沁（Jeremy Bentham），92
帕斯卡尔·鲍尼泽尔（Pascal Bonitzer），144
彼得·布鲁克（Peter Brooks），63—64
克洛德·夏布罗尔（Claude Chabrol），74
G. K. 切斯特顿（G. K. Chesterton），48，54
米歇尔·西昂（Michel Chion），40，82，93，126，127
阿加莎·克里斯蒂（Agatha Christie），48，62，175n7（即中文版第95页脚注①），同时参见上面的第二部分
温斯顿·丘吉尔（Winston Churchill），28
唐纳德·戴维森（Donald Herbert Davidson），153
吉尔·德勒兹（Gilles Deleuze），24，74，142
雅克·德里达（Jacques Derrida），125，142
阿瑟·柯南·道尔（Arthur Conan Doyle），48，60，同时参见上面的第二部分
谢尔盖·爱森斯坦（Sergei Eisenstein），89，95，118
乔恩·埃尔斯特（Jon Elster），76，77
米歇尔·福柯（Michel Foucault），92，142
西格蒙德·弗洛伊德（Sigmund Freud），23—24，28，37，40，44，50—53，71，73，120，136，137，152—153，159，165，169，178n14（即中文版第175页脚注①）
费立克斯·瓜塔里（Felix Guattari），24
尤尔根·哈贝马斯（Jürgen Habermas），141—142，157
达希尔·哈米特（Dashiell Hammett），62—63
斯蒂芬·霍金（Stephen Hawking），46—47
黑格尔（Georg Wilhelm Friedrich Hegel），3，37，77—78，87
马丁·海德格尔（Heidegger Martin），136
汉斯·荷尔拜因（Hans Holbein），90—91，96
荷马（Homer），4—5
麦克斯·霍克海默（Max Horkheimer），142
弗雷德里克·詹姆逊（Fredric Jameson），112
詹姆斯·乔伊斯（James Joyce），137，145—146，同时参见上面的第二部分
弗朗茨·卡夫卡（Franz Kafka），145—146，160，同时参见上面的第二部分

康德（Immanuel Kant），vii，156，157，159，161—162，167—168
索尔·克里普克（Saul Kripke），103
哈罗德·品特（Harold Pinter），5—6，21，28—29，33—39，65，75，88，90—91，95—96，98，103，108—110，118—119，125—126，128—132，135—139，151—153，158，161—169
埃德加·爱伦·坡（Edgar Allan Poe），76，147
让－皮耶·蓬内尔（Jean-Pierre Ponnelle），144
弗朗索瓦·勒尼奥（Francois Regnault），19
埃里克·侯麦（Eric Rohmer），34
理查德·罗蒂（Richard Rorty），142
马克·罗思科（Mark Rothko），73，85
多纳谦－阿耳封斯－弗朗索瓦·德·萨德（D. A. F. de Sade），12，33，141，157，159，162—168
多萝西·塞耶斯（Dorothy L. Sayers），38，94—95，135
维克多·什克洛夫斯基（Victor Shklovsky），3—5
亚当·斯密（Adam Smith），141—142
米基·史毕兰（Mickey Spillane），3，6
拉伊纳·施塔赫（Reiner Stach），33
弗朗索瓦·特吕弗（Francois Truffaut），70
奥托·华宁该尔（Otto Weininger），85
奥森·威尔斯（Orson Welles），115
路德维希·维特根斯坦（Ludwig Wittgenstein），106
罗宾·伍德（Robin Wood），74
芝诺（Zeno of Elea），157—160
斯蒂芬·茨威格（stephen zweig），19
雅克·拉康（Jaque Lacan），167
克洛德·列维－斯特劳斯（Claude Levi-Strauss），48
维尔·鲁东（Val Lewton），54
卡西米尔·马列维奇（Kasimier Malevich），78
奥克塔夫·曼诺尼（Octave Mannoni），61，63
赫伯特·马尔库塞（Herbert Marcuse），147
格劳乔·马克斯（Groucho Marx），79
马克思（Karl Marx），149
雅克－阿兰·米勒（Jacques-Alain Miller），95

让－克劳德·米尔纳（Jean-Claude Milner），3，34
尼采（Friedrich Nietzsche），97
巴门尼德（Parmenides），3—6
布莱士·帕斯卡（Blaise Pascal），155

译者后记

本书译毕，长舒一口气。每译齐泽克的著作，都是灵魂的冒险。“冒险”之后，照例要写篇“译后记”，交代翻译的相关事宜。以前的“译后记”大多三言两语，语焉不详，常为人诟病。翻译本书，本人受益良多，这次想多说几句，既是译完之后的温习，也是交给读者的一份家庭作业。

A. 拉康—齐泽克理论晦涩难懂。这是事实。何以难懂？一般的回答是，与翻译有关，与他们研究的领域、性质有关。说“与翻译有关”指翻译良莠不齐。之所以良莠不齐，还是因为“难懂”。所以“良莠不齐”只是“难懂”的延伸，而非答案。我们与拉康和齐泽克实在是“两个世界两重天”。国内学术界接触他们的理论已逾十年，但依然是雾里看花，看来看去，还是一头雾水，不明就里。拉康理论的确深奥。但说拉康深奥，并非说深奥乃其理论的“客观属性”，而是说我们与它结成的关系非常特殊。我们与拉康生活在完全不同的时代，不同的领域，包括生活领域和观念领域。他们关注的焦点与我们关注的焦点截然不同。我们关心现实（reality），他们关心“心理现实”（the real）。我们关心意识，他们关心无意识。我们关注想像界，最多关注符号界，他们关注实在界。我们关心白天，他们关心黑夜。观念相差更远。我们认为幻象是现实的产物，他们认为现实是幻象的残余。何谓欲望？欲望是否也有自己的原理？它与驱力的关系如何？什么是实在界？什么是小客体？什么是大对体？什么是幻象？幻象空间的意义何在？何谓征候？何谓快感？为什么意识形态总是与征候、快感绑在一起？什么是误认？误认与移情的关系如何？精神分析是否也有自己的形而上学和认识论？精神分析究竟属于哲学、社会批判理论还是治疗精神病的医术？精神分析与心理学的关系如何？在我们这里，这些问题依然没有明确的答案。

这种隔膜，庄子一语中的："井蛙不可以语于海者，拘于虚也；夏虫不可以语于冰者，笃于时也；曲士不可以语于道者，束于教也。"我们与拉康固然一个生活在井中，一个生活在海里；一个生活在冬日，一个生活在夏天。更重要的是，我们还是"束于教"的"曲士"，即使想有人来"明道"，我们对其"道"还是丈二和尚——摸不着头脑。举一个简单的例子，来说明我们是如何"束于教"的吧。按照精神分析的定义，我们都是"性变态"。我们是"性变态"，是因为我们相信所谓的"历史发展的客观规律"，即不以人的意志为转移的"客观规律"。我们在相信"历史发展的客观规律"时，总是置身于"历史"进程之外，冷眼地以"客"的身份"观"历史之变化。这样的"客"之"观"，或者用精神分析的术语说，这样的"凝视"，不是上帝的凝视又是什么？我们在相信"历史发展的客观规律"时，不正是以上帝自居吗？这不是典型的变态狂又是什么？

我总是觉得，人文学科中的拉康—齐泽克理论类似于自然科学中的量子力学之类的前沿自然科学。齐泽克在本书中也曾论及这一点。他提到了"阿兰—阿斯佩实验"（Alain-Aspect experiment）。

1982年，巴黎大学物理学家阿兰·阿斯佩（Alain Aspect）领导一组研究人员做了一个重要的科学实验。他们发现，亚原子粒子同时向相反的方向发射，不论彼此之间的距离有多么遥远，都能互通信息：它们似乎总是知道另一方的运动方式，在一方改变方向时，另一方也会相应改变方向。这与爱因斯坦理论相悖，因为根据爱因斯坦理论，信息的流通是无法超越光速的。超越光速意味着时间界限的消失。如何解释这种现象？物理学家为此颇费脑筋。伦敦大学物理学家戴维·玻姆（David Bohm）认为，阿斯佩的发现意味着，客观现实并不存在，宇宙只是一个幻象，只是一张细节丰富的全息照片。全息照片的特点有两个：一是全息照片的影像是立体的，一是全息照片的每一小部分包含着整体的资料。也就是说，整体包含于部分之中。玻姆以此理论解读阿斯佩的实验。他认为，亚原子之所以不论相距多远都能保持通讯的畅通，是因为它们根本就没有分离过；也就是说，分离只是一种幻象。亚原子粒子不是分离的个体，而是来源相同的延伸。它们具有全息照片的结构，任何部分都包含着整体。现实生活的一切都是由这样的亚原子粒子组成的，所以说宇宙也是一张全息照片。一句话，无论现实还是宇宙，都属于幻象。

试问，我们会接受这样的结论吗？我们还停留在牛顿力学（理性、意识、想像界和符号界）的时代，如何能够理解量子力学（欲望、无意识、实在界）的无穷奥妙？牛顿离玻姆有多远，我们离拉康—齐泽克就有多远。

拉康—齐泽克理论更新了我们审视世界的视野。拉康—齐泽克改变了我们的世界观，恰如量子力学改变了我们的世界观一样。拉康之后的西方哲学，拉康之后的西方伦理学，拉康之后的西方文学，拉康之后的弗洛伊德，拉康之后的电影，拉康之后的康德，拉康之后的萨德，拉康之后的安提戈涅、哈姆莱特、白雪公主，甚至拉康之后的“庄周梦蝶”……都已经与拉康之前大不一样。拉康—齐泽克的精神分析理论不是精神治疗的医术，更不是心理学（精神分析本来就不是心理学），而是一种既包括形而上学又包括认识论、价值论的哲学体系。

有时我想用八个字概括拉康的精神分析理论：颠倒是非，混淆黑白。因为它所谓“是”乃我们所谓“非”，他们所谓“非”乃我们所谓“是”。如此南辕北辙，实在令人叹为观止。

我有时很悲观，觉得不是每个人都能读懂拉康和齐泽克的，就像不是每个人都能读懂量子力学一样。我们要了解西方的学术传统，特别是其哲学传统、精神分析传统，最好还要懂一点外语。还要有一点点智商，有一点点逻辑头脑。说到逻辑头脑，国人的确是乏善可陈。今人如此，古人亦然。古代墨家与人论战，举例说：“舟，木也，故入舟，入木也。”从概念上，我们根本搞不清“舟”与“木”的关系；推理起来，更是荒谬至极。有人将其译为英文，其逻辑上的荒谬性便一目了然了：“A boat is made of wood, therefore, to enter into a boat is to enter into something made of wood.”其实这话用文言来说，也未尝不可：“舟者，制于木也；故入舟，入于木制之物也。”可惜不将其译成英文，还真说不出这样的“古代汉语”来。这种“舟，木也，故入舟，入木也”逻辑推理，在现在的中国，可谓比比皆是。用这样的逻辑阅读拉康和齐泽克，无异于挟泰山以超北海，非不为也，是不能也。

B. 在西方思想史上，拉康的重要性是不言而喻的。迄今为止，所有的哲学家都停留在“想像界”和“符号界”的层面上，只有拉康才真正关注“实在界”，才对来自实在界的、创伤性内核进行了专题探讨。从这个意义上说，只有拉康才属于“后结构主义者”、“解构主义者”和“后现代主义者”。以前被划入“后结构主义”、“解构主义”和“后现代主义”的学者均属于“结构主义”和“现代主义”的阵营。只是在拉康之后，“实在界”才纳入我们的视野，才发挥它的阐释效力。比如，我们中国学者探讨中国古诗歌的魅力，要么停留在“想像界”的层面上，强调它的“意境”价值；要么停留在“符号界”的层面上，强调它的“本质”意义。我们无法回答一个问题：在阅读古代诗歌时获得的快感（特别是摇头晃脑时获得的快感）究竟来自何处？来自“想像界”的层面（创造了美妙的意境），来自符号界的层面（反映生活的本质或抒发了本真的情感），还是来自实在界（与我们的欲望的实在界相关）？

实在界也是“现实”，不过不是我们所谓的“现实”，而是“心理现实”。但又不是一般的心理现实，是非想像性、非符号化的心理现实。从时间的角度看，它是先于想像和符号的。真正的“实在界”是既无法想像也无法符号化的，至少是无法完全符号化的。也就是说，即使它能够符号化，也会在符号化之后产生残余。这种残余，才是我们所谓的现实。令我们极度痛苦、屈辱和欢乐的创伤性经历是无法充分符号化的。即使非符号化不可，也总是被扭曲，总是有剩余。齐泽克有《论暴力》（*On Violence*），称真正的暴力是不可言说的。某人被强暴，如果报案，要复述被强暴的过程，这无异于第二次强暴（虽然从法律的角度讲是绝对必要的）。因为要把无法符号化的创伤性经历符号化，所以这创伤性经历必定有所扭曲，必定有所遮蔽，必定产生残余。只有这残余才能维持现实（感），才能构成现实（感）。也就是说，把现实与实在界分裂开来，大有必要。把它们分裂开来，是保持心理健康的前提，而非精神病的标志。相反，一旦现实与实在界的分界线被打破，实在界侵入现实，就会导致孤独症或妄想狂。从这个意义上说，真正的心理健康的人都是精神分裂的，也必须是分裂的，因为他知道何者为现实，何者是实在界，如何把两者分割开来，使之井水不犯河水，相安无事；真正的精神分裂之人倒是不存在什么“精神分裂”，因为在他们那里，现实与实在界已经融为一体，现实即实在界，实在界即现实，两者之间的界限已被彻底打破。

我们总是以幻象空间（fantasy space）填补实在界的“黑洞”，并导致剩余。这样的剩余就是我们所谓的“现实”。即是说，现实就是幻象的剩余，就是想像的剩余。人的一生大多活在幻象之中，实在“幻象”不下去了，才回到所谓的现实，才依靠所谓的现实。这说明，幻象比现实重要。以前我们是透过现实看幻象，现在是透过幻象看现实。拉康和齐泽克总是与我们唱对台戏。以前我们认为物质第一性，意识第二性，意识是物质的产物和残余；现在倒过来了，意识第一性，物质第二性，物质成了意识的产物和残余。

齐泽克所谓的“现实”，即我们理解的“现实感”（sense of reality）。现实感是有关现实的完整图景，包括人物、场景、事件等，事件还有其因果链。我们都有这样的经验：一旦遭遇创伤性经历，我们的现实感就会破灭。这时，我们不敢相信眼前的现实，我们甚至要掐自己一把，以此判断，自己究竟是身在梦里，还是在“现实”之中。亲人突然去世，固然如此；天下掉下来个林妹妹，也是如此。我们有完整的和谐的现实感，是因为我们把某些创伤性的事件、经验，我们无法理解的生活经历，统统排除在现实之外。齐泽克常举的一个例子是，我们生活在都市，一般都有完善的下水道系统，所以即使我们天天大便，只要用水一冲，大便就会消失得无影无踪，我们这才有了完整和谐的现实感。不幸哪天马桶堵了，大便溢出，流得满屋子都是，我们会立即丧失现实感，仿佛生活在噩梦里。齐泽克认为，现实（感）之为现实（感），就在于大便之类的实在界已经被排除出去。

梦境，特别是噩梦，对我们而言意义重大。因为在梦中，我们能够遭遇自己的“欲望之实在界”，明白自己的“真相”。我们自以为是个好人，但在梦中，我们杀人放火，就要被依法“执行”了，才从噩梦中醒来。于是我们自我安慰：噩梦醒来是早晨，太阳每天都是新的。我们本质上都是好人，只是一不留神，在梦中沦落为坏蛋。这是从现实看实在界。如果从实在界看现实，我们应该说，本质上，我们都是如假包换的坏蛋，只是到了白天，在光天化日之下，才沐猴而冠，道貌岸然地把自己装扮成好人。到底现实反映了我们的本质，还是梦境反映了我们的本质？我们认定现实反映了我们的本质，拉康认定梦境反映了我们的本质。我们认为梦境是现实的残余和补充，拉康认为现实是梦境的残余和补充。如此说来，我们做梦时才生活在现实之中；我们生活在现实之中，其实是在做梦。有时候，我们觉得自己最清醒，其实最糊涂；有时候，我们觉得自己最糊涂，其实最清醒。在鲁迅的《狂人日记》中，同一个人，发疯时最清醒，知道封建礼教吃人，但一旦治愈，一旦清醒，即“赴某地候补矣”，去吃人了。从这个意义上说，现实是最大的“幻象空间”，梦境（包括噩梦）才是真正的“现实”。只有在“幻象空间”中，我们才能得知自己欲望的真相，展示自己欲望的真相。欲望之“真”不同于现实之“真”。拉康认为，欲望之真“是像小说那样结构起来的”（is structured like fiction）。小说的意义也在这里，我们能在小说（它的性质、结构与梦的性质、结构相近）中得知我们欲望的真相。

一般说来，我们所谓的“知”，只是意识层面上的“知”，只是想像界之“知”和符号界之“知”。但在潜意识（虽然精神分析现在基本不再谈论“潜意识”）和无意识层面上，也存在着“知”，只是我们不知道我们已经“知”，不知道我们是如何“知”的，而且这种“知”的形态和性质也令我们困惑。我们都会游泳和骑自行车，但我们对游泳和骑自行车的“知识”形态感到不解：我们无法像描述、传授其他知识（比如制造游泳衣和制造自行车的知识）那样，描述、传授这种知识。更重要的是，在实在界中，也存在着“知”，只是由于这种“知”的性质较为特殊，它受到了意识的压抑和理性的过滤，我们根本就不知道我们还有这种“知”，不知道还有这种“实在界之知”（knowledge in the real）。我们并不了解自己，我们并不知道自己究竟知道多少，因为我们总是强迫自己遗忘，遗忘那些无法融入符号秩序的创伤性事件。有些事情是“马尾拴豆腐——提不得”，虽然有时难免“不思量，自难忘”，但总是希望将其遗忘，渴望得到一杯“忘情水”。这就是所谓的“压抑”。但被“压抑”不等于被彻底遗忘，“被压抑物”总是要以这种形式或那种形式回归的。这样的“精神现实”在文艺作品中常有表现（说到底，文艺作品是“心理现实”的写照，而非我们所谓“现实”的反映）。齐泽克常举的例子是动画片《猫和老鼠》：“猫疯狂追逐老鼠，根本没有注意到，它的前面就是悬崖峭壁；但是，即使双脚已经离地，猫也没有跌落下去，还在对老鼠紧追不舍。只有当它低头望去，发现自己浮在空中，这才跌落下去。仿佛实在界暂时忘记了它要服从何种规律。猫向下望去，实在界才‘想起’了自己的规律，才开始服从规律。”在我们理解的“现实”中，根本不可能存在这种现象。但它道破了我们的无意识秘密，揭示了有关“实在界之知”的秘密。

有时我们与自己无意识深处中的创伤性实体相遇，但我们不敢声称“知道”它们，而是要“误认”它们。只有在“不知道”的前提下，至少也是在“误认”的前提下，它们才能呈现出来，它们才能存在。一味直面现实，直面“实在界”，直面“创伤性事件”，它们或许就会被深深压抑。我们不能“知情太多”，否则必定造成悲剧性结局。用齐泽克的话说，一旦我们知情太多，一旦我们过于接近无意识之真相，我们的“自我”就会土崩瓦解。俄狄浦斯的悲剧就揭示了这种“心理现实”：一旦他获知了自己‘弑父娶母’的无意识之知，他的自我就会自行消解，他就只能抹除自己的身份符号，自我放逐。无意识之为无意识，实在界之为实在界，就因为它们都有压抑机制和防御机制。主体要想维持自己的“自我”，就必须压抑某些不符合社会常规的不法之欲，必须对自己的不法之欲有所“不知”，把它排除在自己的“意识之知”之外。也就是说，主体要想保持自己的一致性，必须以某种“无所知”为前提。这些必须保持“无所知”状态的东西，绝对不能道破。

实在界不仅有“知”，还能“应答”，而且是自动式的“应答”。以前认识一位领导，这位领导烟瘾极重，烟不离嘴，一日三包。倘若无烟，则“度秒如年”。某年某月某日，发誓戒烟，巧合的是，当日单位工作人员发生意外，死于非命，第一次戒烟宣告流产。后来又戒过两次，巧合的是，每次都有单位的工作人员发生意外（事实上，他戒不戒烟都会发生这样或那样的意外，这取决于如何界定“意外”）。于是这位领导认定，戒烟与天意不符，于是不再戒烟。这里所谓的天意，乃“实在界的应答”。1944 年夏，英国遭受空袭，一幢大楼被击中，一位老翁失踪。不久，废墟里传来笑声，救援人员挖出了毫发未损、哈哈大笑的老翁。别人问他笑什么，他说：“我一拉抽水马桶，这房子就倒了。”把纯属偶然的事件，解读为他成功干预的结果，解读为“天意如此”，就是解读为“实在界的应答”。纯属偶然的巧合，却造成了移情的效果。我们相信冥冥之中有天意。江湖上有所谓的“出来混总是要还的”的“至理名言”，社会上有所谓的“善有善报，恶有恶报，不是不报，时辰未到”之类的“诗性正义”（poetic justice），莫不如此。此类“天意”开启了我们的阐述运动，可做无穷的阐释，把它（天意）与真实的生活事件拼接在一起。即使阐释产生了残余（即有些事情还不能完美阐释），那也是因为阐释的力度不够强大，阐释的时间不太适宜。

“实在界的应答”总是源于创伤性的事件。创伤性事件的发生，意味着实在界对现实的入侵，意味着主体的现实感的丧失，意味着主体的全然的无能为力。面对现实感的丧失，主体的第一反应就是把自己当成高高扬起的“阳物”，摆出“阳物性”的姿态，重建已经丧失的现实感，并把自己的“无能”转化为“全能”。就其具体表现方式而论，就是为实在界的入侵承担全部罪责。现实生活中有些人患有“大头症”，没有那么大的脑袋，偏要戴那么大的帽子，与此有关。

在现实生活中，任何事物要产生意义，都必须借助于诸如此类的“实在界”来支撑。“实在界的应答”乃意义之源。此外，“实在界的应答”还是人类交流的基本保证，是符号交流一致性的保证。拉康认为，人与人的交流都是成功的误解。齐泽克以露丝·蓝黛儿的《与生人说话》（*Talking to Strange Men*）为例来说明问题。其实类似的例子并不少见。且以两个笑话为例：（1）老师问学生："学生在回答老师的问题时最常用的四个字是什么?”学生皱着眉头，想了半天，说："我不知道。”老师："很好，谢谢!”（2）某位小学老师讲话时一紧张就口吃。有一次他监考，发现一个学生正在作弊，于是气急败坏地对那个学生说："你你你你你你你你你竟敢作弊，给我站起来!”刚说完，站起来九个学生。在第一个笑话中，学生回答说“我不知道”，是说他不知道老师那个问题（“学生在回答老师问题时最常用的四个字是什么?”）的答案，而老师则以为“我不知道”是对他的问题的回答。巧合的是，这是正确的答案。在第二个笑话中，监考老师本来只发现一个学生作弊，只是因为结巴的缘故，连着说了九个“你”字，结果其他正在作弊的学生以为老师发现了自己正在作弊，于是站了起来。老师本没有发现其他八个学生作弊，但学生以为老师发现了。如此“歪打正着”，是靠“以为”支撑的（在第一个笑话中，老师“以为”学生知道答案；在第二个笑话中，学生“以为”老师已经发现自己作弊）。这样纯属偶然的“以为”就是“一小片实在界”（a little piece of the real）。没有这样的“一小片实在界”的支撑，交流是根本进行不下去的。

关于“一小片实在界”，齐泽克在本书中多次论及。他说，总是存在着“一小片实在界”。就性质而言，它是完全偶然的，但主体拼命否定其偶然性，把它视为某种必然的宿命，视为一种确证，视为对自己信仰的支撑。在主体间的交流中，有时候，“一小片实在界”是交流的前提，没有它，就没有符号性交流的一致性，任何符号性交流都是不可能的；有时候，它是交流的结果，是交流取得成功的标志，如《与生人说话》中的尸体和《钮扣》中的那粒钮扣。何以“一小片实在界”有此功能？齐泽克认为，这是因为符号界中总是存在着空白，而且是核心性的空白，而“一小片实在界”就是用来填补这个空白的。唐纳德·戴维森（Donald Davidson）提出的“慈善原则”或“厚道原则”（the principle of charity），乃“一小片实在界”在语言学中的称谓。不遵守“慈善原则”或“厚道原则”，任何交流都是不可能的。王蒙的小说《雄辩症》是这方面最佳的例证。某人去看病，医生请他坐下，他反问：“为什么要坐呢？难道你要剥夺我不坐的权利吗？”医生请他喝水，他不领情：“不是所有的水都能喝。假如你在水中掺入氰化钾，就绝对不能喝。”医生赶紧说：“我这里并没有放毒药嘛。你放心！”他反问：“谁说你放了毒药？难道我诬陷你放了毒药？难道检察院的起诉书上说你放了毒药？我没说你放毒药，而你说我说你放了毒药，你这才是放了比毒药更毒的毒药！”如此拒绝“慈善原则”或“厚道原则”的主体，在齐泽克看来，只能是妄想狂：仿佛他已经开了“天眼”，能够洞悉宇宙的一切奥秘，对人类的符号性意义网络，更是洞若观火；更重要的是，他看到了阴谋，看到了迫害，看到日益降临的灾难……阴谋论于是生焉。

C. 到目前为止，我国学术界谈论的拉康及拉康理论，大多是古典时期的拉康和拉康理论。当然，这样做不仅无可厚非，而且颇有意义。

古典时期的拉康是“结构主义者”和“现代主义者”。“古典时期”的拉康注重“话语”和“话语分析”。他把所有的话语划分为四种：主人话语、大学话语、癔症话语和精神分析师话语。主人话语只是一种能指（signifer），但它是“主人能指”（master signifier），因为它能取代所有其他的能指，代表所有的主体，谈论所有的话语。“主人能指”能“缝合”所有其他的能指。例如，我们曾经用“阶级斗争”这个“主人能指”来缝合其他能指：国家是阶级斗争的工具，民族斗争是阶级斗争的表现形式，历史的动力是阶级斗争，民主有号称消灭了阶级差别的虚伪的资产阶级民主，有代表无产阶级利益的真正的社会主义民主，女权主义的主张是阶级斗争的另类形式（男性对女性的盘剥本质是阶级剥削，至少是阶级条件下劳动分工的结果），生态保护主义也是阶级斗争的另类形式（对自然资源的破坏是以利益为本位的资本主义生产的必然结果）。

至于其他几种话语，都只是三种不同的尝试而已。大学话语把主人话语制造出来的残余或“排泄物”视为至宝，将其转化为知识，灌输给尚未驯化的学生，把他们转化为主体。大学教师仿佛主人，学生则仿佛奴隶。大学原来如此不堪。不难发现拉康对大学的偏见，但这“偏见”之中也未必没有一丝真知灼见。也不难从中看出阿尔都塞“询唤”和“意识形态国家机器”的影子。

癔症话语对“符号性委任”提出质疑。符号性委任即命名，即“述行”（performance），即将被委任者置于某种符号网络之中，并在符号性网络中指定其位置。符号性委任与被委任者自身的客观的、实证的、物质的属性没有任何联系。某人出任某种官职（政治性符号委任），突然成了谁谁的什么亲戚（伦理性符号委任），成了娱乐界的明星大腕（艺术性符号委任），都是如此。一边是符号性委任，一边是客观的、实证的、物质的属性，二者之间的鸿沟是无法弥平的。但总有人要寻找二者的“统一”，寻找其“一致性”，于是成了癔症患者。在他们眼里，某人当了国王，必定是真命天子，否则他何德何能，竟然贵为国王？他不知道，某人贵为国王，是因为我们甘为臣民，与他自身的任何属性都毫无关系。

精神分析师话语与主人话语相反。主人话语占据的是主体的位置，而且以自己的能指代替其他的能指，继而对其他能指进行缝合。精神分析师的话语则处于客体的位置。这里的客体即剩余客体。它把自己视为话语网络的残余，它建立的是“客体话语”或“排泄物话语”。

正是在这个时期，拉康还提出了“两种死亡”的理论。死亡是人生的一部分。人的一生要经历两次死亡，一次是生理性的死亡，一次是符号性的死亡。“有的人活着，他已经死了；有的人死了，他还活着。”有的人活着，但已是尸位素餐的行尸走肉，已经耗尽其符号价值，早已举办过“告别仪式”或“追悼会”，早已盖棺论定。有的人死了，但其符号价值还有相当的“剩余”或“残余”，还没有盖棺论定，我们对这样的人问心有愧，他们也会追逐我们，令我们魂牵梦绕、寝食不安。他们总是要回归的。“死人要归来，是因为他们没有得到适当的安葬；即，死人要归来，是因为他们的葬礼出现了问题。死人的归来是一个标志，它意味着，在符号仪式方面，在符号化的过程中，出了问题。死人是作为未曾偿还的符号债务（symbolic debt）的讨债者归来的。”好莱坞电影中有那么多的“僵尸”，有那么多的“活死人”，他们拼命“归来”，就是因为他们要回来清理那永不过期的“符号性账目”（symbolic accounts）。只有通过适当的符号化，将死者纳入符号系统之中，他们才能安然死去。这是一种保证：尽管他们已经死了，但依然活着，活在我们的记忆之中。生理上是死了，但依然精神抖擞地“活在我们心中”。他们的死亡是创伤性事件，我们必须通过将之符号化，将之以适当的形式纳入我们的历史记忆之中，消解其创伤之维。二战期间的大屠杀和二战之后的古拉格（gulag）就是这样的创伤性事件，但历史的符号债务依然没有彻底清理，它们还会继续追逐我们，会以各种形式（艺术和非艺术的）呈现出来。

D. 在拉康—齐泽克理论中，最难理解的概念无疑是“*objet petit a*”（小客体），有时简写为“*objet a*”。译成英文，一般写为“a small object”（小客体）。拉康认为这个概念是不可翻译的，只能写成“*objet petit a*”。因为只有这样，才能保持其“代数符号”的身份。但无论是在法文中，还是在英文中，均指可望而不可即的欲望客体（object of desire），或欲望的客体—成因（object-cause of desire）。有一点要明确，它是客体，虽然以“小”冠之；它不是对象，因为按我的理解，对象属于哲学认识论领域，是可以认识、理解和把握的东西，而“客体”不仅无法认识、理解和把握，甚至无法感知，属于本体论之域。

虽然拉康一直使用这个概念，但他对这个概念的认识和界定却一直处于变化之中（事实上整个拉康理论都处于变化之中）。在1957年举办的以“无意识的构成”（Les formations de l'inconscient）为题的讲座中，拉康首次提出了“*objet petit a*”这一概念。不过那时候，他用这个概念指“想像性的局部客体”（imaginary part-object），即可以与身体割裂开来的客体。从这个意义上说，作为客体的“凝视”和“语音”均属此列。

在1960年至1961年举办的以“论移情”（Le transfert）为题的

讲座中，拉康用希腊语中的“agalma”（秘密宝藏）来解释小客体：正如“agalma”是隐藏在一钱不值的盒子中的无价之宝（玉石）一样，小客体则是隐藏在我们的臭皮囊之内的欲望的客体—成因。我们欲望某个客体，而它又是我们欲望的成因，客体和成因重合在一起，故称之为欲望的“客体—成因”。我们欲望它，但并不理解它，也不需要理解它。

在 1961 年至 1962 年举办的以“精神分析的四个基本概念”为题的讲座中，拉康把小客体界定为“残渣”，即实在界在进入符号界后，因为符号界无法完全消化而形成的残渣。这告诉我们，实在界总是要进入符号界的，但又无法全部进入，总要产生某些残渣。这些残渣即小客体。比如，我们都有创伤性经历，我们无法言说，即无法将之符号化。但我们必须将之符号化，化解内心的创伤。虽然如此，却又无法全部符号化，总要有所剩余，这就是所谓的小客体。沈从文的短篇小说《生》，讲述了一个老艺人的悲惨故事。这位老艺人年过六旬，天天扛着一对大傀儡来坪场表演。这个老人和一个傀儡摔跤（那个傀儡也是由他所扮），表演前总是和那个傀儡说说俏皮话，令人发笑。虽然摔跤时总是让“赵四”占上风，但“王九”却是永远的胜利者。因为他的儿子叫王九，和赵四打架，被赵四打死了。而那赵四，也在五年前因病而死。这里的傀儡，还有他那俏皮话，就是这样的残余。

在 1969—1970 年以“精神分析的另一面”为题的讲座中，拉康进一步对这个概念作了说明。在这个讲座中，他谈到了四种话语的问题。最值得注意的话语是主人话语。在主人话语中，一个能指总是企图取代所有其他的能指，它就是所谓的“主人能指”。“主人能指”也是所谓的“空洞能指”。它之所以是“空洞能指”，是因为它是“没有所指的能指”。因为它是“没有所指的能指”，所以它能缝合其他的“能指”，构成所谓的“缝合点”。这样的能指要代表主体，但总是造成剩余。这剩余就是小客体。齐泽克在解释小客体时，特别强调它的“空洞性”。他最经典的做法是把小客体比作希区柯克电影中的麦格芬：“通俗文化中最著名的小客体当然是希区柯克的麦格芬（McGuffin）。它是启动情节的‘秘密’，但它本身绝对无足轻重，‘一无是处’，而只是一个空白。”“麦格芬是纯粹而简洁的小客体。它是实在界的残余，启动了符号性的阐释运动；它是符号秩序上的一个黑洞，是某个有待解释、阐释的秘密的纯粹外观。”在齐泽克那里，小客体是一种纯粹的形式，它本身并没有内容。它是某个屏幕，它是某个空白，供主体将其幻象投射其上。

拉康晚年在描述“小客体”时，除了称之为“欲望的客体—成因”，还常用“不可能的—实在界的”（impossible-real）来描述其性质。这表明：（1）小客体属于实在界；（2）主体与小客体的关系是“不可能的”关系。也就是说，主体与其欲望的客体—成因的关系是“不可能的”关系。所谓“不可能的”关系，是说，主体永远不可能得到小客体，永远不可能与小客体确立直接的“掌握”与“被掌握”的关系。阿基琉斯与乌龟的关系就是“不可能的”，因为阿基琉斯要么永远追不上乌龟，要么会追过头，错过了它，但就是抓不到它，得不到它。

欲望与其客体之间的关系，不是客体在先，欲望在后，物质第一性，意识第二性。恰恰相反，欲望在先，客体在后。不是客体引发了欲望，而是欲望设置了客体。客体成了欲望的目标，与客体的“实证”属性没有任何关系。欲望是“无”，客体是“有”，从

“无”到“有”的过程，即“无中生有”的过程，即欲望化的过程，欲望生成的过程。这时，小客体成了欲望的化身，具有了实证的属性。但它的实证属性属于假象，是纯粹的外在表象（semblance）。以爱情为例。爱一个人，只是这个人进入了主体的幻象框架，与这个人的“客观”的“实证”属性（身高、长相、穿戴、身份、气质等）均无关。或者说，这些“实证”属性的价值都是由欲望回溯性地设置出来的，是先爱上了某个人之后才归纳、总结出来的。人是自己欲望的奴隶。爱一个人，连自己都不知道为什么会爱他（她）；也正是因为如此，才有真爱可言，否则，在理性的层面上，把爱某人的原因说得清清楚楚，就不是真爱了。因为这些属性一旦消失，爱情就消失了。在评剧《刘巧儿》中，刘巧儿爱赵柱儿，理由似乎很简单：“我爱他身强力壮能劳动，我爱他下地生产真是有本领……”，如此表述，要么是心口不一（自己欺骗自己），要么是毫无爱意，二者必居其一。所以说，能否找到自己的所爱，要看是否有人走进你的幻象框架，或者你走进别人的幻象框架，与自身的客观的、“实证”的属性无关。电影版的《贫嘴张大民的幸福生活》中的张大民凭借着常识，就悟到了这个道理。张大民的大龄妹妹要把自己匆匆嫁掉，张大民极力阻拦，至于理由，也极其“在理”和简单，虽然他肯定不知道拉康的理论，但颇得拉康理论的精髓。在电影中，扮演张大民的冯巩用地道的天津话启发自家妹妹：“结婚这事，就像卖萝卜。早市儿的萝卜一块钱一斤，你没卖掉；到了中午，就变八毛钱一斤了，你还是没卖掉；到了晚市儿，有人五毛钱论堆儿撮，你千万不能卖！为嘛？你得等，得等那爱吃萝卜的主儿，就好吃这口，一块钱一斤照样买！这叫嘛？这就叫机遇！”机遇之为机遇，或是因为你进入了别人的幻象框架，成了别人的欲望的俘虏；或是因为别人进入了你的幻象框架，成了你的战利品。

如何确认小客体的存在？从传统哲学的视角看，小客体属于本体论领域，“确认小客体的存在”就是把它认识论化，这个过程即本体论的认识论化。小客体特殊的本体论地位（或本体论身份），决定了在认识它时，我们必定采取特殊的方式。齐泽克认为，面对小客体，没有客观可言，因为它是欲望的客体—成因，它已经被欲望扭曲，所以我们只有以其人之道还治其人之身，即只有“以被欲望‘扭曲’的凝视”或以“斜目而视”的方式，才能觉察它的存在。这正是本书书名中的“斜目而视”的由来。也就是说，只有借助于“斜目而视”，才能发现小客体，否则小客体就会被“熟视无睹”。也就是说，小客体永远不能客观存在，永远不能为人客观地理解。因此也可以说，对小客体的认识是“斜目而视”的结果。

拉康在西方哲学史上的重要性在于，他把实在界及小客体引入了哲学探究之域。在此之前，不仅实在界和小客体在那里没有立足之地，而且只有把实在界和小客体排除出去，西方哲学才能得以幸存。西方哲学眼中的主体是笛卡儿所谓的“我思”，是理性的主体，没有意志，没有欲望，只有理性的分析或算计。但理性的存在并非人类存在的全部，甚至未必是人类存在的主要部分。因此哲学并不探讨超乎理性之物，必定把“欲望”以及“欲望的客体—成因”排除出去。芝诺悖论最为典型地体现了这方面的努力。康德更是容不下萨德的存在。把萨德引入哲学之域的，并使之与康德比肩而立的，正是拉康。

不是所有的客体都是小客体。首先，小客体是欲望的客体，却不是驱力的客体，而欲望与驱力大不相同。其次，小客体不是“一小片实在界”。齐泽克以帕特里西亚·海史密斯短篇小说《钮扣》

为例说明这个问题。主人公打死了一个醉汉，无意中从他的衣服上拉下一颗钮扣。这钮扣就是一小片实在界，让他想起命运的荒诞，让他知道他曾经报复命运的荒诞，让他克制和忍耐，保证他以怪异的行为应对艰难的日常生活。它与驱力客体不同，因为没有什么快感可言；它与欲望客体不同，因为它不是纯粹的空间，并非可望而不可即。它只是“一小片实在界”，是一种保证——保证我们能够忍耐生活的非一致性和荒诞性。

小客体和原质（the Thing）的关系非常复杂。任何客体都可以成为原质，只要它能够占据原质的位置。要占据原质的位置，必须借助于一个幻觉——那个客体本来就属于那个位置，并不是出于偶然的原因，它才被置于那个位置的。比如，我们会解释说，那个客体出现在那里，是天意。“莫道石人一只眼，挑动黄河天下反”，这一叙事中提及的“石人”就是这样的原质。它本是人为地埋进土里的，却制造了一个幻觉：那是天意，与人力无关。崇高客体本是庸常客体，但一不留神，被提升成了原质，具有了原质才有的尊严，于是成为崇高的客体。崇高的客体笼罩在魅力之中，一旦魅力烟消云散，剩下就是一堆残渣，连普通客体都不如。老百姓所谓的“落了毛的凤凰不如鸡”，大概与此类似。本是鸡，一不留神，被置于凤凰的符号网络之中，被赋予了凤凰的“符号性委任”，成了凤凰；一旦被逐出原来的符号网络，就只是鸡的“残余”，所谓“不如鸡”是也。齐泽克没有以鸡为例，而是拿章鱼说事：“在深海环境里，这些章鱼以优雅、妩媚的姿势游来游去，散发出既吓人又壮观的迷人力量。但是，一旦把它们从水里弄出，它们立即成为一滩令人恶心的黏液。”

小客体与大对体（the Other，the big Other）大相径庭。大对体是外在性的，小客体是内在性的。大对体的外在性不同于列维－斯特劳斯所谓的“结构”的外在性。列维－斯特劳斯的“结构”是一种纯粹外在的符号结构，是普遍性的符号律令，它赋予神话、血族关系以结构。拉康所谓的“大对体”并非这样的符号结构、符号律令，它并不赋予任何事物以结构，反而赋予任何事物以纯粹的偶然性。大对体有诸多表现形式。黑格尔所谓的“历史的理性”（Reason of History）或“理性的诡计”（cunning of reason）就是如此。历史常常是歪打正着的：你直奔某个目标而去，结果这个目标没有达到，无意之中达到另外一个本不想达到，甚至极力避免的目标。黑格尔曾以凯撒谋杀案为例。当时的人们反对凯撒，是想恢复共和，但最终的结果却是恢复共和的反面，即帝制复辟。“历史的理性”把反叛者当成了手段，达到了自身的目标，这些反叛者还浑然不知。在背后操纵历史的理性即大对体。希特勒的例子也是如此。希特勒发动第二次世界大战，要消灭欧洲的共产主义，结果身败名裂，使共产主义得以扩张。这也是“历史的理性”这个大对体使然。亚当·斯密（Adam Smith）所谓的“看不见的市场之手”也是如此：在市场上，每个参与者都在互不知情的情形下，各自追逐自己的私利，甚至毫不利人、专门利己，人不为己、天诛地灭，结果却导致了共同的善。仿佛有一只看不见的手（“历史的理性”）在悄悄地将“个体恶”转化为“共同善”。

大对体是偶然性的，但它在拼命掩盖自己的偶然性。主体有时必须顺从之，才能保持完整的现实感。也就是说，有时候为了稳定自己在符号网络中的地位，保持自己的符号一致性，我们必须服从大对体，掩盖纯然的偶然性。有一则故事表明了一这点：

一位父亲带着小儿子去探访一位朋友。朋友家客厅的地上摆放着几个热水瓶。探访期间朋友因有事出去了一小会儿，把他们父子俩留在了屋里。就在这短短的时间里，放在地上的一个热水瓶突然自己爆掉了。当屋子的主人从外面回来之后，那位父亲向朋友说："对不起，刚才我不小心把一个热水瓶碰碎了。"朋友并未责备他。他们一起把地上的碎瓶污水清理干净了。当他们离开朋友家之后，小儿子问父亲："爸爸，咱们明明没有碰那个热水瓶，它自己坏掉了，你为什么要背那个黑锅？"当父亲的回答说："人家的热水瓶天天放在那里也没碎，偏我们在屋里时碎了。如果我告诉他那个热水瓶是自己坏掉的，叔叔可能不但仍然认为是我们弄坏的，而且会以为我们是喜欢因为一点小事而说谎的人。"

真相是，热水瓶自己爆掉了，但大对体面前，只有牺牲真相，承担责任，以此为代价，维持自己的符号一致性。

大对体的力量来自它的凝视。在齐泽克那里，"凝视"一词甚是复杂。有时凝视指主体的凝视。如齐泽克提出，男人的色迷迷的凝视是真正的凝视，因为一般人眼中的庸常客体，在他们眼里却成了迷人的欲望客体。真可谓，男人的凝视（欲望）有多么肮脏，女人就有多么漂亮。但在更多的情况下，凝视是作为客体出现的。这也是拉康精神分析的革命性之所在。"作为客体的凝视"不是主体的凝视。而是某个客体的凝视。不是人在看物，而是物在看人。人看物，不是拉康所谓的凝视；物看人，才是拉康所谓的凝视。它是很多现实存在的支撑物。比如，它是某种伦理行为的支撑物。据说东汉有位清官叫杨震，做过"荆州刺史"和"东莱太守"。曾有门生拜访他，送去重礼，并表示此事无人知道，大可放心收下。杨震很生气（虽然后果并不严重）：“天知、地知、你知、我知，怎说无知?”这里所谓的“天知”、“地知”，推测起来，总也离不开视觉和听觉，离不开“凝视”和“语音”的。这种假定即我们伦理行为的支撑物。此外我们常说“举头三尺有神明”，“君子慎独”，与此大致相关。由此我们可以发现拉康与福科的“圆型监狱”理论的关系。但千万不要混淆了两者的关系。在福柯那里，监视（“老大哥看着你呢”）是消极的，是权力的展现；在拉康那里，凝视却是积极的，是不可或缺的。

比如，我们的许多行为，也与“凝视”有关。假想这种凝视的存在，也可能是巨大的乐趣之源。正是因为假想有来自天上的凝视（“天知”），古阿芝台克人（Aztecs）才在大地上创造了那么巨大的飞禽走兽的形象；正是因为假想来自地下的凝视（“地知”），古马罗人才在地下坑道的墙壁上精雕细刻，创造了那么多的人类不可能观赏的艺术形象。

E. 关于“欲望”，古人不乏明达之论。《礼记》记载孔子的话说：“饮食男女，人之大欲存焉”。但“饮食”与“男女”毕竟不同，它们遵循的逻辑大相径庭。虽然都是“生理性满足”，但毕竟是不一样的“生理”，而且“满足”的方式更不相同。这差异体现在若干方面，这里仅举一例：饮食，就其客体而言，必须货真价实，因为毕竟“七日不食即死”，一句话，绝对不能“画饼充饥”；男女，就其客体而言，可真可假（即使是真的抱着一具血肉之躯，本质上也与抱着一个充气娃娃无异），不仅可以“画饼充饥”，而且必须“画饼充饥”，因为“画饼充饥”（性幻想）才是终极满足的保证。齐泽克在他主持的纪录片《变态者电影指南》（*The Pervert's Guide To Cinema*）中反复阐明这个道理，甚至到了耳提面命、不厌其烦的地步。

严格说来，单就内容而论（而非方式而论），“饮食”与驱力有关，“男女”与欲望有关。在这方面，“饮食”与“男女”之别，乃驱力与欲望之异。驱力有两个特征：第一，驱力是局部的。在古代中国，何以女人的小脚成了“金莲”？本来臭不可闻，为什么会有人“胜赞其臭”？一句话，小脚怎么成了诱发性欲的性器官？小脚怎么就成了“性感区域”？这与驱力（而非欲望）有关。驱力追逐的目标总是局部的，总是把躯体的某个部分“设置”为“性感区域”。“性感”不“性感”与生理无关，与生理的符号化有关。用齐泽克的话说，它是对躯体的“符指化包装”（signifying parceling）的结果。躯体的某些部分（如面部、足部、臀部、脖子、鼻子）被赋予其他部分并不具有的“性特权”，被视为性感区域，不是因为生理上的优势，而是因为被纳入了符号网络之中。第二，驱力要求直接满足。也就是说，驱力总是涉及人类的直接的局部需要；驱力总是直来直去，它不会拐弯抹角，它不会欲迎还拒。所以，根本不存在什么“驱力的辩证”（却存在“欲望的辩证”，欲望也必须“辩证”），它甚至抵抗“辩证化”。它提出某种要求，需要直接满足；倘若不能得到直接满足，它绝不善罢甘休。安提戈涅要安葬自己的哥哥，决不妥协，即使牺牲性命，也在所不惜。《终结者》中编程机器人即使已经残缺不全，还要执意追击自己的目标。他们只有驱力，没有欲望，乃“欲望空白（devoid of desire）的化身”。欲望与驱力不同：第一，欲望总是全局性的；第二，欲望总是存在着“辩证”，它从来都不直来直去，历来都拐弯抹角、欲迎还拒。本人十来岁时，喜欢“充大辈”，当不了别人的祖宗，至少也要做别人的爹。此乃劣行，但它遵循的逻辑，值得注意。那时候碰上七八岁的脾气特别倔犟的孩子（我们称之为“犟爹种”），心里想让他喊声爹，但不能直说，一般会黑着脸吓唬他：“你要是敢叫我一声爹，我非揍死你不可！”那孩子总是歪着脖子不服气，慢慢向远处走去，走到安全距离之外，会恶狠狠地大喊几声“爹爹爹爹爹”，然后一溜烟而去。这就是“欲望”与“驱力”之异。那孩子代表的驱力一往无前，没有阴谋，不讲诡计，更没有什么“辩证”不“辩证”。本人代表的欲望则不同，它总是捏着拳头让人猜：明明说是，其实是否；明明是否，口称具是。欲望总是“辩证”的。它是理性与非理性的辩证，是意识与无意识的辩证，是想像界、符号界与实在界的辩证。孩子原是“驱力”的动物，等到转化成了“欲望”的动物，就真的长大成人了。

从另一个角度看，欲望乃“要求”（need）与“需求”（demand）之差。“需求”乃直接的生理需要，它总是已经预先假定的，不需要被赋予、被设置，渴了要喝水，饿了要吃饭，不必犹豫，有水直接喝，有饭直接吃，可也。但是，一旦“需求”与符号网络纠结起来，一旦“需求”被置于某个符号网络之内，“需求”就会转变为“要求”，就要对大对体发出呼唤。人之初，最初的大对体就是母亲，对大对体的呼唤就是对母亲的呼唤。大对体既可以提供客体来满足我们，也可以拿走客体惩罚我们，但在“要求”的层面上，还有比客体更重要的东西：表现上我们要得到某个客体，实际上我们要得到的不仅是这个客体，而且是这个客体承载的价值。用马克思的术语说，“需求”满足的只是“使用价值”，“要求”满足的是“交换价值”。齐泽克举例说，孩子哭着要妈妈喂奶，但吃过奶后，常常再把奶吐出来，我们俗称“吐奶”。孩子为什么“吐奶”？因为“奶”这个客体并不重要，重要是妈妈通过喂奶，表示了对孩子的关爱。对于孩子而言，关爱更重要。关爱乃“交换价值”。如果妈妈给孩子喂了奶，但表现得冷漠和厌恶，孩子依然不会获得满足，因为没有获得妈妈的爱这一符号价值。如果妈妈没有给孩子喂奶，只是拥抱了他，并表现出爱，孩子一样会感到心满意足。用马克思的话说，这是“交换价值”对“使用价值”的超越；用黑格尔的话说，这是母爱对客体（牛奶）的“扬弃”（*Aufhebung*），是“要求”对“需求”的摒弃。这种“扬弃”意味着，普通的客体现在已经成了爱的符号和证据。这与马克思对商品拜物教的描述完全一致。一旦劳动产品变成了商品，它的直接特殊性，即它的使用价值，它用来满足人的“需求”的属性，就开始以“交换价值”的形式发挥作用，即以主体之间的关系的表象形式发挥作用。“欲望”就形成于此。拉康说过：“欲望并非希望得到心满意足之物，不是要求得到爱，而是第二个因素减去第一个因素所得到的差。”从这个意义上说，所谓“欲望”不是“要求”，更不是“需求”，而是“要求”中无法减化为“需求”的东西，是“要求”与“需求”之差。用简单的数学式表示，即：欲望＝要求－需求。这也告诉我们，一个物品本来只是再寻常不过的物品，一旦被纳入符号网络，一旦被赋予这个物品本不具有的符号价值，就会导致欲望的形成。有些人热衷于名牌消费，他们的关键并不在于产品本身，而在于消费形式。消费名牌意味着获得了大对体的认可，意味着符号的增值，意味着“交换价值”对“使用价值”的摒弃甚至是蔑视。

虽然是“交换价值”对“使用价值”的扬弃甚至是蔑视，但毕竟没有完全否认“商品”的“产品”性能。古希腊神话中的

“弥达斯”（Midas）实在是贪婪至极，竟然请求狄俄尼索斯恩准他“摸到的一切都变成金子”，结果无论摸到什么东西，那东西立即变成黄金。黄金只有交换价值，并无使用价值。结果弥达斯摸到了食物和水，食物和水也变成了黄金。他由此饥渴交加，几乎渴死、饿死，好不容易才摆脱了点金之术，保住了身家性命。

欲望总是悖论性的，总是自我矛盾的。第一，欲望永远围绕着其“客体—成因”做循环运动，仿佛“狗咬尾巴转圈子”，却对这运动浑然不知。第二，欲望之为欲望，在于欲望一直推迟满足自己。欲望的满足之为欲望的满足，在于欲望的满足一直在拖延着不去满足自己。从这个意义上说，欲望之为欲望，在于它永远在推迟，在拖延，在犹豫不决。也就是说，欲望总是以强迫症的形式表现出来。本质上，欲望永远都是未完成时，均处于未满足状态。第三，欲望总在自我繁殖。欲望的自我繁殖也是“匮乏”的繁殖，而“匮乏”则是欲望之为欲望的根本。第四，与欲望相反的是焦虑。焦虑之为焦虑，不是因为缺乏欲望的客体—成因，不是匮乏，不是拖延满足，而是过于接近欲望的客体—成因，过于满足了自己的欲望。焦虑是因为失去了匮乏，是因为部分地满足了自己的欲望，因而造成了欲望的消失。“无所欲”的结果不是“知足常乐”，不是“面如槁木，心如死灰”，而是痛彻肺腑的焦虑。庄子问得好：“形固可使如槁木，而心固可使如死灰乎？”小时候生活在乡下，异常贫困，邻家的众兄弟在端午节时每人分得一只鸡蛋，却舍不得吃。天长日久，加之夏日将临，鸡蛋终于开始变质，实在没有办法，他们这才连壳带肉，一点一点地吃将下去。吃时一脸的痛苦。原来以为是鸡蛋的味道所致。非也，是因为吃了鸡蛋，也就失去了欲望的客体—成因，也才生出了焦虑。一脸的不快，或许就是焦虑的表征吧。

F. 人类之所以需要幻象，是要以之填补或遮蔽实在界的黑洞。幻象空间与符号空间不同。符号空间有符号律令或符号委任，有普遍性；幻象空间则是个人或团体组织自身快感的方式，是绝对特殊的。从这个意义上讲，幻象空间虽然涉及想像界，但与实在界的关系更为密切。齐泽克以帕特里西亚·海史密斯的《黑屋子》为例，说明幻象空间是如何发挥作用的。这样的幻象空间，我们还有很多。幻象空间是禁区，是真空地带。我们可以把卑污的欲望、扭曲的记忆，投向这一真空地带。

三毛给我们提供了这样的幻象空间。但有好事之徒（如马中欣辈），揭露三毛的"秘密"，说她的作品与实际不符，甚至多为无中生有的伪造，令其"粉丝"愤怒。有消息说："台湾女作家三毛的流浪情结，她与大胡子先生荷西的浪漫爱情，曾经倾倒过无数充满幻想的少男少女，但2001年一部《三毛真相》，却在读者中引起轩然大波。与三毛毫无瓜葛的美籍旅游作家马中欣，用五年时间追寻三毛生前游踪，遍访三毛的亲友、至交、邻里，在马中欣笔下，三毛是一个怪僻、自恋、神经质的女人，对荷西死缠烂打、动辄就骂，等等。"把人家好端端的一个偶像，不仅弄成了"偶像的黄昏"，还糟蹋成了一团垃圾，也难怪三毛的"粉丝"群情激愤。这里我们得到的教益是：动什么别动人家的偶像，因为偶像提供了幻象空间，供"粉丝"投射其欲望。把幻象空间转化成平淡无奇的现实，弥平现实和幻象之间的鸿沟，摧毁了人家的幻象空间，剥夺了人家的快乐，使人家的欲望失去了安身立命的根据，进而陷于失魂落魄、流离失所的状态，这与谋杀何异？在欲望面前，没有真假，没有是非，没有善恶，只有快感。

幻象空间有时就是“剩余空间”。齐泽克举例说，我们坐在高档轿车内看外面的世界，与我们骑着花 30 元买来的“除了铃铛不响到处都响”的破车子看到的世界，差异甚巨。在轿车里看到的世界，远远大于骑自行车看到的世界，前者减去后者，还有剩余空间，这剩余空间即“幻象空间”。在艺术作品中，这样的幻象空间屡见不鲜：同一个故事，我们设想不同的结局，如当年杨延晋的电影《小街》，三个结局，至少有两个“幻象空间”。“这个‘剩余空间’是科幻小说和神秘故事经久不息的母题，此外还经常出现在许多竭力避免不幸结局的经典电影之中。”一旦灾难临头，灾难就会转化为主人公的噩梦，使其转危为安，这样的“转危为安”场面，也是所谓的幻象空间。

幻象空间有时就是“妄想狂建构”。在电影《楚门的世界》(*The Truman Show*) 中，楚门本是一个平凡的小人物，一直住在一个美丽而偏僻的小岛（“海景岛”）上，除了一些奇怪的经历（初恋女友失踪、溺水身亡的父亲突然归来），一切都平淡无奇。忽然有一天他发现自己被跟踪，进而发现了一个更大的阴谋：原来自他出生之日起，他就是全世界电视观众的“明星”，他的一举一动都在向全世界转播。除了他本人，所有的人（包括他的父母、女友和太太）全是职业演员。这样的妄想狂建构，以及所有的阴谋理论，并非“病态”，而是对“病态”的治疗。只有这样，我们才不致丧失现实（感），才不致使自己的符号世界崩溃。

有些人物总在我们的幻象空间中占据一席之地。自古红颜多薄命。不仅在经验事实的层面上，红颜多薄命（或许“红颜”就是致命疾病的征兆）；而且在幻象空间的层面上，红颜必须薄命。因为她只有薄命，才能永远活在我们的幻象之中。真正的爱情永远是夭折的，必定是夭折的，必须是夭折的，否则没有真正的爱情。婚姻是爱情的坟墓，再浪漫的爱情一旦转化为婚姻，都会变得丑陋不堪，仿佛卸妆后的贵妇。齐泽克曾经谈及《泰坦尼克号》。《泰坦尼克号》最大的灾难不是轮船撞上冰山，而是没有撞上冰山。因为倘若没有撞上冰山，船到纽约之后，一个出身高贵的小姐要跟一个出身下层的臭小子共同生活，这样的生活是无法想像的，这才是真正的灾难，是比轮船撞上冰山更大的灾难。为了避免更大的灾难，只好求助于较小的灾难（轮船撞冰山的灾难），以维持一个幻象，以维持一种回溯性地建立起来的虚拟语气：倘若当年泰坦尼克号没有撞上冰山，他们就会幸福地生活在一起，白头偕老，直至地老天荒……

幻象的一大功能是掩盖创伤和失败。它是一种替代性的弥补。“看三国流眼泪，替古人担忧”，其实是掩饰自己的忧虑。有些人喜欢做媒，说到底，这只是掩饰自己的爱情或婚姻的失败而已。有些人喜欢养猫养狗之类的小宠物，说到底，是要掩饰自己亲情的匮乏和亲缘关系上遭遇的挫折和失败。帕特里西亚·海史密斯的《疯货》中的那位太太如此痴迷于建立属于她自己的幻象世界（标本动物世界），目的与此相同。只是因为她丈夫侵犯了这个空间，才导致了灾难性的结局。侵入他人旨在掩盖自身失败的幻象空间，会毁灭人家的梦想，导致精神崩溃，会打乱人家的精神机制。幻象本是人家一致性的支撑物，是使人家的生活变得有意义的依托。侵入他人的幻象空间，这是轻率残忍的行为，是一种“罪孽”，是一种反伦理性的行为。

总是有人要求我们尊敬别人。尊敬他人，理应如此。但我们不妨一问：何以尊敬他人？如何尊敬他人？齐泽克认为，对他人的尊敬既不处于“想像界”的层面，也不处于“符号界”的层面，而是处于“实在界”的层面。此话怎讲？我们尊敬他人，不是因为我们都是人，我们应该将心比心，设身处地为他人着想。也就是说，我们并不在“想像界”的层面上尊敬他人。我们尊敬他人，并不因为他的尊严是由他的符号性认同所授予，也不因为他与我们属于同一个符号性共同体，我们享有共同的价值观念、生活理想之类的符号律令，我们具有共同的普遍性的符号性特质。也就是说，我们并不在符号的层面上尊敬他人。我们尊敬他人，是因为他的“绝对的特殊性”，是他的“病态的幻象”和“病态的内核”，是他组织自己快感的特殊方式。也就是说，我们是在实在界的层面上尊敬他的。在这个问题上，我们不能强人同己，不能像宋儒陆象山所说的那样：“东海有圣人出焉，此心同，此理同。西海有圣人出焉，此心同，此理同。”在实在界的层面上，人人都不相同。人人都有其与众不同的“肮脏”的小秘密。

如此说来，我们必须重新评价某些历史人物。比如这位李赤先生。唐朝有位江湖浪人曰李赤者，颇有“恶嗜”。李赤与朋友一起游宣州，无意间碰到一个妇人，一见如故，虽妻子健在，却欲娶之为妻。这倒不奇，奇怪的是，没过多久，那妇人如约而至，拿出一块头巾勒住李赤的脖子，像是要取其性命的样子。李赤不仅不加制止，反而与她一起用力，勒得他把舌头都伸了出来。朋友见状，大声呼喊，才把那妇人吓跑。李赤醒来，不仅没有责怪那妇人，反而嗔他人多事。李赤还是一位逐臭之夫，对浊臭不堪的厕所情有独钟。先是对着马桶傻笑，继之弄了一身秽物，最后一头扎进马桶，死得其所了……所有这些都是他组织自身快感的特殊方式。即使是“嗜痂成癖”，我们也应该尊而敬之，至少也应该敬而远之。

G. 在拉康—齐泽克理论中，“征候”一词同样难以理解。“征候”的原文是“*sinthome*”。拉康最早是在1975—1976年的讲座“*le sinthome*”中引入这个概念的。据拉康讲，*sinthome*就是法语“symptôme”（征兆）的古体字，意思就是征兆。那他为什么不用“今体字”而用“古体字”？这是因为拉康要把自己的“征兆”观与传统的“征兆”观区分开来。传统的征兆观是语言学上的征兆观，它把征兆视为一种语言现象，它就是现代语言学所谓的“能指”（signifier）。其特征在于，它是加密的，因而需要破解。拉康早年也认可这套理论，也是从这个意义上理解征兆的。在他那里，破解征兆，就是破解无意识，而破解无意识的方式就是破解“像语言那样结构起来的无意识”。但晚年的拉康认为，精神分析所谓的征兆，并非什么加密信息，更不需要破解。它是纯粹的快感（pure jouissance）。齐泽克在这里强调，“‘征候’不是征兆（symptom），不是通过阐释予以破解的加密信息，而是毫无意义的字符（meaningless letter）。它使我们获得直接的快感（jouis-sense），即‘感官快感’（enjoyment-in-meaning，Enjoy-Meant）。”在此之前，征兆是可以破解的信息；现在，征兆（即征候）则是特定形态的主体快感的踪迹，它超越任何分析。精神治疗的目的就在于认同现在的征兆（即征候），即与现在的征兆（即征候）保持一致。这里把这种征兆译为“征候”，以便与传统的语言学意义上的“征兆”、阿尔都塞等人使用的“征兆”区别开来。有时候，拉康和齐泽克把sinthome与symptom严格区分开来，有时混而用之。但无论是严格区分开来，还是混而用之，一般指的都是超越任何分析（包括语言学分析、哲学分析和精神分析)、只能认同的纯粹快感。当然这样的快感纯粹是个人化的。但无论在拉康那里,还是在齐泽克那里(特别是在齐泽克那里),他们口称“征候”(sinthome)时肯定是在讲征候;但有时他们口称“征兆”(symptom),要说的还是“征候”。

每种意识形态都有自己的征候,即意识形态征候;也就是说,每种意识形态都有其“快感之核”。意识形态的“快感之核”不仅支撑着意识形态,而且支撑着我们的“现实感”。以此分析各种意识形态,必定会有新的发现。齐泽克在本书的“中文版前言”中,呼吁中国青年理论家破解贾樟柯电影中的秘密,即其意识形态征候,或意识形态快感之核。其实在中国的文艺作品中,无论古今,这样的意识形态征候或意识形态快感之核,已经到俯拾即是的地步。这也是在所有的意识形态中,“审美意识形态”最为坚硬的原因之所在。齐泽克的《意识形态的崇高客体》(*The Sublime Object of Ideology*)就对意识形态的快感之核作了精彩的分析。比如,排犹主义是一种意识形态,排犹成了某些西方人的快感之源,成了掩盖其社会矛盾、其生活僵局、其自身创伤的最佳遮蔽物。

快感的来源众多。驱力的不断重复和自我复制可能导致快感。西西弗斯的推石上山乃西西弗斯的快感之源。一首曲子无论多么单调乏味,唱得多了,自然会生出快感。文革期间的样板戏,一直唱了十几年,哼来哼去,哼出了阶级情感,也哼出了快感。一曲“智斗”,至今余音不绝。文革之后,一曲“爸爸爸爸爸爸爸爸亲爱的爸爸,爸爸爸爸爸爸爸爸慈祥的爸爸,他满口没有一颗牙,满头是白头发,他整天嘻嘻又哈哈,活像洋娃娃”,令很多人生出快感。词曲都一般,几乎没有所指,几乎都是纯粹的能指,但反复唱来,终于获得了快感。谎言重复千遍,未必就成真理,但谎言重复千遍,必有快感，因为谎言不谎言并不重要，重复很重要。这样的快感即所谓的“感官快感”。齐泽克以电影《莉莉·玛莲》来说明问题，但他更提醒我们注意“快感”的复杂性。快感之“快”只是“痛快之快”或“痛中之快”——有时令人恶心，也是一种快感，是“逐臭之夫”的快感。“在这部电影中，在德国士兵中流行的情歌——‘莉莉·玛莲’——被反复播放，直至令人作呕。这种无休止的重复，把亲切动人的乐曲变成了极其令人讨厌的寄生虫，使观众不得片刻安宁。……一方面，它是纳粹开动各种宣传机器大肆传播的情歌；另一方面，它又差一点把自己转化成颠覆性因素，随时可能逃离它所支撑的意识形态机器，因而也永远处于被禁的危险之中。”

如此歌曲只是纯粹的“能指”（即没有所指的能指），但充斥着愚蠢的快感。这种充斥着愚蠢快感的纯粹能指，即拉康所谓的 sinthome（征候）。如前所述，征候并不包含信息、意义、价值，而是毫无意义的字符。拉康在谈及实在界时，从另一个角度论及这一点。拉康所谓的“实在界”是以创伤性“回归”或创伤性“应答”的方式，突然出现在符号秩序中的未经符号化的内核。如此说来，符号秩序中竟然包含着“未经符号化”之物。这如何可能？既然已经出现在符号秩序之中，必定已经经历了符号化的洗礼。其实未必。拉康说过，符号秩序中的某些字符尚未洗净自身的“快感”，它们是前话语性的（prediscursive），没有经历符号化的过程。《聊斋志异》有篇《抽肠》，可以表明这一点：

莱阳民某昼卧，见一男子与妇人握手入。妇黄肿，腰粗欲仰，意象愁苦。男子促之曰：“来，来！”某意其苟合者，因假睡以窥所为。既入，似不见榻上有人。又促曰：“速之！”妇便

> 自坦胸怀，露其腹，腹大如鼓。男子出屠刀一把，用力刺入，从心下直剖至脐，蚩蚩有声。某大俱，不敢喘息。而妇人攒眉忍受，未尝少呻。男子口衔刀，入手于腹，捉肠挂肘际；且挂且抽，顷刻满臂。乃以刀断之，举置几上，还复抽之。几既满，悬椅上；椅又满，乃肘数十盘，如渔人举网状，望某首边一掷。觉一阵热腥，面目喉膈覆压无缝。某不能复忍，以手推肠，大号起奔。肠堕榻前，两足被絷，冥然而倒。家人趋视，但见身绕猪脏；既入审顾，则初无所有。众各自谓目眩，未尝骇异。及某述所见，始共奇之。而室中并无痕迹，惟数日血腥不散。

可谓所有恐怖小说的“原型”，那里面渗透着淋漓尽致的令人恐惧的纯粹快感，以至于我们除了享受这种快感，什么也说不出来。事实上，任何批评家面对《抽肠》都几乎无话可说。这就是未经符号化、也难以符号化的快感。

H. 精神分析不仅有自己的形而上学，还有自己的认识论。前面在谈及“斜目而视”时，已有所涉及。当然，它的认识论相当特殊，与我们长期接受的“从感性认识到理性认识，再从理性认识指导革命实践”、“实践、认识、再实践、再认识”的认识论大异其趣。

拉康认为，我们对于世界的认识从来都不是直接的。比如，他说过，真理来自误认。齐泽克认为，误认是人类境遇的基本特征。比如，在商品交易中，交易双方都“误认了交换的社会综合功能”，而“这样的误认是交换行为得以完成的必要条件”。也就是说，一旦消除了误认，商品交易就是不可能的了。在商品交易中，每个人都是唯我主义者，都是自利主义者，都以自我为中心，这反而强化了商品交易的社会性和群体性，而且前者是后者得以形成和存在的前提条件。交易的主体在无意之中达到了其无意达到的目的，这就是所谓的“误认”。“误认”是“历史的理性”或“理性的诡计”的另一种表述方式。《镜花缘》中的君子国，人人都发扬“毫不利己、专门利人”的精神，竞相让利——卖者拼命降价，买者拼命抬价，争执不休，不欢而散。可见，以维护他人的利益作为自己行为的原则，反而难以达致和谐美满的社会目标。

齐泽克曾用威廉·泰恩（William Tenn）的科幻短篇小说《莫尔尼尔·马萨维的发现》（*The Discovery of Morniel Mathaway*）来说明这一点（在本书的“中文版前言”中他再次提到这部作品，只是没有给出作者的名字和作品的标题）。在“一位著名的艺术史家钻进时间机器，从25世纪回到了我们现在的今天，拜访和研究不朽的莫尔尼尔·马萨维。马萨维是一个不为我们所赏识的画家，但后来被发现并成为我们时代最伟大的画家。这位艺术史家遇到了莫尔尼尔·马萨维，但在他身上没有发现任何天才的痕迹，反而发现他是一个徒有虚名、自吹自擂、欺上瞒下的小人，他甚至还偷走了艺术史家的时间机器，并逃进了未来，那个可怜的艺术史家只好留在了我们这个时代。他唯一能够做的，就是把自己假想成那个逃走的莫尔尼尔·马萨维，并以他的名义，画出他在25世纪时能够记住的莫尔尼尔·马萨维的全部杰作——正是他自己，才是他苦苦寻求的真正被误认的天才！”

当然，最具讽刺意味，最具经典特色的还是索福克勒斯创作的《俄狄浦斯王》。齐泽克在那里“发现了同样的结构：有人对俄狄浦斯的父亲预言说，他的儿子将会弑父娶母，这个预言借助于他父亲对这个预言的努力逃避（他将自己的小儿子遗弃在森林之中，以致俄狄浦斯在20年后与他相遇而不相识，杀了他……）而得以实现，'一语成谶'（becomes true）。易言之，预言成真是通过将预言告知了与预言相关的人，而与预言相关的人却极力回避它，从而得以实现的：一个人预先知道了自己的命运，他竭力逃避；正是借助于这种逃避的努力，被预言的命运实现了。没有那一个预言，小俄狄浦斯将与其双亲幸福地生活在一起，也就不会有什么'俄狄浦斯情结'……"这再次表明，"知情太多"，过于接近自己的实在界，过多地了解无意识的秘密，都会导致一个结果，即自我的土崩瓦解。

齐泽克对奥斯汀的《傲慢与偏见》的解读也颇具匠心，他把它视为文学性的《逻辑学》（黑格尔），把黑格尔的《逻辑学》视为哲学性的《傲慢与偏见》。这部作品道出了一个哲理：真理来自误认，人生的意义也在于误认。"尽管他们属于不同的社会阶级——他来自富裕的贵族家庭，她来自贫困的中产阶级——伊丽莎白（Elizabeth）和达西（Darcy）彼此都感受到了来自对方的强烈吸引力。"因为他的傲慢，也因为她的偏见，两人开始时不欢而散。"在中断了彼此间的关系后，他们通过一系列的偶然事件，都发现了对方的真实本性——她发现了达西敏感、温柔的天性，他发现了伊丽莎白真正的高贵和富有才智的天性——小说到此恰到好处地收场，他们结了婚。"他们初次相逢的不欢而散，对彼此天性的双向误认，是促成最终结局的积极条件。"我们不能不费吹灰之力地得到真理，我们不能说，'如果一开始她就认识到了他的真实本性，他也认识到了她的真实本性，他们的故事就会伴随着他们的结婚而立刻结束。'让我们做一个好笑的假想吧：假如这对未来的恋人第一次相遇就相知了……那将会发生什么？他们不能被爱的柔情蜜意粘在一起，他们将变成日常生活中随处可见的俗不可耐的一对夫妻，一个由傲慢自大的富有男人和自命不凡、内心空虚的年轻女子组成的一对夫妻。”

在这里，齐泽克通过分析不同类型的侦探小说发现，在侦探小说中，罪犯为了掩盖罪证，嫁祸于人，总是伪造现场，意在令侦探上当受骗。侦探（特别是代表着“庸人之见”的侦探助理）也常常上当受骗，发生各种“误认”。但这样的误认对于侦破案件并非坏事，而是好事，是侦破案件的不可或缺的积极条件。没有“误认”，就没有最后的“真相”。“从认识论的角度看，对于侦探最终获得的真实答案而言，错误答案是必不可少的。对于侦探的手法来说，关键在于，第一个答案（亦即错误的答案）不是外在的，并非可有可无的：侦探并不把错误答案理解为纯粹的障碍，仿佛要获知真相，就必须铲除如此障碍；恰恰相反，只有通过错误的答案，才能获知真相，因为并不存在直接通往真相的康庄大道。”如此说来，在认识世界和自我的过程中，误认不仅是难以避免的，而且是不可或缺的。我们常说“失败是成功之母”，如此比喻已经把“失败”排除在“成功”之外，而且有一种无可奈何之感。其实，失败是成功的一部分，而且是必不可少的一部分，正如死亡是人生的一部分一样。

真理之所以来自误认，还是无意识从中作梗的缘故。我们在意识层面上以为是“真理”的，在无意识的层面上却是“谬误”；同理，我们在无意识层面上以为是“谬误”的，在意识层面上却是真理。我们以为自己知道的，其实我们并不知道；我们以为自己不知道的，其实我们一清二楚。我们可以欺骗自己的意识，但我们无法欺骗自己的无意识。

除了误认，还有移情。人类的认识从来都不是单纯的理性认识。人的认识必定为意志、欲望等非理性因素所扭曲。这才有所谓的“移情”现象。“移情”始于“相信”。电影《功夫熊猫》给我们提供的教益之一，就是“相信”。有时候我们必须相信。乘飞机相信飞机是安全的，进食堂相信食品是安全的，进大学相信老师是博学的，博学到几乎无所不知的地步。但大学老师所谓的“博学”只是移情的效果，与老师是否真的博学无关（他可能真的博学，也可能并不博学，甚至很无知）。齐泽克以海尔·艾希比（Hal Ashby）的电影《身在该处》（*Being There*）为例说明问题。一个头脑简单的老园丁整天以看电视度日，日积月累，他的一切都电视化了，他几乎成了一架自动机器，一个偶然的机会，他在别人面前“秀”了一下自己的广博知识，立即四座皆惊，他也因此成为政客倚重的智囊。他的信口开河，竟然全都成了金玉良言。在《意识形态的崇高客体》中，齐泽克曾经借助于一个笑话阐述移情的运作机制。这个笑话说的是，波兰人相信犹太人有发财致富的秘密，想得到这个秘密。犹太人说：“可以告诉你，但不能分文不取，你先付我五个兹罗提（波兰币）。”钱到手后，他接着讲故事：“首先，你拿一条死鱼，割下它的头来，把它的内脏装在一个玻璃瓶里。然后，大约月圆的时候，在半夜时分，把这个瓶子埋进墓地……”波兰人急着问：“这样做，我就会发达了？”犹太人说：“别急，还不到时候，想接着听，必须再付我五个兹罗提。”钱到手后，犹太人接着铺陈他的故事。总是要钱，没完没了。最后波兰人大发雷霆：“你这个肮脏的无赖，你真当我傻是怎么的？你根本就没有什么秘密，你就是想把我的钱讹个一干二净。”波兰人一开始就陷入了犹太人的陷阱，因为他相信（或假定）犹太人知道如何赚钱的诀窍，把犹太人当成了“理应知情的主体”。一方面，犹太人并不知道如何赚钱的诀窍；但他又通过自己的行为（而非话语）向波兰人透露了犹太人如何赚钱的诀窍，那便是利用波兰人的“移情”，利用他的相信（或盲信），大赚其钱。

从波兰人的角度看，一方面他要花钱购买如何赚钱的诀窍，到头来却一无所获，气得暴跳如雷；另一方面，他已经道破了犹太人如何赚钱的诀窍（“你根本就没有什么秘密，就是想把我的钱讹个一干二净”），却不知道自己已经道破了这个诀窍。

这个可怜的波兰人只相信犹太人这个“阐述主体”（subject of the enunciation），相信“被阐述的内容”（enunciated contents），并将其全部注意力集中在“阐述主体”和“被阐述的内容”上面，却全然没有顾及这种“阐述行为”（act of enunciation）本身，没有注意上述两者间的矛盾。这一点，即使在古典时期，拉康即已高度关注。他注意到，阐述主体常常通过阐释行为来破坏他所阐述的内容，颠覆他的阐述立场。“你睡着了吗？”“我睡着了。”“家里有人吗？”“没人。”说“我睡着了”和“没人”，都是主体的阐述行为，它破坏它所阐述的内容（既然睡着了就不会再说话，除非是梦话；既然家里没人，怎么会有人说话？说话者不是人吗？）。

I. 齐泽克具有非凡的鉴赏力和洞察力，他对艺术作品的分析对我们极具启示意义。比如他对“剩余知识”的分析。运用这一分析，可以深化我们对文学作品的认识。以鲁迅的《狂人日记》为例。狂人之为狂人，在于他具有别人不具有的“剩余知识”，他总能看到别人看不到的东西，看到他不应该看到的东西。这种知识使他疑心重重（我们作为“正常人”，可以把这种“知识”视为想像，但在“狂人”那里，这是实实在在的知识或知晓）。人人都怀揣着阴谋，个个都想谋害于他，分而食之。他大哥要吃他。医生给他看病是假，看看肥瘦是真。总之还是要吃他。到最后，他甚至知道，他自己也曾经吃过人。这时情节被双重化和主体化了，最寻常的事件竟然具有了令人恐惧的维度。双重化即双重叙事，即“正常人”和“迫害狂”的叙事，它们仿佛“双镜互射游戏”（double mirror play），每一方都能在对方的镜子中发现已经变形的自己。主体化指力比多精神机制的变化。我们一直信以为真的“现实主义”情节被压抑了，被内在化了，一句话，被主体化了。“‘真正’的情节以主体的欲望、幻觉、怀疑、痴迷、罪恶感的形式表现出来。我们实际上看到的，不过是骗人的表象而已。在骗人的表象下面，是变态的丛林和淫荡的蕴含，是被禁止的领域。我们越是身处这种纯然的暧昧状态，不知道‘现实’是何时终止的，‘幻觉’（即欲望）是何时开启的，这个区域就越是凶险莫测。”在鲁迅那里，真正的“真实”并不在“现实”的层面上，而在“欲望、幻觉、怀疑、痴迷、罪恶感”的层面上；真正的“真实”既不在想像界的层面上（作品与现实相仿），也不在符号界的层面上（作品与生活的本质一致，与符号秩序一致），而在实在界的层面上。实在界的“突出”赋予了鲁迅作品以真正的后现代主义深度。鲁迅就是鲁迅，即使随意挥洒，信口而出，也常成至理名言。《伤逝》中的涓生和子君的悲剧，并不在于政治（封建制度的迫害），也不在于经济（入不敷出、生活拮据），而在于激情之后的平淡，阻力消除之后能动力量（agency）的消失：“大家低头沉思着，却并未想着什么事，我也渐渐清醒地读遍了她的身体，她的灵魂，不过三星期，我似乎于她更加了解，揭去许多先前以为了解而现在看来却是隔膜，即所谓真的隔膜了。”灵魂未必能够读遍，读遍身体是完全可能的，读遍之后必定是厌倦。这是关键之所在，它把先前的“了解”转换成了“隔膜”，把先前的“隔膜”转化为“真的隔膜”。人们总是因为隔膜而相亲相爱，因为了解而劳燕分飞。因为“了解”，难免造成“剩余知识”。“剩余知识”的力比多精神机制在于，它总是造成“转化”，造成主体化，最终走向实在界。

齐泽克对希区柯克的电影《后窗》的分析尤其令人叹为观止（至少是令我叹为观止的）。一般说来，《后窗》把偷窥、谋杀和爱情组合在一起。但它是如何把这三个相互独立的主题组合起来的？至少，它是如何把“偷窥”与“爱情”组合起来的？在电影中，杰夫痴迷于偷窥，端着望远镜密切关注对面的神秘公寓里发生的一切。他物化为一个“凝视”，虽是“主体”的凝视（而非“作为客体的凝视”），却被“客体化”了，因为被偷窥的对象终于看到了他，发现了他，他终于成了别人凝视的对象。凝视总是涉及欲望，涉及力比多机制。所有的眼神（含情脉脉、放荡不羁、忧郁深邃、柔情似水、犀利、锐利、阴险、担忧、清澈、恶毒、哀怨、不甘、迷茫、疑惑、机智、埋怨、不屑、鄙夷、呆滞、羡慕、寂寞、憎恶、严肃甚至眼巴巴）都是如此。为什么凝视？他究竟要从偷窥或凝视中得到什么？别人的恩怨，干卿底事？为什么偷窥或凝视具有一种连偷窥者或凝视者都说不清、道不明的力量？为什么别人的恩怨会成为主人公的欲望客体？为什么总有那么多人喜欢形形色色的“八卦”，并为之如醉如痴？答案很简单：那是因为别人实现了偷窥者、凝视者的欲望。以电影的主人公杰夫为例。杰夫那时在爱情上颇为不顺，他正在千方百计地逃避追求他的女友。也就是说，他在躲避性关系。“主体通过凝视，通过秘密的观察，把实际上的无能为力转化为无所不能；通过把实际上的无能为力转化为无所不能，躲避性关系。他‘退化’到了婴儿状态，具有了婴儿般的好奇，目的在于逃避自己对主动投怀送抱的美女的责任。”不仅如此，这时的《后窗》就是幻象框架。杰夫通过这个幻象框架看到的一切，完全有可能发生在他和女友之间，他要在这里为自己将来可能遇到的问题寻找答案，“就是要从那里为自己遭遇的实际困境寻找众多的想像性解决方案”。我们喜欢各种天崩地裂、瘟疫爆发、外星人入侵之类的“灾难片”，不也是通过“屏幕”这个幻象框架，想像自己将来可能面临的困境，进而为人类将来可能面临的困境寻找解决问题的方案？我们中国人喜欢做“看客”，喜欢“强势围观”，不也是在借他人酒杯浇自己块垒？甚至把自己内心深处的罪恶感转移到他人那里？比如，看有人揭露某人抄袭、剽窃，无论真相如何，大家一齐围起，“强势围观”，借此证明他人的卑鄙和自己的高尚，并为自己将来可能遇到的类似僵局寻求想像性的解决方案。

这就是《后窗》中的力比多精神机制。齐泽克提醒我们，注意文学作品中的力比多精神机制，分析其中的主体与主体欲望的客体—成因的关系，必定会使我们更具洞察力。比如，文艺作品中不仅闪动着“原初父亲”或“父亲名义”的身影，而且包含着“母性超我”的动力。齐泽克不仅在希区柯克的《眩晕》中的女修道院长身上发现了“母性超我”，在《后窗》中那个女高音（即齐泽克所谓的“幻听语音”）中发现了“母性超我”，而且在《西北偏北》、《惊魂记》和《群鸟》中都发现了这样的“母性超我”。在这些电影中，父亲缺席，父亲名义被悬置，母性超我填补了由此造成的空白。父亲的缺席和父性的理想自我的严重匮乏，在西方造成了严重的社会问题。古人常把“无父无君”和“牝鸡司晨”并列，今天看来，显然犯了“政治不正确”的错误，但一个缺乏父亲的理想自我的社会，会导致“病态自我”的形成。“不难在上世纪五六十年代的典型的希区柯克主人公身上发现‘病态自恋者’的影子，他们被母性超我这种淫荡形象所支配。可以说，希区柯克一再展示家庭在晚期资本主义社会中的兴衰。”我们同样面临着这样的问题，父亲的萎缩，母亲的强化，也是我们的文学母题之一。《孔雀东南飞》、《金锁记》和《寒夜》中的强势母亲或母性超我，不仅导致了儿子爱情婚姻的不幸，而且影响他们正常人格的形成。

力比多精神机制有其秘密，其秘密与自然科学、日常经验常常背道而驰。比如，齐泽克提醒我们“不妨考虑一下，犹太人的形象是如何在纳粹话语中发挥作用的：消灭和排除的犹太人越多，剩下的犹太人的数量越少，活着的犹太人就会越危险，仿佛他们的危险程度与他们被消灭的人数成正比。”犹太人是纳粹的“恐惧客体”，渗透着纳粹的“剩余快感”。我们以前消灭阶级敌人，遵循的逻辑与此完全一致。越是消灭阶级敌人，阶级敌人就越多，阶级敌人的力量就越大，危险程度越高，我们越不安全。

文学作品提供了力比多空间（libidinal space）。不仅《灯草和尚》、《如意君传》、《肉蒲团》和《金瓶梅》之类的色情作品或准色情作品如此，即使《三国演义》、《水浒传》、《西游记》、《红楼梦》之类的经典作品，又何尝不是如此？撇开过于明显的例子不提，有些似乎微不足道的问题足以泄露人类内心被压抑的无意识秘密。比如，《水浒传》中的众英雄（特别是武松）为什么会有那么强烈的厌女症？

在这方面，我不知道应该如何描述齐泽克表现出来的睿智和机敏。他像马克思在《资本论》中分析“商品”那样分析尸体在侦探小说中的结构性功能。他认为，尸体具有“主体间之维”，因为它把一群犯罪嫌疑人联系在一起。这群人都怀有罪恶感，都有作案的动机和机遇。侦探要找到真凶，因而能把其他的嫌疑人解放出来，破解由这个罪恶感造成的僵局。从这个角度看，侦探与精神分析师似乎是“难兄难弟”，但精神分析师处理的是内在的精神现象，侦探处理的是外在的物质现实。但外在的现实同样涉及内在的力比多机制：就其欲望之实在界而论，这群嫌疑人都是货真价实的凶手，都有犯下凶杀之罪的理由；但真凶只有一个或几个，他们不仅实现了他们自己的欲望，而且实现了所有嫌疑人的欲望，因此侦探通过确定真凶，确保了其他人的清白，尽管实际上他们并不清白。正是从这个意义上，齐泽克认为侦探最终擒获真凶的行为，根本上就是不真实的，从存在主义的角度讲，也是虚假不实的。侦探用外在的真相，掩盖了嫌疑人的欲望的内在真相，并帮他们把自己的罪恶推给了真凶，由他一人承担所有的罪责。实际上，就欲望的实在界而言，真凶成了所有嫌疑人的替罪羊；侦探最后得到的，与其说是“真相”，不如说是“幻象”。“由侦探的答案带来的巨大快感，就源于这种力比多收获（libidinal gain），源于由力比多收获带来的剩余利润（surplus profit）：我们不仅满足了自己的欲望，而且不必为此付出任何代价。”侦探小说的美妙之处，我们阅读侦探小说获得的满足，均在这里：我们既满足了欲望，又不必付出任何代价。从这里理解那个妇孺皆知的故事，或许不乏启示意义：一群文士和法利赛人带了一个行淫时被捉拿的妇人来找耶稣，建议：“夫子，这妇人是正行淫时被拿的。摩西在律法上吩咐我们把这样的妇人用石头打死。你说该把她怎么样呢?”耶稣说：“你们中间谁是没有罪的，谁就可以先拿石头打她。”这里的“罪”并非现实之罪，而是心理之罪。就这些人的力比多机制而言，就这些人的欲望之实在界而言，哪个人不是戴罪之身？现在却要把自己的罪恶感转移到这个可怜的妇人身上。我们中国人喜欢“强势围观”，喜欢做“看客”，喜欢“墙倒众人推，鼓破乱人捶”，又何尝不是如此？难道这也是我们组织自己快感的有效方式之一？

齐泽克对艺术作品的敏锐洞察和对拉康理论的深刻把握，无人能出其右。魔鬼在细节中。细节最能说明问题。齐泽克把握细节的能力实在令人拍案叫绝。比如，齐泽克注意到，希区柯克常常使用推拉镜头，而且在使用推拉镜头时，要么快速推拉，要么慢速推拉，总之不以正常速度。何以如此？此中可有什么“真意”？在齐泽克那里，慢速推拉是强迫症式的，强迫我们关注某个细节；快速推拉则是癔症式的。对某个斑痕（比如尸体）的快速推拉，意味着放纵我们的欲望，让我们更近地观察令人恐惧的客体。但因为接近这种客体的速度过快，我们没有理解和消化的时间，因而不可能获得完整的感知，这实际上等于让我们“失去”客体。但无论如何，慢速推拉和快速推拉是我们捕捉小客体的“空无性”（nothingness）的两种方式。希区柯克以此强化其“斑痕”的某个维度：它是符指化维度（signifying dimension），它使得意义变得双重化了，它使得每个意象具有了补充性的意义。因为每个意象具有了补充性的意义，才能开启阐释之门。

这种把握细节的能力，即精神分析的传统，也是拉康的遗产之一。拉康常有惊人的发现，齐泽克对这些发现的阐释也非常精辟。比如，拉康发现，动物骗人和人类骗人存在着本质差异。动物毕竟是动物，动物只会以假充真，不会以真充假；人类不仅会以假充真，而且会以真充假。在这方面，齐泽克常讲一个笑话。这个笑话来自电影《鸭羹》。里面的律师为自己的客户这样辩护：“这个人看上去像傻瓜，做起事来像傻瓜，但你千万不要上当受骗：他真的是个傻瓜！”——本来就是个傻瓜，却装得跟个傻瓜似的。齐泽克分析电影《美人计》时，这样套用这个公式：“这一对看上去像一对恋人，做起事来像一对恋人，但你千万不要上当受骗：他们真的是一对恋人！”这令我想起一个笑话：一个已婚男子与他的秘书正在进行火热的婚外情。一日下午，他们再也按捺不住激情，缠绵了一下午，一直缠绵到晚上八点，才赶快整装，准备打道回府。奇怪的是，这位男子要秘书把他的鞋子拿到外面的草丛中蹭一蹭。男子回家后，太太生气地问他去哪儿了。男子倒是“君子坦荡荡”：“我还是痛痛快快地招了吧，我跟自己的秘书有一手，今天去她那里，一直缠绵到现在。”太太瞧瞧他，又看了看他的鞋子，立即怒斥道：“撒谎！你又去打高尔夫球了！”

J. 感谢浙江大学出版社的王志毅、朱岳先生，他们的真诚、信任、关切和耐心，令我感动！感谢丁幸娜编辑，她为本书付出了大量心血，可谓劳苦功高。感谢黄肖嘉、许秀静、袁海锋、王超然、李万祥、王珺和郭倩影同学，他们帮我审读清样，任劳任怨，难能可贵。感谢齐泽克先生，他在百忙之中为本书撰写了“中文版前言”。与齐先生书信往来已逾十载，无奈今年才有缘一晤。见面时间虽短，却相谈甚欢。谈及本书的翻译和出版，他予以鼓励，并寄予厚望，其殷切之情，溢于言表。无奈本人天性愚钝，且才疏学浅，虽已竭尽全力，恐怕还是难如人愿。季某人沐浴更衣，作毕恭毕敬之状，期待方家批评指正。

2010 年 9 月 10 日

图书在版编目（CIP）数据

斜目而视：透过通俗文化看拉康/（斯洛文尼亚）齐泽克著；季广茂译. —杭州：浙江大学出版社，2011.1(2025.6重印）

书名原文：Looking Awry：An Introduction to Jacques Lacan through Popular Culture

ISBN 978 -7 -308 -08320 -1

Ⅰ.①斜… Ⅱ.①齐… ②季… Ⅲ.①拉康，M. L.（1901 ~1981）-哲学思想-研究 Ⅳ.①B565.59

中国版本图书馆 CIP 数据核字（2011）第 000497 号

斜目而视：透过通俗文化看拉康

［斯洛文尼亚］斯拉沃热·齐泽克 著 季广茂 译

责任编辑 丁幸娜

装帧设计 丁威静

出版发行 浙江大学出版社

（杭州市天目山路 148 号 邮政编码 310007）

（网址：http：//www.zjupress.com）

排　　版 北京京鲁创业科贸有限公司

印　　刷 北京中科印刷有限公司

开　　本 635mm ×965mm 1/16

印　　张 23.5

字　　数 334 千

版 印 次 2011 年 3 月第 1 版 2025 年 6 月第 14 次印刷

书　　号 ISBN 978 -7 -308 -08320 -1

定　　价 45.00 元